西太后に侍して

紫禁城の二年間

徳 齢

太田七郎・田中克己 訳

講談社学術文庫

ある雪の日の西太后(右)と著者の徳齢

〔凡　例〕

一、本書は、徳齢著 *Two Years in the Forbidden City*, 1911 の全訳である。

二、本書の原本初版は、『西太后に侍して』の書名で、一九四二年、生活社より中国文学叢書の一冊として刊行された。その後、一九九七年に、同書名で研文社より再刊された。

三、今回の文庫化にあたっては、書名に副題を加えて、新たに小見出しを付し、また、読みやすさを考慮して、改行を適宜増やした。

四、訳者による注は（1）（2）の形で表示し、各章の末尾にまとめてある。

五、本書に掲載した写真とキャプションは、文庫化に際して編集部で挿入したものである。

六、本文中の「支那」「支那語」「支那人」等の訳語は、原本刊行時の時代状況と、訳者が故人であることを鑑み、そのままとした。

七、訳者の太田七郎氏の経歴については、飯田市美術博物館の協力を得た。

目次

西太后に侍して

紫禁城の二年間

訳者序文

この「西太后に侍して」は原名を*Two Years in the Forbidden City*（紫禁城の二年）というのであるが、紫禁城のことは本書の内わずかに一章近くを占めるに過ぎず、全篇の背景はほとんど「夏の離宮」（万寿山頤和園）におかれているから、かく改題した。

本書の初版は一九一一年上海での出版になっているが、この年は宣統三年、即ち清朝最後の年に当たり、原著の序文の日付（七月二十四日）から見ると、それはあたかも革命軍が武昌に事を起こした直前であるらしいのは奇縁と言わねばならない。この「新支那の誕生」のセンセーションも手伝って、本書は当時のベスト・セラーの一つとなり、スミスの『支那人気質』、ウィリアムズの『中国総論』等と並んで支那研究家の必読の書とされていた。この盛行に促されて、著者は引続き、同じく西太后の宮廷について、

Old Buddha（一九二八年、ニューヨーク）
Kowtow（一九二九年、ニューヨーク）
Imperial Incense（一九三三年、ニューヨーク。支那訳『御香縹緲録』、秦痩鷗訳、民国二十五年）
Son of Heaven（支那訳『光緒秘史』、徐学易訳、民国二十六年）

等の諸作を公にしている。本書の支那訳は『清宮二年記』という題で、民国十三年に商務印書館から出版された。訳者は陳貽先、陳冷汰の二氏である。ただしこの書は訳というが実は抄訳であって、訳出された個所にも多少の誤訳を発見する程のいわば悪訳であるが、支那人の手に成っただけに吾々の訳出にも参考とし得た点もないわけではなかった。また日本訳としては、大正四年に東京の日東堂書店から、西太后侍嬪徳齢女史私記『支那革命迷宮記』という題で佐藤知恭（雪巣）氏の訳が出ているが、これも全訳ではない上、むしろ訳著とでもいうべく原文を自由に取捨按配してある。勿論、早く絶版となり坊間では殆ど見出し難いので、訳者も纔（わず）かに増田渉氏の蔵本を拝借し得たのみである。

本書は清国の宮廷、いな支那の歴朝の宮廷のどれにせよ、その内部の真相を細緻にしかも歴々と手に取るごとく紹介した唯一の書であると言ってよかろう。本書の内に見られるように、西太后は宮中の生活の実際を知られることをこの上なく嫌って、外国人の謁見の際には宮中全部の模様替えをやっている。それは文字どおりに禁断の宮廷であった。しかも皇太后が統治されているために、側近の者は宮眷（じょかん）や女婢（じょちゅう）に非ざれば太監（宦官（かんがん））等で、これらの多くは最も無学なる輩であった。たまたま本書の著者デーリン（徳齢）のごとき当時の支那婦人としては全く異常の生涯を持った女がいたために、その内部の消息が知られるに至ったのであって、その点において近代の珍書の一に数えることができる。

しかも著者はかなりジャーナリスト的な才能も持っているようで、本書は単に宮廷内部を知る資料たるに止まらず、玉碗に忍冬花（すいかずら）の花弁を入れて喫（の）むお茶の香から、月下の昆明湖（クンミンフ）（こんめいこ）に舫を浮かべて奏でる横笛の音、さては紫禁城内の秘密の部屋に至るまで、宮廷のロマンチックな雰囲気も伝えているし、特に、男勝りの聡明と豪毅の反面にあまたの風癖と婦人通有の虚栄も多分に備えていた西太后の性格、その絢爛豪華の対照として、よき意思を有しながら事すべて成らず常に憂鬱な光緒皇帝の悲劇を配したこの描写は相当に成功して、一つの文学にまで近づいていると思う。

しかも特に日本人たる我々の興味を感ずるのは、西太后は常に西洋人の非礼を憎む一方において、当時の日本公使内田康哉夫人によって代表される日本婦人の淑徳を奨揚おかなかったのであったし、さらに本書の後半で日露戦争が勃発するや、西太后はひそかに日本の勝利を願っていた点である。

著者の父裕庚は、原著のミラード（Thomas F. Millard）の序文によると、満洲白旗の出身で、少年にして軍に入り、太平天国の乱や清仏戦役に従軍し、一八九五年日清戦争当時陸軍次官（兵部侍部？）となり、後、駐日公使を経て、一八九八年総理衙門（外務省）の総裁に就任、一八九八年駐仏公使に転じ、以後四年間その任にあった。支那の郵政を近代的に改編するのに功あったが、税制の改革と陸海軍の近代化に対する努力は、あまり時代に先んじていたので失敗した、とある。その後は、本書に見られるように、一九〇三年に帰朝し、爾来病気で、一九〇五年に死んだ。ところが「清朝野史大観」（中華書局刊）の裕庚出身始末を見ると、まるで違っていて、裕庚は字は朗西、本姓は徐で、漢軍正白旗の人、父は道咸間に江蘇県令を務めた。庚は年十二年で国子監に入り、満人助教の勝保（捻匪の乱に際し欽差大臣安徽省督弁の位置にあったが、討匪に功なく免ぜらる）に可愛がられ、貢試には合格しなかったが、その引き立てで、軍に入り、幕友（事務嘱託）を務めていた。同治十三年両広総督英翰に抜擢されて、広東道員となり、広東の事は大小となく彼に決し、広東に二督ありと称されたが、英翰が失脚して新疆に客死した後、失職していたところを、両湖総督張之洞（ちょうしどう／チャンチートン）に拾いあげられ、再び道員となって沙市漢口等に歴任し、本省に入って内閣侍読学士となり、次いで駐仏公使に転じ、帰朝後三品卿に任ぜられ、盲目となって死んだ、と記されている。「野史大観」の記事は巷説などをそのまま採ってあるから、もとより信を置きがたいが、ミラードの記述もやや怪しい点がある。例えば総理衙門の総裁と言えば大臣と考えられるが、この時には裕庚は弁理各国外交事宜に過ぎなかったようである。

本書の著者デーリン（徳齢）は即ちこの裕庚の娘で、当時としては全く想像もされないような教育を受けた。ミッション・スクールで初等教育を授けられ、次いでフランスの修道院の女学校で躾を受けて、社交界に出た、とミラードは書いている。彼女が帰朝後、西太后の頭等宮眷（じょかん）として約二年間側近に供奉（ぐぶ）し、王公の女と同格に待遇された次第は本書に明らかであるが、一九〇七年米人ホワイト（Thaddeus C. White）と結婚し、その後離婚したが、今なお健在で、プリンセス・デーリンの名で米国の社交界に活躍しているらしい。近頃、彼女に会った人から聞くと、でっぷりとした中年の婦人で、容貌態度ともに東洋人とは見えなかったそうである。

なお著者が生れは支那人なのだから已むを得ないのであるが、原文は決して名文でなく米国の俗な語法が多分に混入しているし、その上に、西太后をはじめ光緒皇帝ならびに皇后に対してほとんど敬語を用いていない——英語でもある程度敬意を表わす語法もあるが——ことは附記しておきたい（ただし訳者は及ぶ限り敬語を使用した）。また支那語のトランスクリプションも北京官話と多少異なるものがあるが、これはなるべく原書通りを仮名に移すこととした。

訳者太田は昨夏北京より帰ってから、万寿山や北海（ペイハイ）・中南海（チュンナンハイ）（本書中の海の離宮）の風光にノスタルジアを感じつつ本書を訳していたところ、それがこの叢書の一篇として選定されている由なので、高橋勝之氏のお世話により田中克己・太田七郎共訳として出していただくことになった。したがってこの訳の大半は太田の手になるもので、田中は主として考証と校閲に当たったことを記して、責任を明らかにしておく。

昭和十六年十二月

太田七郎
田中克己

第一章　序の巻

パリから上海へ、五十五人をしたがえて

私の父母の裕庚(ユーケン)卿夫妻は、家族と一、二等書記官、陸海軍武官、顧問、その家族たちや従者などみんなで、五十五人の一行をしたがえて、一九〇三年（光緒二十八年末）一月二日に、父が四年のあいだ清国公使として駐在していたパリから、汽船安南号に乗って上海に着きました。着きはしましたものの、雨は車軸のように降っていますし、大勢の随員たちを上陸させ、無事に宿をとらせるのにさんざん苦労はしますし、そのうえおびただしい行李を見なくてはならないというのですから、とても愉(たの)しいというどころではありませんでした。以前の経験から、旅行の時には公使館のひとや召使などは、一人だって何のたよりにもなりはしないことが判っていましたので、監督の任は母がすっかり引受けることになりました。物事を始末したり面倒をとりさばくことにかけては、何と言っても母が一行中の腕利(うできき)だったからです。

蒸気船からのランチが法(フランス)租界黄浦灘の碼頭(はとば)に着きますと、上海道台(タオタイ)（市の最高官[1]）、上海知県をはじめ、沢山の官員がみな正装して出迎えていました。

道台は父に、上海滞在中の宿として天后宮(ティエンホークン)を用意してあることを申しましたが、父は、

香港から電報で法租界の采里飯店に行くように万事とりはからってあるからといって、その申出をことわりました。一八九五年（光緒二十一年）父が公使として日本に赴任するとき、このお寺に滞在した前の経験に懲りたので、二度と繰り返そうとは思わなかったのです。その建物はひどく旧びていて、それにまるで修繕してありませんでした。栄えていた時には美しい処ででもあったのでしょうが、壊れ朽ちるにまかされていました。慣習では大官が通過する時には、知県が宿をさがし食膳などを供することになっていて、この親切な申出に対してはほんとうは断るべきではないのですが、父はいつも至極、人に頼るのが嫌いな方で、援助の申出はすべて婉曲に辞退するのでした。

宮廷からの電報で北京に上る

やっと私たちが采里飯店に着きますと、そこには宮廷から父にあてた電報が二本待っていました。この電報では父に即刻北京に上るようにという御命令なのですが、天津に行く河が凍っていますから、その道をとるのは私たちには問題外ですし、それに父はずいぶん老齢の上に折しもかなり病態で、実のところ絶えず医者の手にかかっている次第でしたので、秦皇島を経由するというただひとつ残った道も、長くてひどく退屈な旅ですしとても父の身体がもちませんから、これもやはり問題になりません。こうした困難をつくづく考え合せた末、父は、白河の氷が解けるのを待って、上海発天津行の第一の便船で上京いたしますと返電申しあげました。

私どもが上海を発ったのは二月二十二日のことで、天津には二十六日に着いて、前と同様、海関道台《タオタイ》[2]をはじめ沢山の官員（ちょうど上海に着いた時と同じ様な官員）の出迎をうけました。

いったい大官が外国から帰朝した際にはかならず行わなければならない至極めずらしい儀式があります。それは請聖安《チンシェンアン》（皇帝の平和を拝する）の礼といって、支那の海岸に上陸するとさっそくこの礼を受けるように一番近くの総督か巡撫と打合せをすることになっているのです。道台《タオタイ》はこういう名誉にあずかるには位が低すぎると考えられています。私たちが到着するとすぐ、この時直隷総督として天津に駐在していた袁《えん》世凱《せいがい》《ユワンシーカイ》[3]が父のもとに一人の官吏をよこして、この非常に美しい儀式のために時間と場所を用意させました。

準備がととのうと、父と袁世凱は蟒《もう》（龍）を画いた長い袍《ガウン》の上にそれの四分の三の丈《たけ》の紅味がかった黒色の套《とう》をまとい、朝珠《チャオチュ》（琥珀の珠数）、花翎珊瑚頂《ワンショウクン》（孔雀の翎《はね》と朱珊瑚のボタンがついた帽子）という大礼服を着かざって、すぐに万寿宮に赴きました。ここは特にこうした儀式のために建てられたもので、ここではもう大勢の下位の官員たちがふたりを待っていました。この寺院あるいは宮殿――の奥の中央には非常に幅のせまい案《つくえ》があってその上に皇帝と太后との牌位が安置してあって、それには「万歳《ワンスエイ》、万歳《ワンスエイ》、万々歳《ワンワンスエイ》」と書いてあります。総督――この場合は袁世凱――と官員たちが先に来ます。袁はこの案《つくえ》の左側に立ち、他のものは案の正面の二つの角から順に二列になって並びます。すぐ続いて父が入って来て、案の中央のまん前に跪《ひざまず》いて「阿哈請聖安《アーハチンシエンアン》（奴才《しもべ》、謹みて帝に挨拶をささげ奉る）」と唱えます。この礼がすむと父はただちに身を起こして三陛下の御健康をお訊ね申しあげますと、袁は皆さま御壮健にわたらせられると答えます。これで式は終るのです。

　私たちは天津には三日滞在して、二十七日に北京に着きました。父の病状はずっと悪くなっていましたので、療養のため四ヵ月の賜暇をお願いしましたところ、太后陛下の御允許(いんきょ)が下りました。ところが私たちがパリに発つ直前に建てて造作しておいた綺麗な家は一九〇〇年（光緒二十六年）の拳匪(けんぴ)（義和団）の乱[4]で焼けて（これは十万両(テール)以上もの損害になります）しまっていましたので、支那風の住宅を一軒賃借りして引移りました。

百七十五間もある家を大勢で使う

　もとの家も全くの新築ではなかったものですから、そこを購(か)った時には、屋敷内にはずいぶん立派ですが古くなった支那風の家が建っていました。さる公爵の御殿でしたが、うまく改造して建て増しますと、古い邸の精巧な硬木の彫刻はみんなそのままの綺麗な洋風の家に変りました。いま「洋風」という言葉をつかいましたが、支那風な家が、すっかり壊してはしまわないで西洋の家に見えるようになったというまでのことで、戸や窓や廊下や家具造作などは洋風に変りましたが、家屋や院子(なかにわ)の配置は支那風なのでした。この邸は、北京のどの支那風の家もそうですが、大変ゆったりした建て方で、約十エーカー（約四ヘクタール）にわたる庭がついていました。私たちは出来あがるとすぐ移って四日しかたたないうちにパリに出発したのでした。建てるのにも装飾するのにもあれほど沢山の時間とお金とをかけた後なので、この壮麗な屋敷が焼失したことは、私ども一家にとっていつまでも大きな悲しみの種となりました。けれどこれなども支那の大官たるものの耐え忍ばねばならぬ艱難（かんなん）のほんの一端にすぎません。

北京の家はみな広い地面にわたって非常にゆったりと建っています。私どもの以前の家もその例に洩れませんでした。この家には平屋建の十六の小さな建物があって、百七十五間（ま）ほどあり、院子（なかにわ）に向いて方形に配置されていて、それがまた一つの家になっていたのです。なお家屋は、なにも外に出なくても、前面にそって建てられた玻璃（ガラス）でかこんだ廊（ベランダ）づたいにゆけば、一つの房子（へや）から他の房子へと通行することができるように建っていました。皆さまはさぞ、こんなに沢山ある房子（へや）をいったい私どもがどうするのかと不審に思われることでしょうが、私たち大家族に大勢の秘書や筆生や走卒（はしりづかい）や下僕や馬夫（マフー）（馬丁）や轎夫（かごかき）などがいるものですから、これをみんな使うのはべつに難しいことではないのです。

家をとりまいている庭は支那風にしつらえてあって、小さな池には金魚が飼ってあり、その中には綺麗な蓮の花が植えてありましたし、橋がかかっていて、岸には大きな枝垂柳がありました。池のあいだをくねくねとあるいは入りあるいは出ている小径（こみち）に沿って美しく配置された花圃には、いろんな種類の花が咲きました。パリに発った時はちょうど一八九九年（光緒二十五年）の六月の初めで、庭は花と植込とのびっしりとしたかたまりで、見るひとがみなひどく嘆賞したものです。

今となっては北京には自分の屋敷とてもなく、何処（どこ）に身を寄せていいかわかりませんので天津にいるあいだに、父は友人の一人に電報を打って家を見つけてもらいました。ちょっと面倒がありましたが、一軒手に入りました。ところがその家は実は非常に有名な家だということがわかりました。この家こそ李鴻章（リーホンチャン）[5]が拳匪の乱[6]の後で列国と条約に調印したところで、その上に彼が死んだのも此処（ここ）なのでした。

李鴻章が死んでから住み込んだのは私たちがはじめてでした。というのは支那人は非常に迷信ぶかくて、そこに住み込むと、なにか恐ろしいことが起こりはしないかと怖がっていたからです。私たちはすぐこの家の住心地がよくなりました。親友たちはみな、この屋敷を借りるようなことをすると恐ろしいことがあるだろうといってくれましたが、ここに住んでいるうちにはべつに何のことも起こりませんでした。それでも私たちの屋敷が焼失したことを考えると、私は人々の心配も無理がないという気になるのでした。

洋装で離宮参上へ

家が焼けたために受けた損害は取りもどせませんでした。というのは父は政府の官吏でしたから、およそ官人たるものは国の奉公のためには自己や一家を顧みず、御奉公上の私人の損害は不平を言わずに忍ばなければならないということになっていましたから、このお金を取戻そうなどとしたら、あるいは失脚さえしたかも知れませんし、そうでなくてもみっとも良いことではなかったからです。

一九〇三年（光緒二十九年）三月一日に慶（チン）親王[7]と御子息の載振貝子（ツァイチェンベイヅ）がいらしって、西太后がさっそく母と私ども姉妹にお会いになりたいとの思召しであるから、明朝六時に夏の離宮（頤和園）(8)に参るようにとのお言葉でした。

母が、外国でくらしていますす間じゅう洋装でまいったものですから、適当な満洲服を持っておりませんので、と慶親王に申しあげると、親王は、陛下には自分からもあなたがたのことをすっかり申しあげておいた。それに自分もあなたがたがヨーロッパ風の服装をしておられるのを見たことがあると申しあげたところ、陛下には離宮に参るのに満洲の服装を着なくとも苦しゅうない。西洋風な服装を研究する機会を得ることともなるから洋服で参るようにしてもらいたいとの仰せであったとお答えになりました。こういう場合にはいったいなにを着たらよかろうと、妹と私は二人ともずいぶん迷いました。妹は青い天鵞絨のガウンを着よう、この色が一番よく似合うと思うからと申します。私どもは子供の時から、いつも母にまったく同じような服を着せられて来たのです。私は、陛下がお喜びになると思うから、紅い天鵞絨のガウンの方がいいと申します。だいぶ議論したあとで私の考えがとおりました。二人は羽根飾りのついた綺麗な紅い帽子をかぶって、それと合うように共色の靴と襪をはきました。母は青紫の鳶尾を刺繍して藤色の天鵞絨で縁をとった碧緑のシフォン地の美しいガウンをまとって、長い白い羽根がついた大きな黒天鵞絨の帽子をかぶりました。

午前三時に大行列で出発

私どもは市の中央部に住んでいましたし、旅の唯一の手段というのが轎なのでしたし、私どもの住いから離宮までの道のりは約三十六支里（馬で三時間）もありましたので、六時にそこに着くには、午前三時に出発しなければなりませんでした。これが離宮への初めての参内でしたので、慶親王の御使いの趣は私どもを大変な興奮状態に投げこみました。当然できるだけよく見ていただきたいと思いましたし、時刻に間に合わねばならないとも心配いたしました。万寿山に行きたい、どんな風なのか見たいというのが私のこれまでの夢想でしたが、いままでは大かた北京の外——いやほんとは支那の外——でくらして来ましたことて、機会がなかったのでした。この機会がこれまでに恵まれなかったのには、もう一つ理由があります。父は私ども（妹と私）の名前を満洲旗人の子供の出生登記用の政府の帳簿に登記をしなかったものですから、その結果、西太后には私どもがパリから帰朝するまでは裕庚卿に娘があることをつゆ御存じなかったのです。父の話によりますと私どもの名前をこの帳簿に載せなかったのは、私ども姉妹にできるだけ立派な教育をしてやりたいと思ったが、それをする唯一つの方法は、太后にお知らせしないことだったからとのことです。なおこれを別としても、清朝の慣習によれば、二品以上の満洲人の役人の娘はすべて十四歳以上になると宮殿に参内して、皇帝のおのぞみに任せ妃嬪の選にあずからねばならないことになっていましたが、父は私どもに対し別の計画と希望を持っていたのでした。西太后が咸豊帝の選におあずかりになったのも、以上のような方法によりになったのです。

私どもはその朝の三時、まっくらななかを前後左右に一人ずつの四人舁きの轎に乗って出発いたしました。このぐらいの遠距離を行くとなると、交代用に二組の轎夫を用意する必要がありました。そこで一台の轎ごとにいわば轎舁き（かごか）の頭（かしら）ともいうべき役をする番外の人夫を計算にいれなくても、三台の轎なら二十四人の轎夫が要ります。そのほかに、一台に一人ずつで三人の騎馬の軍人と馬に乗ってついて来る召使が一台ごとに二人ずつ従いています。なおそのうえにうしろには、轎夫たちが休息の時に乗る用に三台の大きな支那の馬車がありま す。四十五人の人間と、九匹の馬と三台の馬車とで大行列が出来上ったわけです。

墨を流したような闇のまっただ中を轎に乗って行きながら私は何だかいらいらして来るのでした。夜のしじまを破るものとては、道が凸凹なので石とか穴とかが危いぞと前棒後棒（さきぼう）同士で呼びあう濁声（だみごえ）と馬蹄の戞々（かつかつ）という音ばかりでした。皆さまのうちで長い道のりを轎に乗られた経験のない方に申しあげたいのは、轎ほど不愉快な乗物はないということです。少しも身動きしないで本当に真直ぐに腰掛けていなければなりません。そうしないと轎はすぐひっくりかえるのです。この轎の旅はひどく長くて、離宮の門に着いた時には、私は体がすっかりつっぱって疲れ切っていました。

(1)　正しくは蘇松太倉道。清代、道の兵備民政の外に水利漁業のことをも兼ね上海に駐していた。
(2)　津海関道。清朝時代、天津に駐在して海関の監督に当たった。
(3)　清末の政治家。河南の人。李鴻章の引きで立身し、光緒二十四年（一八九八年）には康有為等に与（くみ）したが、後変節して、その改革を挫折せしめ、西太后の寵を得、同二十七年よりは直隷総督となり、爾後清朝内に重きをなした。辛亥革命時、また清朝を裏切って、宣統帝の退位を迫り、次いで中華民国第一代の大総統に就任。民国四年（一九一五年）末には皇帝たらんとしたが、列強の反対で失敗し翌年憂悶の中に死す。

（4）義和団は列強の清国圧迫の反動として結成された頑迷な排外的秘密結社。この結社の徒は拳法を修めて槍砲も害するを得ずと信じたので拳匪とも称せられた。この年まず山東省に興り、直隷山西二省にも波及したが、朝廷内の端郡王をはじめとする保守派がこれに信頼し、煽動したので六月北京に入り各国官民を殺傷した。我国をはじめ八国の連合軍が北京を攻めるに及んではじめて瓦壊した。世にこれを北清事変ともいう。

（5）清末の大政治家。安徽の人。太平天国の乱に功あり、江蘇巡撫、直隷総督としての民政の外、特に外交方面に倚任され、馬関条約、カシニー条約等を手訂し、また支那の軍制、工業方面の近代化にも功績があった。光緒二十七年九月薨ず。

（6）光緒二十七年七月、列国と清国全権慶親王、李鴻章との間に締結を見た。その主なる条項は匪の関係者の処罰、償金、列強の北京の駐兵権等であった。

（7）乾隆帝の第十七子永璘の後裔奕劻。光緒十年より総理各国衙門（後の外務部）の管理となって外交の事務に当たり、宣統朝には内閣総理大臣に任ぜられるなど、清末の政界に活躍した。載振はその子で、貝子は皇族の受ける第四等の爵位。

（8）北京の西直門外二十支里余にある清朝の旧離宮。この地が離宮となったのは乾隆十五年（一七五〇年）に始まるが、咸豊十年（一八六〇年）第二阿片戦争に際し、英仏軍に焼払われた。西太后は光緒十四年これを復興し、隠居の処としたが、太后の摂政のため事実上、政治の中心となる。光緒二十六年（一九〇〇年）の北清事変に一部は再び焼かれ、二十九年復興。万寿山は園中の山名で転じて総称の如くになる。

第二章　宮中にて

闇夜でも城門を開けて待機

北京の城門は私たちの家から離宮に行く道のなかほどに当たっていましたが、私たちがさしかかると、すっかり明けはなされて通行を待っていました。これにはまったく驚きました。というのは城門はすべて暮七時には閉ざし、夜明けまでは特別の場合でなければ開けないのだからです。どうした理由(わけ)かと門衛にたずねますと、私どもの通行のために城門を開けておくように、との御命令があったのだということでした。守衛にあたっている官員らは正装をして二列にならび、私どもが通るとき敬礼をいたしました。

門を通りすぎたころはまだまっ暗でした。私はこれまでの短い半生のいろいろの経験を思い出してみましたが、これはそのどれよりもはるかに珍しい経験でした。いったい太后陛下はどんな御様子だろう、私がお気に入るかどうか。たぶん私どもは宮廷にとどまれと言われるだろうとのことでしたが、そういう仕儀になったなら、あるいは太后陛下の御意を変法（制度改革）の方に向け、この支那のため役立つお手伝いが出来るのではないだろうか。こんなことを考えて私は嬉しくなりました。そして支那の進歩とその福祉のため私の及ぶかぎりを尽そう、今後得られるほどの勢力はみなこれに用いようと、そうその場で決心したのでした。こんな楽しい予想をなおも夢みつづけているうちに、地平線にかすかな紅い線があらわれ、この上なくいい天気の日の来るのを告げるかのようでしたが、ほんとうにその通りとなりました。光が明るくなり、物の見分けがついて来るにつれ、いと美しい眺望が次第に開けてきました。離宮に近づくにつれて、丘から丘へくねくねと走って離宮の敷地をかこんでいる高い紅い城壁が見えて来ました。城壁と建物のいただきは黄と碧の瓦でふいてあって、輝かしい陽の光に照り映え、まことに眼もまばゆいほどの一幅の絵でした。大きさも形もさまざまの仏塔のそばをとおり過ぎて、海淀の村に着きました。ここは離宮の門から四支里で、役人に聞くと、もう先はいくらもないとのことでした。永久に着けないのではないかと思いはじめていたところだったので、これはありがたい報せでした。この村はずいぶん小綺麗な田舎村で、北支の家の多くの例にもれず非常に清潔な煉瓦建の平屋がならんでいました。子供たちがぞろぞろ出て来て一行の通るのを眺めました。一人が他の一人に「あのお姫様たちは皇后様になるために御殿に行くんだぜ」と話しているのが耳に入ってとても可笑しく思いました。

高位の宦官ふたりに案内されて

海淀を出るとすぐに牌楼(1)――支那の古代建築と彫刻の非常に美しい作品――に来ました。

ここで初めて離宮の門が百碼（約九十一メートル）ほどむこうに見えて来ました。門は離宮をかこんでいる堅固な城壁の中に切りひらかれていて、中央にある一つの非常に大きな門と側の二つの小さな門とから成っています。中央の門は陛下方が離宮へ御出入になる時しか開きません。私どもの轎は開いていた左の門の前におろされました。門から五百碼ほど離れた外側に、衛士たちが宿直する建物が二棟ありました。

私どもが着くと、大勢の官員が興奮したように話しあっているのが見えました。その内の二三人は「来了、到了（来た、着いた）」と叫びながら門の中へ入って行きました。私どもは轎から降りて、二人の四品（水晶の頂戴と翎）の太監（宦官）の出迎えを受けました。この四品の宦官が冠る翎は、四川省産の馬鶏という名の鳥から採った羽根です。鼠色なのを黒く染めてあって、孔雀の羽根よりずっと幅があります。この二人の太監は黄色い絹の幕を持った十人の小太監を従えていて、小太監たちは私どもが降りる時に轎のまわりにその幕を立てまわしました。この幕（黄帷幕）を持ってきたのは、太后陛下の御命令があってのように見受けられました。これは非常な名誉と見做されています。幕は長さ十呎（約三メートル）、高さ二十呎あって、二人の宦官が支えていました。

この二人の高位の太監はきわめて恭々しく、門の左右に立って、お入り下さいと申しました。この門を入ると約三百呎四方の石畳になったずいぶん広い中庭に出ます。そこには小さな花壇と老松がたくさんあり、松の枝にはいろいろな種類の鳥を入れた籠が吊ってありました。入って来た門の反対側に紅い磚の牆があって、ちょうど同じ大きさの三つの門があります。左右には狭い建物が長く並び、どちらにも間が十二あって控えの間になっています。中庭はさまざまな位階の正装した人でいっぱいでしたが、みな支那のならわし通り、何もしていないくせに、ひどく忙しそうに見えました。みなは私どもを見ると立ちどまってじろじろ眺めました。道案内の二人の太監は私どもを控えの間の一つに連れて行きました。この部屋は約二十呎（フィート）平方で、普通ありきたりのように黒色の木の家具に紅い地の座蒲団、それに三つの窓にかかっている絹の糸簾（カーテン）といった造作でした。この部屋に入って五分とたたないうちに華やかな服装をした太監が入って来て申しました。「太后陛下の勅諭には、裕太太（ユータイタイ）（裕夫人）と令嬢たちは東側の宮殿に伺候致すようとの仰せである」。彼がこう申しますと、附添いの二人の太監は跪（ひざまず）いて「喏（ジェー）（はい）」と答えました。太后陛下が御命令をお下しになる時は、いつでも勅諭または勅命と考えられ、臣下はすべて陛下の御前で命令をうけたまわるときと同じく跪かなければならないのです。それから太監らは私どもに後からついて来るようにと申しました。私どもは別の左の門をくぐって、つぎの中庭に出ました。この中庭は、つくりは前のとそっくりでしたが、ただ仁寿殿（にんじゅでん）（レンショウディエン）（召見の間）が北側にあって、それから他の建物がすこし大きいのが異（ちが）っていました。太監は私どもを東側の建物に案内しました。精巧な彫刻をほどこした紅味を帯びた紫檀（したん）の美しい家具をしつらえ、椅子、卓などは青繻子（しゅす）をかけ、壁にも同じ布が垂らしてありました。部屋のあちこちに、大きさや形がさまざまの時計が十四個置いてありました。その数を知っているのは、数えて見たからです。

間もなく二人の僕婢が来て、私どもの接待を致しまして、陛下にはただ今お召し更えでいらっしゃいますから少々お待ちになるようにと申しました。この少々というのが、実は二時間以上のことだということはあとでわかりましたが、こんなことは支那では何でもないことなので、私どももべつだん焦だちもしませんでした。ときどき太監がやって来て、太后陛下がお寄越しになったといって飲物に牛乳を持って来たり、二十皿以上もあるさまざまな料理を運んで来ました。陛下はその上に私どもひとりびとりに、真中に大きな真珠が嵌っている金指環を下さいました。やがて宮殿監督の李蓮英(2)が正装をしてやって来ました。

彼の位は二品で紅い頂戴と孔雀の翎をつけていましたが、この孔雀の翎を許された太監は彼ひとりで、それまでにはなかったことなのです。彼はひどく不器量な男で、非常に年をとり顔は皺だらけでしたが、立居ふるまいはみやびやかで、陛下はただ今御目どおりなされますと言って、陛下の御下賜品として私どもひとりびとりにまた玉の指環をもって参りました。まだ私どもを御覧にもならぬのに、こんな見事な御下賜の品々をくだされたのには私どもはただただ驚き入り、西太后陛下の御寛仁をまことに忝けなく覚えたことでした。

李蓮英が立去ってほどなく、慶親王の姫たちにあたる二方の宮眷がいらしって、私どもの附添いの太監たちに、私どもが支那語が話せるかどうかをお聞きになりましたが、私どもとしてはこれはひどい御冗談だと思いました。私が先に口を出して、外国の言葉も二三存じてはおりますけれど、もちろん私どもでも自分の国の言葉は話せますともと申しました。二方がひどく驚いて「まあ、変ですね、この方たちも私たちのように支那語が話せるんですって」と言われるのには、今度は私どもの方で宮中にはこのように物を知らぬ方もおられるのかとひどく驚いて、つまりはこの方々の知識を得る機会があまりに限られていたせいなのだと思いました。それから二方は、陛下が謁見をお待ちになっていらっしゃると言われましたので、私どもはさっそく参入いたしました。

光緒帝の皇后が出迎えて

前に通った中庭とちょうど同じような中庭を三つ過ぎますと、まるで精巧な彫刻のかたまりのような壮麗な建物に来ました。水牛の角で作って、紅い絹をきせた大きな灯籠が廊簷(ベランダ)じゅうに懸(かか)っていて、紅い絹からは紅い絹の総(ふさ)が垂れ、その総の一つ一つに綺麗な玉(ぎょく)がつるしてありました。二棟の小さな建物がこの大きな御殿の側面にあって、これがまた彫刻でいっぱいで、灯籠が懸っているのでした。

この大きな御殿の戸口のところで慶(チン)親王の姫たちと同じ服装の婦人にお目にかかりました。この方は髪飾りの中央に鳳凰をつけていらっしゃるのだけが、他の婦人たちと異っていました。微笑を浮べながら私どもを迎えるために足を運ばせられ、非のうちどころのない西洋の礼式で握手をなさいました。後になって聞くと、この方が光緒(コワンシュ／こうしょ)皇帝の皇后[3]であらせられたのです。

「太后陛下の仰せで、あなたがたのお迎えにまいりました」とおっしゃいましたが、お声はまことにうるわしく、おしとやかで、御振舞(おんふるまい)も優雅にわたらせられましたが、お貌(かお)は大変お美しいとは拝せられませんでした。その時、広間の方から高い声で「その人たちにすぐ参るように仰しゃい」と言われる声が聞えました。私どもは直ちに広間に進みました。すると一人のお年寄りの女の方が一面に紅い牡丹を刺繡した美しい黄緞子の袍を着て、左右に真珠と玉でこしらえた華をつけ、左側には真珠の珠絡をさげ、中央にはこの上なく純粋な玉でこしらえた美しい鳳凰のついている、同じ緞子の髪飾りをしておいでなのが見うけられました。袍の上には肩掛をかけていらっしゃいましたが、これまで見たこともないほど豪華な贅沢なものでした。この肩掛はおよそ三千五百顆のカナリヤの卵ほどの大きさの、全部正確に色のそろった完全に円い真珠から出来ています。漁網の形に編まれ、縁には玉の垂飾をつけ、二つの純粋な玉の爪で止めてあります。これに加えて、太后陛下は真珠の鐲を二対、玉の鐲を一対、玉の指環をいくつか、それに右手の中指と小指に凡そ三吋（約八センチ）もあろうかという金の護指（爪を保護するもの）、左手には同じ長さの玉の護指を二つはめていらっしゃいました。御鞋は真珠の小さな珠絡を飾り、色さまざまな玉の小片を刺繡してありました。

皇帝は万歳爺、太后は老祖宗

太后陛下は私どもを御覧になると起ち上って握手を賜りました。こよなく魅力のある微笑を浮べ、私どもが宮中の礼式をよく存じ上げているのにひどく驚いていらっしゃいました。御挨拶をおすましになると、陛下は母に「裕太太（裕夫人）、あなたの娘さんたちのお躾けは大したものですね。何年も外国にいたということなのに、私と同じように支那語が話せる

西太后と宮廷の女性たち　左から瑾妃、容齢（徳齢の妹）、西太后、徳齢、徳齢・容齢姉妹の母、隆裕皇后

し、それにいったいどうやって、こんなに立派なお行儀を覚えたのですか」とおっしゃいます。「これらの父がいつも非常に厳格でございましたので」と母はお答え申しあげました。「まず自国の言葉を習わせ、ずいぶん勉強いたさせました」。「父親がそのように娘たちのことに気を配って、こんなに立派な教育をしたと聞いてうれしく思います」、陛下はおっしゃって、私の手を取り、顔をのぞきこんで、ほほ笑まれ、私の両の頬に接吻なさって「あなたの娘さんたちをいただきたいと思いますよ。私と一緒にいて

くれれば有難いけれど」と母におっしゃいました。私どもはこのお言葉にひどく喜んで、御慈愛のほどに感謝申しあげました。太后陛下は私どものパリ風のガウンのことをいろいろとお訊ねになって、宮中でかような物を見ることは滅多にないから、しじゅう着ていて欲しいとおっしゃいました。私どものルイ十五世式の踵(かかと)の高い靴は特にお気に召しました。

太后陛下にお話し申しあげているあいだ、一人の男の方が、少しはなれた処に立っていらっしゃるのに気がつきましたが、しばらくたってから、太后陛下は「光緒(コワンシュ／こうしょ)皇帝に紹介しましょう。ですが皇帝を万歳爺(ワンスエイイエ)、私を老祖宗(ラオツツオン)と呼んでくださいよ」とおっしゃいました。皇帝陛下は羞(はずか)しそうになさりながら握手を賜りました。御身長は五尺五六寸（約百六十五センチ）で、非常に痩せていらっしゃいますが、いと御英邁(えいまい)なお顔立で、御鼻は隆(たか)く、御額は秀(ひい)で、大きなきらきら光る黒い御眼、ひき締った御口元、非常に白い揃った御歯並(なみ)、総じて申しあげれば堂々たる御風采でいらっしゃいました。陛下には私どもの居合せましたあいだは、絶えず微笑を浮べるようになさってはいらっしゃったものの、ひどく憂わしげな御様子なのに私は気が付きました。

ちょうどこの時、李蓮英(リーリエンイン)が入って来て、大理石の床に跪(ひざまず)き、太后陛下のお轎(かご)の用意が整いましたと申しあげました。太后陛下は私どもも一緒に「召見の間」（歩いて二分ほどのところにあります）に参るようにとおっしゃいました。これから各部の大臣を御召見なさろうというのです。晴れたよい日でしたから、天井なしのお轎が用意されていました。このお轎はすっかり正装した八人の太監が担ぐもので、まことに見慣れぬありさまです。李蓮英が左側、第二位の太監が右側に供奉し、それぞれ手をお轎の棒にかけてゆれないようにしております。五品の太監が四人先導となり、六品の太監が十二人後からついてゆきます。どの太監もなにか手に持っています。たとえば陛下のお召物、お鞋、手巾、お櫛、刷毛、白粉入れ、いろいろな形の鏡、香水、ピン、墨と朱墨、黄紙、巻煙草、水煙管といったもので、一等最後の太監は黄緞子をかぶせた床几をもっています。その外に、阿媽（老婢）が二人と婢が四人いずれもなにかしら持ってお供をしています。この行列はまことに面白い見物で、歩いている婦人化粧部屋とでもいいたいような気がしました。皇帝陛下は太后陛下の右を、皇后様は左を歩ませられ、女官たちもその後に従って扈従いたしました。

太后よりも小さな皇帝の宝座

「召見の間」は間口が二百呎ほど、奥行百五十呎ほどで、左方に黄緞子をかけた長い案がありました。太后陛下は轎から下りてこの広間にお入りになると、この長い案のすぐ背後の宝座にお登りになり、皇帝陛下はその左側のそれより小さい宝座に登られ、大臣たちはみな案のこちら側の太后陛下の御前の床に跪きました。

広間の奥に縦二十呎ほど、横十八呎ほどの大きな壇がしつらえてあり、華麗な彫刻をほどこした二十呎ほどの欄をめぐらし、ただ二ヵ所だけほんの一人の人間が通りぬけられるほど欄の切れたところがあります。この二つの口へは六段の階段で登るようになっています。この壇の背後には小さい囲屏があり、そのすぐ前の中央に位して太后陛下の宝座があります。すぐ背後にあるこまかな彫刻のある木の囲屏は、私の今まで見たこともない美しい品で、長さ二十呎、高さが十呎あります。太后陛下の宝座の正面には細長い案があります。左側のやや小さな宝座は皇帝陛下の宝座でした。

この壇の彫刻や装飾の模様は黒檀に精巧に彫られた鳳凰と牡丹(ぼたん)とで、じっさいのところ広間じゅうの模様はみなそうなのでした。太后陛下の宝座の左右には黒檀の棒が二本立っていて、その頂には扇の形に作った孔雀の羽がついていました。室内装飾には全部黄色の支那産の天鵞絨(ビロード)が用いてありました。

太后陛下は宝座に登らせたまう直前に、私どもに皇后や女官たちといっしょにこの囲屏(ついたて)の背後(うしろ)に入るようにとおっしゃいました。仰せ通りしますと、陛下と大臣とのお話が大変よく聞えました。そして後で書きますように、私はこれを充分に利用したのです。

(1)　額を掲げた門で鳥居の形をなしているもの。

(2)　西太后の寵任した宦官。機智あり、よく太后の意を迎え、宮中にあること五十年に近く、宮中に独裁的権力を振った。西太后の崩御後退隠す。

(3)　隆裕后。西太后の姪で、その弟桂祥の娘である。

第三章　宮中の芝居

「イギリスにも王様がいるの?」

この日は私にとっては華やかな印象が束になって来たようでした。異国の生活や風習から厳しく遠ざけられて育てられたこれらの宮中の婦人たちの間では、私などは非常に珍しいものですから、矢継早やに質問を浴びせられました。この婦人たちもつまりは好奇心とか噂話（ゴシップ）好きとかいう点では世界じゅうのほかの女たちと変りはないということが直ぐわかりました。慶（チン）親王の第四の姫（四格格（スーグルグル）[1]）はうら若い身をやもめとなられた一際目だつ美しい方でしたが、私に言葉をかけ「あなたはヨーロッパでお育ちになって教育をお受けあそばしたの?」ときかれるのでした。

「なんでも、その国に行って其処（そこ）の水を飲むと、たちまち自分の国のことを忘れてしまうそうではありませんか。ほんとうに、あなたはあんな言葉をみな習ってお覚えになりましたの? それとも其処の水を飲んで出来るようにおなりでしたの?」。私は姫のお兄上様の載（ツァイ）振（チェン）貝子（ベイツ）[2]が英国王エドワード陛下の戴冠式に列席するためにロンドンに赴かれるときパリでお目にかかりました。私の父も特別の招待を蒙（こうむ）っておりましたので、私どもも参りたいのは山々でございましたが、父はちょうど雲南問題[3]の解決中でパリに大切な御用があったものですから、このねがいはかないませんでした、と申しあげましたところ、姫は「イギリスにも王様がいるんですって？　皇太后陛下が世界じゅうの女王様だとばかり思っていましたのに」とお答えになりました。姫の姉君、すなわち皇后様のお弟君の妃にわたらせられる方は（4）いと利発な、おしとやかな品のあるかたでしたが、この熱心な質問を傍に立って笑（えみ）を浮べながら聴いておいででした。

いろんな質問が出た後で、皇后様はとうとうおっしゃいました。「みなさんの物を知らないこと！　どの国にも支配者があるし、なかには共和国もあるということを私は知っております。アメリカ合衆国は共和国で、わが国に非常に好意を持っております。けれどもあんな平民ばかり行くので、私たちもみなそうかと思われるのは情ないことです。立派な満洲人もすこしは出かけて、私たちがほんとうはどんなか見せてやると良いと思います」。皇后様が後で私におっしゃったことですが、皇后様は支那訳で各国の歴史をお読みになったそうで、ずいぶん御存知のようにお見受けしました。

五階建の舞台がある戯場へ

召見がすむと、太后陛下は囲屏（ついたて）の蔭にいた私どもをお呼び出しになって、一緒に芝居を見に行こうと仰せになりました。こんなにいい天気だから、歩いて行きたいとのお言葉なので、私どもは慣習にしたがって陛下のすこし後から歩いてお供をしました。みちみち太后陛下は特にお気に入りの場所や物をいろいろと指し示しになるのでしたが、しょっちゅうおふ

頤和園楽寿堂前の西太后　向かって左は隆裕皇后、前列右は宦官の李蓮英、足元にいるのは愛犬水獺

りかえりにならなくてはいけないので、おしまいには近く寄って並んで歩くようにと仰しゃいました。これは、後になってわかったことですが、陛下におかせられては格別の御懇篤ななされ方で、めったにお許しの出ないことなのでした。陛下も普通の人と同じく、花とか木とか草とか犬とか馬などに、お気に入りやお慰みというものがありましたがなかにも特に御寵愛の犬がおりました。いつでも陛下のお側にいて、陛下のいらっしゃる所にはどこにも随いて行くのですが、こんな不器量な犬は私はまだ見たことがありません。どこと言って取柄は全くないのに、陛下は美しいとお考えになって、水獺（シュイタ）（かわうそ）と呼んでおいででした。「召見の間」からしばらくゆきますと大きな中庭に出ます。この中庭の左右に高さが十五呎（フィート）（約四・五メートル）の大

きな籠(かご)が二つありました。天然のままの丸木で造られ、紫の藤で文字どおり覆われていました。ただ綺麗というほかはなく、陛下の非常なお気に入りでした。花が咲く時はいつも大変な御自慢で、みんなに見せて大変およろこびになるのでした。

この中庭から私どもは、大きな丘の中腹にそって走っている、通廊下とでも申しあげたらいい建物に入りました。真直ぐに戯場に通じていて、私どもは程なく其処に着きました。この戯場は皆様の御想像になるようなものとは、まるで違っています。露天の中庭の四方に建てめぐらされ、左右は離れて区別されています。舞台の建物は五階建です。正面は全く開いていて、上下ふたつの舞台があります。上の三層は吊り下しの仕掛を支えることや物置部屋などに用いられています。一階の舞台は普通のものですが、二階目の舞台は寺院を表現するために作られ、太后陛下が大変お好きな宗教劇を演ずる際に用いられます。

左右の建物は長細くて、端から端まで大きな廊簷(ベランダ)がついています。太后から観戯のお招きを蒙ったおりに王公方や大臣方がお坐りになる場所です。この舞台の真向いに、三間(ま)の大きな部屋を備えた宏壮な建物があって、これが太后陛下おひとりの御使用にあてられています。この建物の床は地上より十呎(フィート)高められ、舞台と同じ高さになっています。大きな玻璃(ガラス)窓が正面にずらりと並んでいますが、これは夏季には取り除かれて碧紗(へきさ)の格子(こうし)に換えられるようになっています。この部屋のうち二間(ふたま)は御居間に用いられ、第三の間、右手のを寝室にお充てになり、ここには正面の方に向けて長い榻(ねいす)があって、その上に陛下は御気分次第で腰を下したり横になられたりするのでした。この日、陛下は私どもにも一緒にこの部屋に入るようにと仰せになりました。後ほど承るところによると、陛下はよくこの部屋にいらしって、しばらく芝居を御覧になってから昼寝をなさる由です。きっとぐっすりお眠みになるにちがいありません。というのは芝居の銅鑼や喧ましさもいっこうにお気にならぬからです。皆様のうちで支那の戯院にいらしったことのある方があったら、あんな衆魔殿のなかで睡りの神を招くのはどんなに困難なことかおわかりでしょう。

奈落から蓮華に乗った観世音菩薩が

私どもがこの寝間に入るとすぐ、芝居は始まりました。芝居は宗教劇で「蟠桃会」（西王母がその有名な桃を食べ最良の酒を酌むためにもろもろの仏僧を招く会、あるいは饗宴）という外題です。この会、あるいは饗宴というのは毎年の三月三日に行われることになっているのです。

第一幕が開くと、黄色い衣を着て、緋の袈裟を左の肩にかけた一人の仏僧が、この会にあまねく僧を招くために雲に乗って天から降りて来ます。この俳優は実際は綿で出来た雲に乗っているのですが、見たところでは宙に浮んでいるように見えるのに私はひどく驚きました。この背景などを動かす巧みなやり方はもっとも興味あるもので、どんなすぐれた舞台監督でもこの連中からはきっと学ぶことがあるだろうとは、この芝居の終るまでに私の結論したことでした。なにもかもが、ちっとも機械装置などを用いないで行われるのです。

この仏僧が天降るとともに、大きな塔が舞台中央からそろそろとせり上り出します。塔のなかには仏様が前に香炉を持って歌を唱っています。それから四つの他の小さな塔が舞台の四隅からそろそろ上って来ます。どれにも初めの方と同じような仏様が入っています。最初の仏僧が地につきますと、五人の仏様は塔から出て来て、塔はたちまち消えてしまいます。仏様たちはなおも唱いながら舞台を歩きまわります。しだいに両脇から大勢の仏様が唱いながら出て来て、ついには一杯になり、一同は輪を作ります。それから見ていると淡紅（ピンク）の絹で出来た大きな蓮華と二枚の大きな蓮の葉が舞台の奈落からあらわれて来ます。上るにつれて花弁と葉はしだいに開いて、上から下まで純白の絹をまとった美しい女性の仏様（慈悲の女神なる観世音菩薩）が頭に白い頭巾をいただき、この花の中央に立っているのが見えます。葉が開くと、その中央に男の子と女の子がいるのが見えます。蓮華の花弁が大きく開くと、観世音の身はしだいに上り出し、上るにつれて花弁は閉じて、ついには観世音が蓮の蕾の上に立っているように見えて来ます。観世音の右側の葉のなかに立っている女の子は玉（ぎょく）で出来た壺と楊柳（ようりゅう）の枝を持っています。この伝説というのは、観世音が楊柳の枝を玉壺の中に浸し、それを死人の上にふり撒くとその人は蘇生（よみがえ）るというのです。男の子と女の子は観世音の二人の侍童なのです。

　やがて、この三人は花や葉から降りて来て、ほかの仏様たちの中へ入ります。それから西王母がやって来ます。頭から足の先まで帝王の色である黄色の衣裳につつまれた、髪が雪のように白い上品なお婆様で、あまたの侍者をしたがえ、舞台中央にある宝座に上って、さて「一同、宴会の間に参ろう」と言います。これで第一場は終ります。

巨大な猿が桃を食べ酒を飲みほす

第二場は西王母が催す饗宴の食卓の用意が出来たところで始まります。食卓には桃と酒が山のように置いてあって、四人の侍者がこれを護衛しています。とつぜん一匹の蜂がブンブン唸りながら近づいて来て、侍者の鼻孔の下に粉をまき散らすと、侍者たちは眠気に襲われます。みなが眠ってしまうと、この蜂は巨(おお)きな猿に変化して、桃を一つのこらず食べてしまい、お酒をすっかり飲みほしてしまいます。食べおえると直ぐに猿は姿を消します。

喇叭(らっぱ)の音が西王母の入来を告げると、ほどなく西王母はもろもろの仏様や侍者たちを従えて到来します。桃も酒ものこらず失くなっているのを見ると、西王母は侍者を起こしてどうして眠ってしまったのか、桃と酒は何処(どこ)に行ってしまったのかと訊(き)きます。侍者は、存じません、お出でを待っているうちに眠ってしまったのですと答えます。すると客の一人が、御馳走がどうなってしまったのか突きとめねばなりませんよと、進言します。そこで侍者を門衛のところにやって、最近に誰か門を出たものがないかと調べさせることになります。使者がもどってくる前に、天界の門衛が入れちがいにやって来て、大きな棒を持った巨きな猿がひどく酔払って、今しがた門から出て行きました、と西王母に報告します。これを聞くと、西王母は天界の軍兵と数人の仏様に、行ってこの猿の在り処(か)を突きとめよと命令します。どうやらこの猿というのは元来、石から生じたもので地上のある山の大きな洞穴に棲んでいたもののようです。超自然的な力を授けられていて雲に乗って歩くことができるのです。天界に上るのを許されていて、西王母がこれにその果樹園を管理する位を与えたのでした。

仏様たちがこの猿の地上の棲処に来て見ると、猿はあの桃のいくつかを持って帰って他の猿どもと共に饗宴を開いているところでした。天兵は猿に出て来て勝負しろと挑戦します。猿は直ちにこの挑戦を承諾しましたが、天兵たちはまるで相手にならないのです。猿は自分の上衣から毛を引き抜き、毛の一本一本を小猿に変えます。小猿はそれぞれ手に一本の鉄棒を持っています。猿自身も特別の鉄棒を持っていて、海龍王からもらったものです。この棒は小は針から大は鉄梃まで望みどおりの大きさにすることができます。

天兵と共に出かけた仏様のうちに二郎爺というのがありますが、これが皆のうちで最も力があって眼が三つあります。この仏様は非常に強い犬を連れていて、その犬にこの猿を咬めと言います。犬が咬みつくと猿は倒れます。そこで一同は猿をつかまえ、天界に連れて行きます。天界に着くと、西王母は猿を老君（年老った道教の神様[5]）に引渡し、その丹炉に入れて焼くようにと命じます。

この丹炉は非常に大きいもので、皆が猿を老君に渡すと、老君はこれをそのなかに入れて、抜け出さないように非常に注意して番をしています。だいぶ番をしたところで、猿ももう死んだに違いないと思って、老君はちょっとの間、留守をします。ところが猿は死んでいません。老君が外出するや否や遁げ出して、老君が葫蘆のなかに蔵っていた金丹を盗んで、山中の自分の洞穴に帰ります。この丸薬というのは非常に強力なもので一粒でも食べると不死の生命が与えられるのですが、猿はこのことを知っていたのです。猿は一粒たべてみると旨かったので、小猿にもすこし頒けてやります。老君は帰って来て、猿も金丹も消え失せたことを知り、西王母に報告に出かけて行きます。ここで第二場が終ります。

変幻自在の猿も如来には降参

第三場は山中の猿の棲処(すみか)に仏様たちと天兵とが来ているところから始まります。一同はまた猿に出て来て戦えと言います。猿は「なんだと！　また出て来いだと？」と言って嘲笑します。戦がまた始まりますが、猿は強くて皆はどうしても勝てません。前には咬(か)みついた犬でさえ今度は無力です。遂に皆はあきらめて天界に帰り、西王母に今度は猿があまり強いので捕えられませんでしたと申しあげます。すると西王母は哪吒(ニュルチャ)という名の、年は十五ぐらいですが、超自然的な力を持っている小さな神様を呼んで、地に降(くだ)って猿の棲処(すみか)に赴き、退治できるかどうかやってみよと言いつけます。この神様は蓮の花と葉で出来ています。すなわち骨は花から成り、肉は葉から成り、どんな物にでも望みの物に変身することができるのです。哪吒(ニュルチャ)が猿の棲処(すみか)に着くと、猿は見て「なんだ！　お前みたいな子供が俺とたたかう気か？　まあ勝てる気があるのなら、かかって来い」と言います。すると子供は三つの首と六本の手がある巨人に変身します。猿はこれを見ると、自分も同じ物に変身します。小さな神様はこれはいけないと思って、非常に巨(おお)きな人間に変身して猿を摑(つか)まえようとします。すると猿は非常に大きな剣に化けて、この人間を真二つに切ります。

小さな神様が今度は火になって猿を焼こうとすると、猿は水になって、火を消してしまいます。またもや小さな神様は非常に獰猛な獅子に身を変えますが、猿は大きな網に化けて獅子を捕えようとします。それでこの小さな神様は、どうしても猿に勝てないと知って、たたかうことを諦めて天界に帰り、猿は私の手には負えませんと西王母に申しあげます。西王母は絶望します。それで仏様たちの古い先祖に当たる如来を迎えにやります。如来は仏様のうちで一番強いのです。それと慈悲の女神なる観音を呼んで、猿の棲処に降らせ、ふた方に猿がつかまるかどうかやってみてもらうことにします。このふた方が山中の洞穴に着くと、猿は出て来て如来を見ますが、この神様が誰か知っているので一語もありません。この神様が指さすと、猿は跪いて降参します。如来は「われとともに来れ」と言って猿をつかまえ、別の山の下に伏せ、この猿が改心すると約束するまでは其処に留まっておれと命じます。如来が言うには「他日、汝が一人の仏僧と共に西方浄土に赴き、その地に蔵められた経本を求むるために、われこの山を挙げて汝を出すまで留まれ。汝はその途上において大いなる苦難を嘗め、あまたの危険に遭うであろう。されど、この仏僧と共に経本をもたらし帰るならば、その時までに汝の野性は去り、汝は天界の高位に置かれ、以後は永遠に安楽なる生涯を送るであろう」。

これで芝居は終りました。この芝居は非常に面白くて、私は初めから終いまで楽しめました。演技は非常に巧みで、まったく写実的でした。そして、太監がこんなに上手に芝居がやれると聞いて大変驚いたのでした。太后陛下のお話によると、背景はみな太監が描いたもので、彼等の覚えていることは、すべて陛下親らお教えになったのだそうです。支那の多くの戯院とはまるでちがって、これには各場の合間に降ろす幕がありましたし、脇の引き道具や吊り下しの仕掛もありました。太后は外国の劇場を御覧になったことがないのですから、こんな考えはすべて何処から得られたのか私にはとてもわかりかねました。太后は宗教書や神仙譚をお読みになるのがひどくお好きで、こうした物語を芝居に書き、御自分で舞台にのぼせ、御自分の御腕前に非常なお得意でした。

大鉢、小皿、百五十品もの料理が

太后陛下は腰をおろしたまま、私どもは立ったままで、暫くの間お話がありました。陛下が芝居はわかったかとお尋ねになりましたので、わかりましてございますとお答え申しあげますと、大変お喜びの様子でした。それから陛下はまことに魅惑的な調子で、「まあ、あなたたちとお話しするのが面白くて、午餐を吩咐けるのを忘れてしまいましたよ。おなかが空いてはいませんか？　外国にいたときにも支那の料理が食べられましたか。ホームシックにはなりませんでしたか？　私だったら自分の国をそんなに長く離れていれば、きっとなったことだろうと思いますよ。でも、あなたたちがそんなに長く外国で暮したのも自分のせいではなかったのですね。裕庚をパリにやったのは私の命令だったけれど、ちっとも悪かったとは思いませんよ。だって御覧なさい、今となってはあなたたちはずいぶん私の役に立つのですものね。私はあなたたちを自慢にして、外国人たちに私たち満洲婦人でも自分の国の言葉より上手に外国語が話せることを見せびらかしてやりたいのですよ」。陛下がお話しになっている間に、太監たちが上等なテーブル掛をかけた大きな食卓を三つならべているのに気がつきました。それから中庭に他の太監が数人、料理の食盒を捧げて立っているのが見えました。この仕切箱（食盒）は黄色く塗った木で出来ていて、料理の小鉢が四つ、大鉢が二つ入るぐらいの大きさでした。食卓の用意ができ上ると、戸外の太監たちはこの中庭に別の中庭に通ずる小門まで二列になって、このお膳をつぎつぎに送って部屋の入口にとどけ、其処で立派な服装をした四人の太監が受けとって卓の上に並べました。

何処であれ、居合せになった処で食事を取るというのが太后の御習慣のようでしたから特別に食堂として用いられるお部屋といってはないのです。なお、以上の鉢は帝王用の色である黄色に塗られ、銀の蓋がついていることも申しあげねばならないと思います。あるものは緑の龍が飾りになっていましたし、また漢字で「壽」（長生）と書いたものもありました。

料理は、数えてみると、百五十品ほどもありました。一列は大鉢、一列は小皿、それから次の列は小鉢という風に、何列にも長くならべられてありました。卓の仕度が進行している間に、二人の宮眷がこの御寝室に入って来ました。どちらも大きな黄色い盒をさげていました。宮眷がこんな仕事までするのを見て私はすっかり驚いて、私もここに来る身になったら、こんなことをしなければならないのかしらと、密かに心で問うのでした。この盒はいかにも重そうでしたが、二人はそれをまことに優雅に捧げていました。二几の小卓が太后陛下の御前に置かれますと、宮眷は提盒を開けて、乾して砂糖で煮た蓮の実や、西瓜の種子や、さまざまに調製した胡桃や、剥いて薄切りにした季節の果物など、いろいろなお菓子を盛った皿を何枚もならべました。この皿を卓にならべおわると、陛下は料理よりもこうした点心の方が好きだとおっしゃって、私どもにもくだされ、遠慮しないようにとのお言葉でした。私どもは陛下の御親切にお礼を申しあげて、非常においしく頂戴しました。陛下がいろいろな皿から相当に召しあがる模様なのを拝して、これでお昼御飯がお上りになれるのかしらと思いました。陛下がおすみになると、二人の宮眷(じょかん)が来て皿を取り片付けました。陛下は、食べおわった後で残ったものは、いつも宮眷たちにやるのだと仰せになりました。

太后自らお茶に花を入れて

この後で、一人の太監がお茶をもって参りました。この茶碗は純粋の白玉(はくぎょく)で出来ていて茶托と蓋は純金でした。それからもう一人の太監が、どちらも同じような玉杯を二つのせた銀盆を捧げて来ました。玉杯の一つには忍冬花(すいかずら)、もう一つには薔薇(ばら)の花弁(はなびら)が入っていました。この太監はその外に二本の金の箸(はし)も持って来ていました。この二人の太監は陛下の御前の床にひれ伏しながら銀盆を高く捧げて陛下のみ手にとどくようにしました。陛下はお茶の入っている玉碗の金の蓋を取り、忍冬花をすこしつまんで、お茶のなかにお入れになりました。こうやって、それからお茶を啜(すす)りながら、陛下は自分はどんなにか花が好きでまた花をいれるとお茶はなんといい香りがすることかなどとお話しになりました。それから「あなた方にも私の茶を味わっていただきましょう。気に入るかどうかしら」とおっしゃって、太監の一人に命じ、陛下のお飲みのと同じお茶を私どもにも持って来させになりました。それが来ると、陛下はお手ずから私どものために玉碗のなかに忍冬花を入れてくだすって、私どもの喫むのをじっと見ていらっしゃいました。こんなにおいしいお茶は私はまだ味わったことがありませんでした。なかに入っている花のおかげでお茶はほんとにいい匂いがしました。

(1) 格格は満洲語ゲゲの訳音でゲゲはもと親族中の自分より目上の女を指す尊称で、支那語の姐々に当たったが、後には清朝の皇女を指すこととなった。
(2) エドワード七世。一九〇一年一月（光緒二十六年末）ヴィクトリア女王の崩御の後を承けて即位。
(3) 仏国は一八九七年以来広西、広東、雲南三省に関して多くの利権を得たが、このため英国と衝突することが多かった。ただし一九〇〇年以後両国の間に協定が出来て、この地方の鉱山採掘権等が共有の形となった。雲南問題とはこれを指すのであろう。
(4) 隆裕后の弟徳恒？
(5) 太上老君。実は老子のこと。

第四章　西太后との午餐

皇后も太后の前では立って食事を

私どもがお茶を飲みおえると、陛下には午餐の仕度が出来ているから、次の間に一緒に参るようにとのお言葉でしたので、私はたった今あんなに召しあがった後で、いったい幾らかでも午餐をお召上りになる余地があるのかしらとふしぎに思いましたが、この疑いはすぐとけました。太后は次の間に入るとすぐ、料理の蓋をとれと御命令になり、忽ち(たちま)蓋はとり去られました。それから陛下は食卓の上座に御自分の席をお取りになり、私どもには末座に立つようにとおっしゃいました。それから「ふだん芝居を観た時には皇帝が一緒に食事をなさるのですが、今日はあなたたちが皆はじめてなので、恥しがっていらっしゃるのですよ。その中(うち)に慣れてそんなにきまり悪がらなくおなりになると思います。今日はあなたがた三人が私と一緒に食べて下さいね」とのお言葉でした。もちろん、私たちもこれは特別のお取扱いだとわかりましたので、食べはじめる前に叩頭(コウトウ)してお礼を申しあげました。この叩頭、即ち頭を地面につくまで下げることは、最初はひどく疲れるもので目まいがしそうでしたが、後には慣れてしまいました。

食事がはじまる時、太后陛下は太監に命じて、私どものために皿を置かせ、また銀の箸(はし)や匙などを下さいました。そしておっしゃるには「あなたがたを立たせたままで食べさすのは気の毒だと思いますが、祖宗の規を破るわけには行きませんからね。皇后陛下でさえ私の前では腰かけられないのですよ。外国人たちが、私が宮中の婦人たちをこういう風に扱っているのを見れば、さぞ野蛮人だと思うことでしょう。だから、あれらには私たちの習慣はなんにも知らせたくないと思います。外国人の前で私がどんなに違ったように振舞うか、あなたがたもいずれおわかりでしょうが、それはあれらに私のほんとの姿を見せたくないからなのですよ」。

母にお言葉をかけていらっしゃる間、私はじっと陛下の方を見まもっていましたが、寝室においでのときあんなにいっぱいお菓子やら胡桃やらをおあがりになったその後で、この召しあがり振りにはほとほと感心申しあげました。

牛肉は宮域内では禁止されている食物でした。役畜として使用される動物を殺して食べるのは非常な罪悪と考えられていたからです。料理はおおかた豚肉、羊肉、野鳥、家禽、それから野菜が材料でした。この日には豚肉の料理が十種ありました。たとえば、紅白二様になっている冷やして薄く切った肉団子、紅いのは豆から作った特別の醤油で紅い色をつけて料理してあるので、大変おいしいものでした。筍の細片をあしらった炒肉糸、采の目に切って桜桃をあしらった豚肉、玉葱をあしらった薄く切った豚肉など。この最後の料理（葱燴肉片）は陛下のお好みでしたが、私にもおいしかったことを申しあげねばなりません。それから鶏蛋と豚肉と蕈をこまかく刻んで揚げたパンケーキのようなもの、またキャベツをあしらった豚肉や蕪菁(かぶら)をあしらったものなどもありました。家禽と羊肉はいろいろな風に料理されていました。食卓の中央には径二呎(さしわたしフィート)(約六十センチ)ほどもある黄一色の磁製の非常に大きな鉢があって、鶏と家鴨(あひる)と鱶(ふか)の翅(ひれ)が清湯(すまし)になって入っていました。鱶の翅は支那では非常な珍味と考えられているのです。そのほか鍋焼鶏子(ロースト・チキン)や骨抜きのチキンや鍋焼鴨子(ロースト・ダック)が出ていました。家鴨と鶏は香ばしい匂いをつけるために小さな松葉を詰めて天火(てんぴ)で焼いたものでした。

陛下が非常にお好みの料理がもう一皿ありました。それは非常にこまかく刻んでベーコンの切身みたいにチリチリに縮れるまで揚げた焼豚(ロースト・ポーク)の皮でした。

米は食べないで饅頭が好きな満洲人

原則として満洲人はめったに米を食べませんが、饅頭(パン)は非常に好きで、この日もいろいろな風に作られた饅頭(パン)が出ました。焼いたもの、蒸したもの、油で揚げたもの、砂糖を入れたのもあれば、塩と胡椒を入れたのもあり、面白い形に切ったものや、龍だの蝶だの花だのの変った形にこしらえたものがあり、挽き肉の餡を入れたのも一種類ありました。それからいろいろな種類の漬物がありました。それは陛下が非常にお好みなのでした。それから大豆や青豆や落花生を糕(おこし)にして蔗糖のシロップをかけたものがありました。

できるだけ食べるようにとのお言葉でしたが、陛下の方をみつめてお話を承るのに夢中だったので、私はあまり食べませんでした。上に述べたいろいろな料理のほかに、何種類もの粥が出ました。甘い玉蜀黍（とうもろこし）の粥や小さな黄色い粟（鳥の餌に似ている）の粥（小米粥（シャオミーチョウ））などで、陛下は食事の後には誰でも粥を食べなければならないとおっしゃいました。

　とうとう食事がすむと、太后陛下は食卓からお起ちになって、「さあ寝室に行きましょう。皇后が宮眷（じょかん）たちと御一緒に食べていらっしゃるのが見られますよ。あの人たちはいつも私のすんだ後で食べるのですよ」とおっしゃいます。私どもは陛下のお伴をして出かけました。そして私は二つの部屋の境の扉の近くにいましたので、皇后様と宮眷たちが入って来られて、食卓のまわりに立ちながら、非常に静かに食べていらっしゃるのが見えました。腰かけて食事をすることを許されていらっしゃらないのでした。

　戯場ではこの間ずっと、なにか神仙譚（しんせんたん）の芝居が続いていましたが、とても私どもの観た最初の芝居ほどには面白くはありませんでした。陛下が御寝室にある長い榻（ねいす）に腰をおかけになると、太監がお茶を運んで来ました。陛下は私どもにも持って参るようにとお命じになりました。こういうお取扱いに浴して私がどんなに喜んだかは皆様にもおわかりのことと思います。支那では人々は自分たちの君主は至高の存在で、その言葉は法律であると考えています。誰でも太后陛下にものを申しあげる時には決して眼を挙げてはならないのです。それが非常な尊敬の表象なのです。それで、以上のような極端な御優遇は最も異常なことにちがいないと思いました。前に聞いたところでは、陛下は非常に激しい気性のお方だとのことでしたが、陛下が私どもに対しこんなに御親切でお恵深くあらせられ、慈母のごとくお言葉をおかけになるのを拝しては、私にあんなことを言った人は間違っているにちがいない、陛下は世界じゅうでいちばん気持の良いかただと思いました。

父の見舞に八折の果物と菓子を

陛下はしばらく御休息になってからもう遅くなるから、そろそろ私どもも北京に帰る時刻だとおっしゃいました。家へのお土産としては果物やお菓子の入った大きな黄色い盒(はこ)を八折も賜わりました。母には御沙汰があって、「裕庚(ユーケン)（私の父親）に早く癒るように伝えて下さい。それから私があなたにおことづけする薬を飲んでよく静養するように伝えて下さい。それからこの八折の果物と菓子をやってください」。私どもがパリから帰って以来ずっと可成りな病態にある父が、もしこのお菓子をみんないただいたら、かえって有難くないことになりはしないかと私は思いました。けれども、たとい父の健康に害があるにせよ、父は陛下の優渥(ゆうあく)な思召しに感激するだろうということはわかっていました。

たぶん皆様はたいがい御存知でしょうが、陛下が物を賜わる時には叩頭(コウトウ)するのが慣わしですから、陛下がこの果物とお菓子を賜わった時には私どもは叩頭して御仁慈にお礼を申しあげたのでした。

私どもがお暇をいただこうとした時、太后陛下は母にむかって、私どもがたいへん気に入ったから、来て宮眷(じょかん)になり、宮中にいて欲しいものだがとおっしゃいました。これもまた非常に優渥な御沙汰と存じ上げましたので、私どもは再びお礼を申しあげました。すると陛下は、いつ参れるかとお下問になりました。そして、私どものために万事調えておくから、衣

頤和園の楽寿堂の内部　西太后の寝室

類と身の廻りの物だけ持って来ればよいとおっしゃり、私どもが参ったら住むことになる家を見せて下すって、二日以内に帰っておいでとのお言葉でした。この家は非常に大きな四つの部屋から成っていて、陛下御自身の、いわば私的な宮殿の右側に位しています。この宮殿、楽寿堂(ローショウトン)（永久に幸福な宮殿）は湖[1]のほとりに在って、陛下のお気に入りの場所でした。

陛下はここで一日の多くを読書と休息におすごしになり、お気が向けば湖上に帆を浮べられるのです。この宮殿のなかに陛下はあまたの寝室を持っていらしって、それをみんな御使用になっていました。

受取人が御恩を謝したか太后に報告

この家を見せていただいたあとで、陛下をはじめ皇后様や宮眷(じょかん)がたにお暇を告げ、そして長い疲れる轎(かご)の旅の後で家に辿(たど)り着いた時は、生涯でもいちばん事が多かった日とて、ぐったりしたものの楽しい気持でした。私どもが家に入った時に驚いたことには、数人の太監が私どもの帰宅を待ち受けていました。彼らは私どもひとりびとりに陛下からといって宮中御用の金襴を四巻も持って来たのです。もう一度、私どもはこの御下賜品の御礼として慣習にしたがって頭を下げねばなりませんでした。今度は、御下賜品が家まで持って来られたので、私どもは部屋の中央の卓にこの金襴をのせて、叩頭して陛下にお礼を申しあげ、そして、私ども一同いかに陛下の数々の御仁慈と美しい御下賜の品々に感謝いたしておりますか陛下に言上してくださいと太監に申しました。

慣習にしたがって、しなければならないことがもう一つありました。この太監たちに贈物か心付けをやらねばならないのでした。私どもはこの太監のひとりびとりに骨折賃として十両ずつやりました。後になってわかったことですが、太監たちが何処かに陛下の御命令で贈物をとどけに行く時には、いつも帰ってから、受取人がどんな風に陛下に御恩を謝したか、その家でなにをくれたかを報告せねばならず、その後で陛下は太監たちが貰い物を自分のものにするのをお許しになることとです。それからまた陛下は、私どもの家についていろいろお尋ねになり、また私どもが陛下のことを喜んだかどうかなどとお尋ねになったそうです。この連中はひどく話が好きで、私どもがまた宮殿にもどってから後のことですが、陛下が私どもが初めて参った日に私どもについて仰せになったことを話してくれました。

ロシア公使夫人の太后拝謁に通訳を

母は、父の健康がすぐれないので父をひとりぼっちにして宮中に参るのをひどく心配しましたが、陛下の御命令にそむくわけには行きませんので、私どもは三日後には宮殿にもどりました。

この最初の日は私どもにとっては忙しい日でした。まず到着すると、お送りくだすった御下賜品のことで太后陛下にお礼を申しあげました。陛下は今日は非常に忙しいとおっしゃいました。というのは、陛下はこれから、露国皇帝より太后陛下への贈物として露国皇帝・皇后両陛下ならびに御帝室の肖像を持参して来た一ロシア婦人、すなわちロシア公使夫人のマダム・プランソンに覲見を賜わることになっていたからです。陛下は私に、ロシア語が話せるかどうか御下問になりました。私は、できませんけれど、ロシア人はたいがいフランス語が話せるようでございますと申しあげますと、その答がお気に召したように拝せられました。けれども陛下は「なぜあなたはロシア語が話せると言わないのです。どうせ私にはわかりはしないし、嘘だとわかりもしないのに」とおっしゃりながら、一方には、宮眷のひとりを睨んでいらっしゃいました。私が真実を申しあげたということが御意にかなったらしいところから見ると、誰か陛下をおだまし申しあげた者があるに違いないと思われました。これは後になって当たっていたことがわかりました。宮眷のひとりが一言も話せないくせに、外国語がしゃべれますと胡魔化したというかどで免職になったからです。

この召見のほかに、芝居と、太后陛下の甥御にあたられる徳裕様の御婚約の式がありました。婚約の式は、満洲の習慣にしたがうと、帝室のふたりの公主によってとり行われます。

このふたりの公主が将来の花嫁の家においでになると、少女は脚を組みちがえて寝台に腰をかけ、眼を閉じて、ふたりのいらっしゃるのを待っています。ふたりの公主たちはその家に着くと、少女の寝室に行って、一呎(フィート)半ほどもある純粋の玉(ぎょく)で出来た如意(ルーイー)という縁起物を少女の膝にのせ、金貨を入れた絹製の綺麗な刺繍がある小さな袋をふたつ上衣の鈕(ボタン)にかけておやりになって、それから「大喜(ターシー)」という字を彫った金指環をふたつ指にはめてお上げになります。この縁起物、すなわち笏(しゃく)のような恰好をした如意(ルーイー)の意味は「あらゆる楽しみが汝(なんじ)のものたれ」というのです。

この式の始めから終りまで、絶対の沈黙がつづけられ、終るとすぐに、ふたりの方は宮中に帰って来て、太后陛下に式は終了しましたと報告されるのです。

（1）　頤和園中の昆明湖。

第五章　西太后の覲見

どの君主よりも沢山宝石を持って

その前の日まで誰ひとり、ほかならぬその日に露国公使夫人を迎える覲見があるということを報せてくれたひとはありませんでした。私どもは陛下に、この婦人を迎えるために御前を退いて衣服をとり更えなければなりませんからと申しあげました。当日私どもが着ていました衣裳は非常に簡単に出来た裾の短い服でした。こういう型の衣裳をつけたわけは、宮中には絨毯が敷いてないので、むき出しの磚（煉瓦）の床は私どもの綺麗な、紅い天鵞絨のガウンを傷めますし、それに太監は不器用でしょっちゅう裳裾を踏むからです。私どもは、毎日のふだん着には短いドレスの方がずっと実用的だと決めたのでした。太后陛下はおっしゃいました。

「どうして、あなたがたは着物を更えなくてはならないのです？　私は、ああいう風に床の上にしっぽをひきずらない方がずっと似合うと思いますよ。人間が衣服に尾を付けるという考えには可笑しくて笑いました。あなたがたが初めて宮廷に来た時に尾があるのに気が付きましたよ」。

私どもがまだ説明申しあげる暇もなく、陛下は「ああ、わかりました。うしろに尾がある衣裳は短いのよりも儀式張ったものに違いない、あたったでしょう？」と仰しゃいました。私たちはその通りでございますと申しあげました。すると陛下は「行って、さっそくいちばん綺麗な袍(ガウン)を着ていらっしゃい」と仰しゃいました。私どもは直ぐまかり退(さが)って着換えをしました。妹と私は、ブラッセル産のレースで縁をとり、同じピンクの透きとおった襟飾りのついているピンクの支那縮緬(クレープ・ド・シーヌ)のガウンを着ることにしました。母は黒い薔薇(ばら)を刺繍した鼠色の支那縮緬(クレープ・ド・シーヌ)を着ました。これには襟と帯に暗青色の繻子(サテン)を用いちょっと色の変化がつけてありました。太后陛下が私どもの仕度ができたかどうかと太監を見に寄越されましたので、みんな大急ぎで衣裳をつけました。陛下は私どもを御覧になるとお叫びになりました。「まあ、長い尾をつけた三人の仙女みたい！」。それから「歩く時、着物の半分を手で持っているのでは、ひどく疲れはしませんか？」と御下問になりました。

「その衣裳は綺麗だけれど、私には尾が気に入りませんね。そんなものを付けるというのは気が利かないことですよ。いったい外国人たちは、私があなたたちにその衣裳を着さしていることを、なんと思うかしら。きっと外国人たちはこの考えを好まないことでしょうね。私の理由というのは、あなたがたが外国の着物を着ているところを、あれらに見せて、私でも、その衣裳の着方ぐらいは知っているのだということを、わからせてやりたいのです。私に挨拶に出た外国の貴婦人で、まだあなたたち三人のように美しい袍(ガウン)を着ていたのは絶対にありませんでしたよ。私には、外国人も支那人と同じくらいお金持だとは、とても信じられません。外国人たちが宝石をあまりつけていないのにも気が付いています。私は世界じゅう

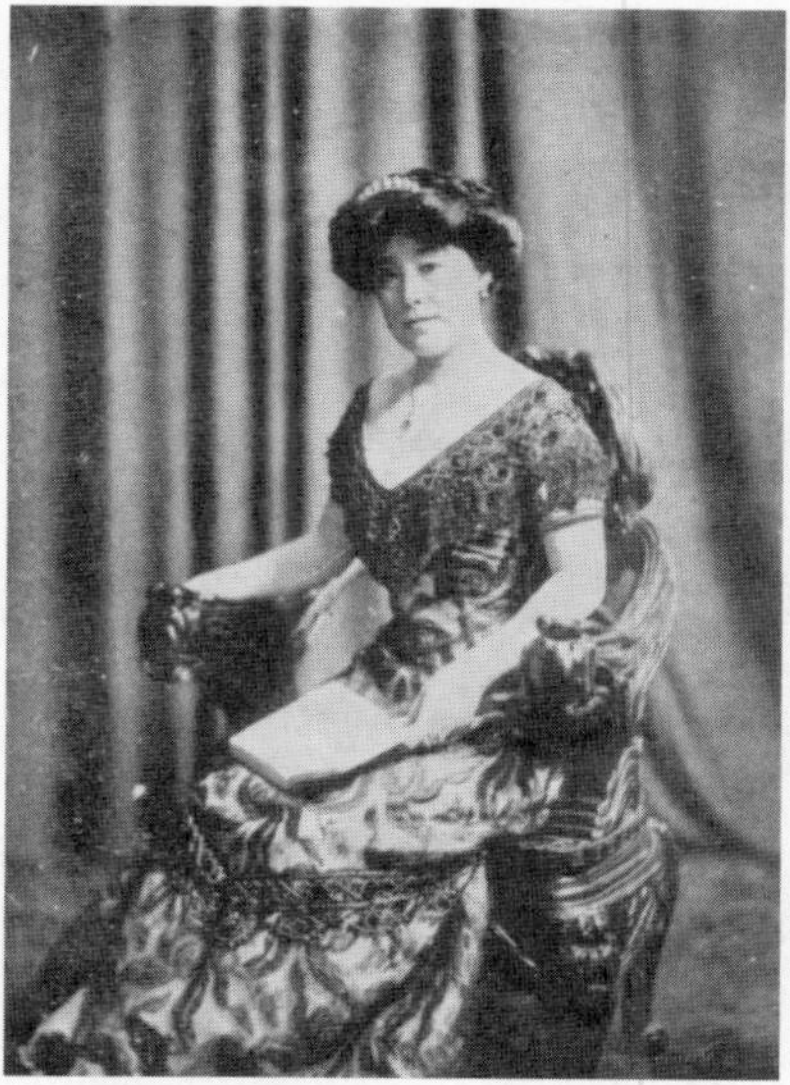

のどの君主よりも沢山宝石を持っているということですが、そのうえ絶えず殖やしているのですからね」。
　私どもはプランソン夫人を迎える仕度でひどく忙しい思いをしました。夫人は十一時ごろ着いて、第一の中庭の控の間で妹の応接を受け、そこから召見の間の仁寿殿（レンショウディエン）に導かれ、太后陛下にお目通りしました。太后陛下は高壇の上の大きな宝座に腰かけていらっしゃいました。皇帝陛下もお出ましになっていて、その右手に腰かけていらっしゃいました。私は通訳するために太后陛下の右手に立っていました。太后陛下は黄色い透きとおった金襴緞子（きんらんどんす）の袍（ガウン）をお召しになっていました。この袍は立葵（たちあおい）の花と「壽（ショウ）」（長生）という漢字を刺繍し、金モールで縁がとってありました。陛下は卵ほどの大きさで形も似ている大真珠をお召物の鈕（ボタン）から下げていらっしゃいました。そのほか鐲（うでわ）や指環や金の護指（爪を保護するもの）やらを沢山つ

洋装の著者・徳齢

頤和園の仁寿殿の宝座

けておいででした。お髪はいつもと同じ形にとりあげてありました。

「満洲風の方が清潔」と自慢し

プランソン夫人が広間に入って来ますと、妹は壇の階段のところまで連れて参り、それから夫人が太后陛下に一揖しました。そこで私が進み出て、夫人を導いて壇に登らせました。陛下が夫人に握手を賜わると、夫人は持って来た写真を陛下に献上しました。太后陛下は、露国皇帝・皇后両陛下の御贈物にお礼を申しあげるとの意味の御受納の挨拶を非常にお上手になさいました。プランソン夫人は英語が話せませんので、私はこの御挨拶の御言葉をフランス語に通訳いたしました。これがすむと、太后陛下は私にプランソン夫人を皇帝陛下のところへお連れするようにとおっしゃいましたから、仰せ通りにいたしまし

正装の西太后　満洲族独特の髪飾りに花を挿す

た。皇帝陛下は夫人が近づき申しあげるとお起ちあがりになって握手を賜い、露国皇帝・皇后両陛下の御健康をお尋ねになりました。これが終ると、太后陛下は宝座からお降りになり、プランソン夫人を御自分の宮殿、あのたくさんの御寝室のある堂にお連れになり、夫人に腰をおろすようにとおっしゃいました。そして十分ほど話し合われましたが、私はその通訳をいたしました。それがすむと、私が夫人を皇后様にお目通りに連れて行きました。満洲の規（おきて）は姑（しゅうと）と媳（よめ）の間柄についてはひどく厳格ですから、皇后様はこの覲見式の間、宝座の奥の囲屏（ついたて）の裏に腰かけていらっしゃったのでしたが、私がお探しするとやはりそこにいらっしゃいました。そこから一同は満洲風な午餐の用意が出来ている宴会の間に向いました。

　ここで、支那風な食事のしかたと、満洲風のしかたの相違を説明しておかねばなりません。支那人は食物を入れた鉢を一度に一つずつ食卓の中央に置いて、誰でもこの鉢に、箸（はし）をさし入れて好きなだけ取って食べるのです。満洲人はまったく違っていて、ほかの国と同じように、別々の鉢や皿で出すのです。太后陛下はこれが非常な御自慢で、この方が清潔であることは言うまでもなく、時間の経済にもなると言っておいででした。宮中の食事はいつも非常に上等で清潔でした。外国人のお客がある時はとりわけそうでした。こうした折にはもちろん、鱶（ふか）の翅（ひれ）とか燕の巣の羹（プディン）などいろいろな料理が出ます。そのほかにたいへんな品数の御料理が出ることは言うまでもありません。

　太后陛下はその朝、私に食卓を綺麗に飾りつけるように御下命になりましたが、一同が食卓についた時は非常に美事に見えました。いつもの食卓容器のほかに、黄金の龍の形をした菜単（メニュー）ばさみや、杏仁や瓜子（グアツ）（乾した西瓜の種子）を盛った小さい桃形の銀の碟（さら）が出ていましたし、箸のほかにナイフとフォークも出してありました。

ロシア公使夫人に美事な碧玉を

太后陛下と皇帝陛下とは決して客と同席では召上りになりませんので、プランソン夫人は公主方と宮眷(じょかん)達とでもてなしました。午餐が半ばまで進んだころ、太監がやって来て、陛下がすぐ会いたいとおっしゃっていらっしゃるとの旨を伝えました。なにか間違いがあったのではないか、それとも宮中の悪い習慣ですが、太監が嘘の報告を申しあげたのではないかという考えが頭に閃(ひらめ)きました。それで、陛下がにこにこ笑っておいでの様子を拝して意外の思いをいたしました。

陛下は「プランソン夫人は本当に立派な淑やかなかたですね。ずいぶんこの宮廷に参内した婦人も見たけれど、プランソン夫人のように行儀の良いのは一人もありませんでした。言うのも情ないことですが、参内する婦人にはひどく行儀の悪い人がありますよ」などとおっしゃって、「その人たちは、私たちを高が支那人で何も知りはしないと考えて、見下しているようです。私はそんなことには直ぐ気が付くのですよ。それで、教育があり文明開化だと自称する人たちがあんな振舞をするのを見ては驚きます。外国人たちが野蛮人と呼んでいる私たちの方がずっとずっと文明開化で行儀が良いと思いますよ」。

太后陛下は、相手の行動がどんなに悪くても、外国の婦人たちに対してはいつも非常に丁寧にしておいででしたが、その人たちが引き退(さが)った後では、誰の行儀は良かった、誰のは悪かったとお話しになるのでした。以上のようなお話がすむと、陛下は私に美事な碧玉をお渡しになって、プランソン夫人にやるようにとおっしゃいました。私からそれをプランソン夫人に贈りますと、夫人は太后陛下にお礼を言上したいと申しますので、また宮殿に連れて参りました。

午餐がすみますと、夫人は、陛下の示し給うたおもてなしと御親切にことごとく有難く存じましたと言って、お暇を乞いました。私どもが「召見の間」の中庭まで見送りますと、そこには夫人の轎(かご)が待っていました。

どの客でも帰った後では、私どもは陛下のもとに行って、あらゆることについて御報告申しあげねばならないという規定乃至(ないし)は習慣のようなものを、太后陛下は定めていらっしゃいました。陛下もやっぱり普通の婦人と同じように、いろいろの癖といっしょに噂(ゴシップ)好きの一面もおありのように思われました。どの程度にしろとにかくそういう御様子が見えました。陛下は、プランソン夫人がどういうことを云ったか、玉(ぎょく)が気に入ったかどうか、午餐を喜んで食べたかどうかなど、お聞きになりたいのでした。

上手な通訳に太后は御満足

太后陛下は、私が陛下の御通訳を非常に上手にやったというのでひどく御満足で、

「これまでこういう風に私の通訳をしてくれたものは誰もなくてね。私には言葉はわかりはしないのですが、あなたが流暢に話しているのはわかります。どうやって習ったのです？もう私はあなたをほかへ遣りませんよ。時には外国の婦人たちが自分の通訳を連れて来ますけれど、私にはその連中の支那語はわからないので、こう言っているのだろうと当て推量し

なければならないのです。特にコンガー夫人が連れて来た宣教師たちといったらね。私はあなたが来てくれてとても嬉しいのですから、私が死ぬまで側にいて欲しいものです。あなたの結婚のこともまとめて上げるつもりですが、それは今は言わないことにしておきましょう」。

陛下のお言葉を聞いて私は非常な幸福を覚え、非常に運の良い廻り合わせの下に私のお目見得をやったものだと思い、また陛下が私をお気に召したということをひどく嬉しく思いました。しかし、この結婚の問題は心配でした。だって、これほど私の心から遠いものはなかったのですもの。後になって母に相談して見ると、母は心配しなくていい、その時になったら、いつでもお断り出来るのだからと申しました。

さて、私どもが陛下にプランソン夫人の申したことを残らず申しあげますと、陛下は、「あなたたちは今朝は早く起きて、大変働いたのだから、くたびれているに違いない、休息したかろうから、部屋に退ってよろしい、もう今日は用はないから」とおっしゃいました。私どもは晩の挨拶を申しあげるときの慣習にしたがって、お休みあそばせとお辞儀をして、退出いたしました。

第六章　西太后に侍して

親子三人の世話に四名の小太監を任命

私どもが部屋をいただいた建物には、前に申しあげたように、四つの大きな部屋と一つの広間とがありました。それで、母と妹と私と、三人がそれぞれ一間をとり、四番目の部屋を女中用にいたしました。太后陛下は太監をひとり私どもに付けてくださいました。この太監の話によりますと、陛下は私どもの用をするのに四名の小太監を御任命になった由でこの者たちの行いが善くなかった節は自分に言いつけてくれとのことでした。彼はまた、自分の姓は李（リー）だと申しましたが、この姓の者はあの宮殿監督（李蓮英）も入れてずいぶんいますから、呼び分けるのはひどく難しいことでした。

しばらく歩いて到着しますと、太監は右手の建物を指して、これが太后陛下御自身の御殿で、今しがた私どもが退出して参った御殿だと申しました。そんなに近くだのに、なぜ来るのにあんなにかかったのかわけがわかりませんでしたので、そのことを彼に訊いてみました。彼の話によりますと、私どもの小さい建物は皇帝陛下の御殿の左側にあって、太后陛下は、ある理由から、私どもの場所から御自分の御殿に通じる入口を閉じてしまわれたのだというのです。その理由については太監はあえて語らないで、「この場所が湖に向くべきではなくって、東に向くのがほんとうだとあなたもお考えになりましょう」と申しました。湖のながめは美しかったので、私は、前どおりの方がずっとよかったのじゃありませんかと申しますと、太監はニヤリと笑って「そのうちにいろいろと御覧になると、この場所がいやな処だということがおわかりになるでしょう」と申します。私は太監の言葉に吃驚しましたが、べつに質問したいとは思いませんでした。彼はさらに、皇帝陛下の御殿は私どもの住居のまうしろにあって、太后陛下の御殿と同じ大きさの建物ですと申しました。眺めてみますと、皇帝陛下の院子の木立が屋根ごしに見えました。それから、彼は、皇帝陛下の御殿の裏にあるもう一つの建物を指しました。それは皇帝陛下の御殿より大きいけれど低くて、これも広い院子があります。それは皇后様の御殿だとのことです。それには両側に一棟ずつの建物があって、太監の話によりますと、その左側のは皇帝の御妃（瑾妃）[1]の寝室だということです。

皇帝と皇后は常に太后に看視されて

この皇帝・皇后両陛下の御殿の間にはもと門がありましたが、老仏爺――と太監は太后陛下をお呼びしていました――が塞いでしまわれたので、両陛下には太后陛下の御殿を通らなければ往き来することがおできにならないとのことです。こういう風にして太后陛下はお二方を看視し、二六時ちゅうの御行動をお知りになるのだと私は想像いたしました。これは私にはまったく初耳で、どう考えていいことか私には見当がつきませんでした。この李という太監がこんな椿聞をもっと話してくれては迷惑と思いましたので、疲れたから部屋に退って休みますと申しますと、彼は出て行きました。

とうとう部屋のなかに入って、見まわす機会となった時、この部屋の家具は紫檀の非常に見事なものだということがわかりました。家具には紅い繻子(しゅす)の褥(クッション)がかけてあり、窓には紅い絹の糸簾(カーテン)がかかっていました。寝室はみんなすっかり同じようでした。炕(カン)（寝牀）は磚(チョワン)（煉瓦）で出来ていて同じ紫檀の木をかぶせ、前面の窓の下の壁際につくりつけてあります。高い天蓋の柱からは横に棒が走っていて、紅い糸簾(カーテン)が下がっています。いったいこの炕というのは非常にめずらしい構造のものです。煉瓦で出来ていて、前面の中央に穴があり、冬にはその穴のなかに火を入れて煉瓦を熱します。昼の間は一種の卓（炕卓子(カンチョーツ)）を炕の上に置きますが、晩にはまた取り去るのです。

私どもが部屋に入ると直ぐ、太監が二三人私どもの晩餐を運んで来て、広間の中央の卓の上に載せました。この料理は太后陛下のくだしおかれた物で、私どもに充分くつろぐように申し伝えよとの御命令があったと太監らは申しました。私どもはひどく疲れていましたので、食事はあまりいただけませんでした。そしてもう引き退って寝(やす)もうとしましたらこの李(リー)という太監がまたもや入って来て、五時には起きなければならぬ、遅れてはなりませぬと申しますので、私は五時に窓を叩いてくれるようにとたのんでおきました。この後でさっそく牀(とこ)につきましたが、今日あったくさぐさのそして初めての事どもを語り合いたかったものですから、私どもは直ぐには眠りませんでした。とうとう牀に入って、眠ったばかしだと思うのに誰か私の窓を叩くのが聞えました。驚いて目を醒まし、どうしたのと尋ねますと、一人の太監が、もう五時でお起きのお時間ですと申しました。

波一つない湖水に明けそめの空が映る

私はすぐ起きあがって、窓をあけて、ながめました。日はいま明けそめ、空は美しい深紅色で、それが波一つたたないしずかな湖水に映っていました。風光は華やかで、遠くに太后陛下の牡丹山が見えましたが、それは文字通りこの美しい花で覆われています。さっそく着換えをして、太后陛下の御殿に参りますと、そこでは皇后様が廊簷（ベランダ）に腰かけていらっしゃるのにお目にかかりました。私はお早うございますと朝の御挨拶をいたしました。皇帝の御妃（瑾妃）もそこにいらっしゃいましたが、この方は宮中ではなんにも身分がないものと見做（みな）されていましたので、私どもは敬礼してはならぬと命じられていたのです。そこにはまた若い宮眷（じょかん）も大勢いましたが、大方はまだ会ったことがない方々でした。皇后様は、この方々も宮眷なのですとおっしゃって、皆を紹介してくださいました。この方々は満洲人の大官の令嬢がたで、非常に綺麗で照り輝やくような方もありました。皇后様のお話によると、この十人の方（居合せたのはちょうど十人でした）はいま宮中の礼式を見習中なので、太后陛下に近づくことは許されていないのだとのことでした。みんな皇后様の召していらっしゃるのと同じ仕立ての、綺麗な満洲人の袍（旗袍（チーパオ））を非常に恰好よく着ていました。

この令嬢がたに紹介されて、しばらく一緒に話した後で、私は皇后様となかに入って、そこで慶（チン）親王の四番目の姫に当たられる四格格（スーグルグル）にお目にかかりました。まだ二十四歳のうら若い未亡人です。また太后陛下の御甥（おい）の未亡人の元大奶奶（ユワンダナイナイ）にもお目にかかりました。おふたりとも太后陛下のためにいろいろお仕度なさるのに忙しくしておられました。皇后様の仰せには、すぐに陛下のお寝間に参って、お召し更えのお手伝いをしなければならぬとのことなので、私どもは急いで参上し、お辞儀をして、「老祖宗吉祥（ラオツツオンチーシャン）（御先祖様お芽出度うございます）」と申しあげました。太后陛下はまだ寝牀（ねどこ）にふせっておいででしたが、私どもを見るとほほえまれて、よく眠れましたかとお尋ねになりました。私どもは部屋はたいそう気持よろしゅうございましたなどと申しあげました。心中では、少時間のわりには非常によく眠りましたけれど、私としては半分ほども、まだ眠り足りはしないと思ったのでしたが。前の日は私どもにはあまり仕事が多すぎて、まるで慣れていませんでしたし、あんなに走りまわったので足がひどく痛んで棒のようになってしまったのでした。

「徳齢、あなたはたいそう役に立ちます」

陛下が私どもに、朝餐はすみましたかとお尋ねになりましたので、まだでございますと申しあげました。陛下は私どもの部屋に朝餐を運ぶように命令を出さなかったというので李（リー）をお叱りになって、「あなたがたは他人行儀にならないで、欲しいものはなんでも注文してくれなくてはいけませんよ」とおっしゃいました。それから陛下にはお起きあがりになって、お召し更えをお始めになります。習慣どおり褲子（グーヅ）を穿いてお寝（やす）みになるので、まず白絹の襪（くつした）をお召しになって、綺麗な紐（リボン）で足首のところにお結びになりました。陛下はいつもお召物を召したままお寝みになるのですが、毎日清潔なのにお取り換えになるということは申しあげておかねばならないと思います。さてそれから、陛下は柔かい地の暗紅色の汗衫をお着けになり、その上に竹の葉を刺繍した短い絹の袍をお召しになります。というのは陛下はいつも午前中は踵の低い鞋をお召しなので、したがって長い袍はお用いになれないのです。お召し更えがすむと、窓よりにお進みになります。窓の前には、あらゆる種類や形状の化粧用具を一杯のせた一几の細長い卓があります。

陛下はお顔をお洗いになり、お髪をあげながら、母に対して、自分は女婢や太監や老媽子などに寝牀をいじられるのは我慢ができません、あれらは汚いものですからね。だから宮眷たちがその仕事をすることになっていますとおっしゃいました。こうおっしゃりながら、陛下は妹と私の方にお向きになりました。というのは私どもはちょっと横にいたものですから。なお陛下のおっしゃるには、

「あなたたちふたりは宮眷が女婢の仕事をするなどとはちょっとの間も考えてはなりませんよ。だが見られるとおり私はもうお婆さんで、あなたがたのお祖母さんだといってもふしぎではないくらいですから、ちょっとぐらいは私の仕事をしてくれたってべつに悪いこともないでしょう。そのうちにあなたがたがお婆さんになる番になれば、今度はほかの人を指図して、自分の手で働かないですむようになるのですからね」。

それから陛下は私の方に向かれて、「徳齢、あなたはいろいろなことでたいそう役に立ちますから、私の頭等宮眷にします。あなたは外国人の覲見の仕度のすべてや、私の通訳をし

なければならないのだから、あまり仕事をしてはいけません。そのほかには、私の宝玉類の面倒を見ていただきましょう。荒い仕事は一切させたくはありませんよ。容齢（ルンリン）（妹）[2]はしたい仕事をなんなりと選んでよろしい。あなたがたのほかに、まだふたり、四格格（スーグルグル）と元大奶奶（ユワンダナイナイ）とがいますから、みんなで四人、一緒になって働かなくてはなりませんよ。このふたりにはあまり丁寧にしなくてもいいのですよ。もしふたりがあなたがたを苛（いじ）めるようなら、私に言ってくださいね」。

枕にあいた穴に耳を当ててどんな音も聴きとる

私はこの任命を蒙って非常に嬉しく思いましたが、慣例によれば一応辞退しなければならないことを知っていましたので、陛下の下したまわった優渥（ゆうあく）な御沙汰に対しお礼を申しあげ、私はそんな重要な役目を仰せつけられますほど物を存じませぬから、普通の平宮眷（ひらじょかん）におりまして出来るだけ早く陛下のお役に立つように物を覚えようと存じますと言上いたしました。陛下は私の言葉が終るか終らないかに、笑い出されて、

「およしなさい。そんな風なことは言わなくていいのです。あなたは謙遜すぎます。それであなたが非常に利巧で、すこしも自惚（うぬぼ）れがないことがわかります。長年支那をはなれて暮して来たくせに、こんな些細な礼儀も知っているほど、あなたが完全な満洲のお嬢様なのには私はびっくりしましたよ」とのお言葉でした。陛下は非常に冗談がお好きで、人をからかうのがたいそうお好きでしたから、「せいぜい働くのですよ、仕事ができないことがわかれ

ば、叱りつけて、ほかの人に代役をいいつけますよ」とおっしゃいました。こういういろいろなお言葉があってから、私は御任命をお受けして、陛下の御寝牀のところに参りどんな具合に出来ているものか拝見しましたところ、仕事はたいへんやさしいということがわかりました。これも私の勤務の一つだろうと思いましたので、御寝牀がととのえられる間、じっと見ておりました。

まず第一に、陛下が御起床になると、太監が御寝具を中庭に持ち出して日に当てます。それから綺麗な彫刻のある木製の御寝牀を、小箒のようなもので払い、その上に一枚の氈を敷きます。それから三つ重ねの黄色い金襴の敷蒲団を氈の上に敷きます。この後にいろいろな色の柔い絹で出来た敷布が来て、そして総ての上に、金の龍と藍の雲を刺繍した黄無地の緞子の被覆をかけます。どれも綺麗な刺繍をしてある枕をずいぶんたくさんお持ちで、昼の間は御寝牀の上に置いてありますが、茶の葉を詰めた特殊な枕が一つあって陛下はそれにお寝みになるのです。眠るとき用いる枕に茶の葉を詰めれば眼のために良いということです。陛下は以上のほかに、十二吋（約三十センチ）ほどの長さで、まん中に三吋平方ほどの穴のあいた大変奇妙な形の枕をお持ちでした。これには乾した花が詰めてあって、その穴のあるわけは、この枕をしてこの穴に耳を当て、こうして、どんな音でものがさずお聴きになろうというのです。こういう方法では、誰も陛下のお気付きにならない中にお側に参ることは出来ないことと思いました。

お世辞が好きな西太后

さて、この最後の黄色の刺繍のある被覆のほかに、藍・藤色・青・淡紅・緑・菫色の色変りの被覆が六枚あって、順々に上に重ねてありました。寝牀の上には美しい彫刻をした木の框があって、この框から、綺麗に刺繍をした縮緬の糸簾がかかっていましたし、また香料を入れた紗絹の小さな袋が無数にこの框の彫刻からぶらさがっていました。この袋から出る香は非常に強烈で、慣れるまでは気持が悪くなるほどでした。太后陛下はまたひどく麝香がお好きで、どんな場合にも御使用になるのでした。

寝牀をつくるのに私どもは十五分かかりました。私がそれを終って、ふり向くと、陛下がお髪をあげていらっしゃるのが見えました。太監がお髪をあげている間、私は陛下のお側に立っていましたが、拝見したところ陛下はもう御老年にあらせられながら、まだ天鵞絨のようにしなやかで烏のように黒い美しい丈なすお髪でした。陛下はそのお髪をまん中で分けて、耳のうしろに低く持って行って、うしろの編んだのを頭の頂に、梳きあげ、それをピッチリした髻にお結いになります。これが出来あがると、陛下は冠簪（満洲人の髪飾り）をいただかれるお仕度ができたのでして、髻に二本の大きな髪針を刺してお留めになります。太后陛下はいつもまずお髪をあげて、それから顔をお洗いになるのでした。陛下はまるで少女のように落ち着かずお口やかましくて太監がちょうどうまく似合うようにしないと必ず太監のせいになさいます。陛下は、いろいろな種類の香水を一ダースもの上に香入りの石鹸もお持ちでした。洗顔がおすみになると、柔かいタオルでおふきになり、蜂蜜と花弁から製したグリセリンのようなものを顔におかけになります。その後で、なにか強烈な香のする淡紅(ピンク)の白粉をおつけになるのでした。

陛下は化粧をおすませになると、私の方にお向きになって、おっしゃいました。

「私のようなお婆(ばあ)さんが着附けやお化粧やらに浮身をやつしているのを見ると、ずいぶん可笑(おか)しいと思うでしょうね。でもかまいませんよ！　私は自分もちゃんと身仕舞をし、ひとも恰好よく着こなしているのを見るのが好きなのです。自分もまた若くなりたいと思うのですもの」。

「陛下は全くお若くお見えになります、まだお美しくて、若い私どもでもとても陛下と並ぶ勇気はございません」と、私は陛下に申しあげました。この言葉はひどく陛下の御意にかないました。と申しますのは陛下は非常にお世辞がお好きだったからです。それで、私はその朝じゅう骨折って陛下の御様子をうかがい、お好きなものとお嫌いなものとを見つけようとしたことでした。

毎日つける宝石を三千盒も積んで

この後で陛下は私を別室にお連れになって、宝玉のしまってある処をお見せになりました。この部屋は三方が上から下まで棚で覆われ、その棚には、どれにも宝玉が入っている紫檀の盒(はこ)が積んでありました。盒のうちには小さい黄色の細い紙片が貼りつけてあって、それに内容が記してあるものもありました。太后陛下には部屋の右手の盒の列をお指しになって、おっしゃるには「ここが私の気に入りの毎日つける宝玉をしまっておく処ですから、あなたはときどきやって来て、みんなあるかどうか改めてください。残りはみな私が特別な場合につける宝玉です。この部屋に三千盒ほどあります。まだたくさん金庫に鍵をかけてしまってありますが、いずれ私の暇な時に見せてあげましょう」。それから陛下は「あなたが漢字を読み書きできないのが残念です。そうでなかったら、あなたにこの宝玉の表をあげて、検印をつけてもらえるのですがねえ」とおっしゃいました。私はこれを聞いて大変吃驚し、いったい誰が私が読み書きできないなどと申しあげたのだろうと思いました。誰か知りたかったのですが、陛下にお訊きするわけに行かないものですから、「私はべつに学者ではございませんが、しばらく支那語も勉強いたしましたので、少々は読み書きできますから、表をくださいますれば、なんとか読めましょうと存じます」と申しあげました。陛下は、「それはおかしい、あなたが初めてここに来た日に私にそう言った者があります。誰だかもう忘れてしまいましたが、あなたが全然自分の国の言葉を読み書きできないと申しましたよ」。陛下はこうおっしゃりながら部屋中を見まわしておいででした。

それで、私は陛下は誰が言ったか御存知なのだけれど、私におっしゃらないのだとわかりました。それから陛下は「今日の午後に暇の時、あなたとこの表を調べてみましょう。一番目の棚にあるあの五つの盒をもって来てごらん」とおっしゃいました。私はこの五つの盒を陛下のお部屋に持って行って、卓の上に載せました。陛下が最初の盒の蓋をお開けになると、そのなかには珊瑚と玉で出来たこの上なく美しい牡丹の花が入っていました。一枚一枚の花弁がほんとの花のように顫えています。この花は、珊瑚で出来た花弁を非常に繊い真鍮の針金でつないで細工したもので、純粋の玉でこしらえた葉もやはりそうなっています。陛下はこの花をお採りになって、髪飾りの右側におつけになりました。それから陛下は別の盒を開けて、同じように製られた素晴らしい玉の蝶々をお出しになりました。この細工は陛下の御創案になるもので、珊瑚や玉を花弁の形に彫り、下の端に孔をあけて、そこに真鍮の針金を通すのです。ほかの二つの盒にはいろいろな形の鐲や指環が入っていました。真珠をはめた金の鐲一組、玉をはめた別の金の鐲、小さな金鎖の端から玉の珠が下がっているなどでした。最後の二盒には真珠の瓔珞が入っていましたが、こんなみごとなものは私はまだ見たことがありませんでした。それで一目でこの瓔珞が好きになりました。陛下は梅の花の瓔珞をおとり上げになりました。これは大きな真珠をかこんでいる五つの真珠の輪から、一つの真珠につながり、それから別の大きな真珠をかこんでいる五つの真珠の輪につながるという具合にして、かなり長いくさりになっているもので、それを陛下は袍の鈕の一つからお下げになりました。

皇帝以下一同は太后を父上と呼ぶ

ここへちょうど宮眷のひとりが陛下に選んでいただくために袍を四五着運んで来ました。陛下はこれを御覧になって、どれも気に入らないから、もとへ戻してほかのを持っておいでとおっしゃいました。私もその袍を拝見しましたが、どれもまったく美しいと思いました。

とても綺麗な色あいだし、立派な刺繡でした。直ぐに、さっきの宮眷がほかのを持って帰って来ました。このうちから陛下は、一面に白鶴を繡(ぬ)い出した碧緑の袍をお選びになりました。陛下はこの袍をつけて、しばらく鏡にうつして御姿を御覧になっていらっしゃいましたが、それからあの玉の蝶々をお外(はず)しになりました。「私が小さいことにとてもやかましいと思うでしょうね。玉の蝶々はあんまり緑すぎて、袍がはえないのです。それを盒(はこ)にしまって、三十五番の盒にある真珠の鶴をもっていらっしゃい」と陛下はおっしゃいました。私は宝石の部屋にもどって、運よく三十五番の盒を探し当て、陛下のところに持って参りました。陛下は盒(はこ)をお開けになって、銀台にはめたすっかり真珠で出来ている鶴をお出しになりました。この鳥の嘴(くちばし)は珊瑚で出来ていました。鳥の胴になっている真珠は大変うまくはめこんでありますので、ずっと近くへ行って見なければ、台の銀はまるで見えないのです。細工はこの上なく立派な出来栄えで、真珠も完全な色と形のものでした。陛下がそれをおとりになって、お髪(ぐし)におつけになりますと、はたして非常に優美に見えました。それから、やっぱり鶴の刺繡のある藤色の短い上衣(坎肩(カンチェル))をおとりになって、袍(ガウン)の上にお召しになりました。手巾(ハンケチ)と鞋(くつ)にも鶴が刺繡してあって、すっかり身仕舞がおすみになると太后陛下はまるで鶴の精のように見えました。

　ちょうどお召し更えが終ったところへ、光緒(こうしょ/コワンシュ)皇帝が礼服をお召しになってこの御寝所に入っておいでになりました。陛下のこの礼服は普通の人の着るものとすっかり同じなのですが、ただ帽子に頂(ボタン)がないし、孔雀の翎(はね)をつけていらっしゃらないのが違いです。皇帝は太后陛下の前に跪いて「親爸爸、吉祥（お父様、お芽出度うございます）」とおっしゃいました。皇帝をはじめ私ども一同が太后陛下を父上とお呼びすることは奇妙に思われるでしょうが、どうして、こう申しあげるかと申しますと、太后は常に男でありたいとお望みで、みんなに陛下がほんとうの男でいらっしゃる場合と同じようにお呼び申しあげることを強制されたのです。これは西太后の沢山もっていらっしゃるお癖のほんの一例にすぎないのです。

封奏はまず太后が読み皇帝に渡す

どういう風に振舞うべきかについては、なんにも御命令を受けていませんでしたので、皇帝にお辞儀を申しあげていいかどうか私にはわかりませんでした。だけど礼儀は足りないよりも丁寧過ぎた方がいいと思いましたので、皇帝陛下か太后陛下のどちらかお一人がお部屋からお出になるまでお待ちすることにしました。というのは太后陛下の御前では何人に対しても敬礼することは許されていなかったからです。暫くして皇帝陛下がお出になりましたので、私はお後にしたがって広間に出て、ちょうどお辞儀をしている時に、太后陛下がお出ましになりました。太后陛下は、私のやったことをよくないことだという風に、非常に妙な御様子で私を御覧になりましたが、なんともおっしゃいませんでした。私はとても不愉快な気持がして、丁寧すぎるのも結局、必ずしも割が合うのではないことを悟りました。

私はそれからお部屋にもどりましたが、小太監がお部屋の左手の卓に黄色い箱を数箇載せているのが見えました。陛下は、小宝座と呼ばれている大きな椅子に腰をおろしていらっし陛下に捧げました。陛下は象牙の紙刀でこの封書をお開けになって内容をお読みになりました。これは各部の長官や諸省の総督から奉った封奏でした。皇帝はもうもどって来られて、この卓の側にお立ちになっていらっしゃいましたが、太后陛下はお読み終えになると、皇帝にそれをお渡しになるのでした。これが行われている間、私は太后陛下のお椅子のうしろに立っていました。私は、いろいろな文書をお渡しになった時の皇帝陛下をじっとお見つめしていましたが、皇帝陛下がこの内容を読み終りになるのにたいして永くかかられないのに気が付きました。文書は皇帝陛下がお読み終えになると、また箱にもどされるのでした。この間じゅう絶対の沈黙が保たれていました。これがおすみになると同時に、李蓮英が入って来て跪き、太后陛下のお轎のお仕度が出来ましたと申しあげました。太后陛下はさっそくお起ちになって、部屋をお出になりました。私どもは後よりお伴しましたが、お轎のところへいらっしゃるために階段をお降りになるときには、私が太后陛下のお腕をおもちしました。太后陛下がお轎に召して「召見の間」にお出ましになる時には皇帝陛下と皇后様と私どもは皆いつもの位置に列を作ってお供し、太監や阿媽や女婢が、私がはじめて宮殿に参った日とそっくり同じようにいろいろな物を捧げて行くのでした。「召見の間」に着くと、私どもは大きな囲屏のうしろのめいめいの位置につき、そこで召見が始まりました。私は召見がどういう風にとり行われるのかちょっと見たいものだとひどく好奇心を起こしました。そして行われていることを聴きたく思いましたが、宮眷たちは私をひとりにしてくれないのでした。けれど、みんなが私の妹とおしゃべりしている隙に、私はそっと隅の方へ行き、そこで腰をおろして休みながら、大臣方と陛下との間の会話を聞くことができました。女というものはみな穿鑿(せんさく)好きという点では間違いがありませんね。

髷の右手に花、左に蜻蛉の玉をつけて

召見の始めの部分は、あまり良く聞えませんでした。それは大勢の人が同時に囁(ささや)いたり話したりしていたせいですが、囲屏(ついたて)の彫刻から覗きますと、一人の将軍が太后陛下にお話し申しあげているのが見えました。それからまた、軍機大臣[3]の慶(チン)親王を御先頭に軍機処の班員が入って来るのが見えました。

　将軍の召見がおわりますと、太后陛下は慶親王と下僚の任命について御相談になり、姓名の一覧表がさし出されました。陛下はこの表にずっとお眼を通され、数名の人間についてお話しになりましたが、慶親王は他の人間をお薦めして「只今、陛下に提出申上げました名前の人物は当然任命を蒙って然るべきでございますが、小職が推薦仕(つかまつ)りました人物は更にその位置に適する者と存じます」と申されました。陛下は「宜しい、みな貴官に任せます」と仰せになりました。それから私は、太后陛下が皇帝陛下に「間違いありませんね」と仰しゃり、皇帝が「はい」とお答えになるのを承ったのでした。これで朝の召見はおすみになり、大臣と軍機処の班員は退出いたしました。私どもが囲屏(ついたて)のうしろから出て太后陛下の御前に参りますと、陛下はすこし外の空気にあたりたいから、歩いて見たいとの仰せでした。

女婢がお鏡を持って来て、卓の上に据えますと、陛下は重い髪飾りをお外しになって、頭の頂に普通の髷だけをお残しになりましたが、それが却ってよくお似合いなのでした。陛下が花の宝玉を少しとり換えたいとの仰せなので、私は太監のひとりが持って来た盒を開けて、真珠で出来た非常に優雅な花をとり出しました。ひとつを陛下にお渡し申しあげますと、陛下はこれを髷の右手におつけになり、それから玉の蜻蛉をお選びになって、その反対側におつけになりました。陛下のお言葉によりますと、この小さい花は陛下のお気に入りの品で、重い髪飾りをお外しになった時は好んでおつけになるのだとのことでした。私はじっと陛下の御様子を窺いながら、陛下がお外しになった花を一体どう始末すればいいのだろうと心配しておりました。陛下が召見の後にまたお換えになるとは知らなかったものですから、私はこの宝玉を入れる盒を持って来なかったのでした。それでどうやったらいいのか、陛下がなんとおっしゃるだろうかとやや神経を顫わせていました。ところが、太監がこの盒を持って来るのが、見えましたので、ほっとしました。私は急いで宝玉をそれぞれの盒にしまいました。

（1） 光緒帝の妃。妹（珍妃）と共に宮中に上り、珍妃が太后の不興を蒙るや（珍妃は北清事変の際、太后の命によって溺死せしめられた）同じく位を貶さる。

（2） 後、唐宝潮の妻となる。

（3） 軍機処は雍正年間に設けられ、はじめ軍事的な重大事務のみを取扱ったが、やがて一般行政に参与し、内閣に代って最高行政官庁となった。軍機大臣は数名いて、王公、大学士、尚書等より選任される。

第七章　宮廷の事ども

嫉妬のなかで太后が助けてくれる

私が陛下にお仕えした最初の日は、陛下がなにをお望みか、また陛下がどういう風になさりたいのかがよくわかりませんでしたし、誰も教えてくれようという者はなかったものですから、とても辛い思いをしましたが、よく気をつけていたおかげでほどなくコツが摑めるようになりました。その宝玉を盒のなかに入れてから、私はこれを宝玉室に持ち帰るべきか、それとも陛下の御下命のあるまでそのまま待っておるべきかと、ふたたび難局に立ちました。見ると、陛下は私の母に話していらっしゃるので、ちょっとお待ちしていましたが、到頭思い切ってこれを返しておこうと決心して、それを実行しました。帰って来る途中で太后陛下が大きな中庭にいらっしゃるのにお会いしました。陛下はちょうど又も袍をお召し換えになったところで、鞋も低い踵のとお履き換えになったものですから、お身丈がずっと低く拝されました。この袍は重い空色の縮緬仕立てで、なんにも刺繍がなくただ暗紅色の紐で縁をとってあるばかりでしたが、陛下には非常にお似合いでした。陛下は私を御覧になると「どこへ行っていたのです？」とお尋ねになりました。私は、ただ今陛下の宝玉をしまって参りましたと申しあげました。すると陛下は「私が要らなくなると直ぐに宝玉をしまうのだと誰かあなたに教えたのですか？　私はそういうつもりだったのに、今朝(けさ)あなたに話すのを忘れました」とおっしゃいました。私は「誰もなんとも教えてくれたのではありませんけれど、太監にああいう貴重な品をあちこちと持って歩かせるのは心配だと思いましたし、陛下はもう御使用になると仰せになるまいと存じましたので、また宝玉室にしまっておく方が安全だろうと考えた次第でございます」と申しあげました。陛下はじっと私を御覧になって、おっしゃいました。

「この女(ひと)たちがあなたになにも教えはしないことは判っています。それであなたがちょうどしなければならない通りをしてくれたのを見て非常に嬉しく思います。あまりその通りなので私も誰かそうしろとあなたに教えたのかと思ったのです。何によらず尋ねたい事があったら私に訊(き)きなさい。だが此処(ここ)にいる小人どもに話すのではありませんよ」。このお言葉から見て、宮眷(じょかん)たちの間にはなにか嫉妬(やきもち)があるにちがいないことがわかりました。それで私は、陛下が私にお目をかけられ私をお助けくださることが判った以上、充分自分で自分の道を見つけて行けると決心したのでした。

丘の頂まで足速に歩いて

陛下はすこし歩かれたところで、私の方を向いて笑いながらおっしゃいました。
「どうです、いま私はさっきより気分が良さそうに見えはしませんか？　私はこれから遠足をして、あの丘の頂でお午餐(ひる)を摂ろうと思うのです。あすこにはいい場所があって、あなたにはきっと気に入ると思いますよ。さあ、行きましょう」。

皇帝陛下は御自分の御殿に帰っておしまいになりましたし、李蓮英も見かけませんでした。私どもが歩いて行く間、太后陛下はお話しになったりお笑いになったり、まるで陛下には世界じゅうになんにも御苦労や御心配がなく、なんにも解決を要する重大な国事もおありでないようでした。これまで私の拝見したところからでは、陛下は非常に気持の良い御気質のように拝されました。陛下はお振りむきになって「ちょっと人間が何人私たちの後について来るか見て御覧なさい」とおっしゃいます。振りかえりますと、今日早く「召見の間」に行く時に陛下のお供をしたのと同じ群衆が見えるのでした。

西側の大きな中庭を通り過ぎますと、湖の正面に沿って蜒々と走っている大きな長い通廊に出ました。涯が見えないほど長い通廊で、端から端まで彫刻のある硬い木で非常に美しく造られていました。ところどころ電灯が天井から下がっていて、夜に火が点く時は綺麗な眺めになりました。

太后陛下は非常におみ足がお速いので、私どもがついて参るには元気よく歩かなければなりませんでした。太監と女婢らとは右側を歩き、ただ一人の太監だけが私どものうしろから歩いて来ることを許されていました。それは陛下の黄緞子の床几を持参している太監で、陛下の犬と同じく、どこでも陛下のいらっしゃる処には参るのです。この床几は陛下が御散歩のおり御休息の用に充てられるものです。私どもはずいぶん歩きましたので、疲れだしましたが太后陛下は御老年にもかかわらず、相変らず大変足速にお歩きになり、いささかもお疲れの模様が見えないのでした。陛下は私に、この宮殿は気に入ったかどうか、自分と一緒に暮すのに不満はないかなどとお尋ねになりました。「私といたしましては陛下にお仕えするのは非常な喜びでございます。永年の夢想でございましたのですから、私の夢想が実現いたしました今は、ただただ満足のほかはございません」と私は申しあげました。

「荒海でなくこの湖に舟を浮べて楽しめ」

私どもはついに大理石の舟[1]が置いてある場所に到着しました。

私はほとんど倒れそうでした。私は生涯に太后陛下ほどの老婦人でこれほど精力がある人を見たことがありません。これでは陛下があんなに永年の間、大清帝国をあれほど赫々（かくかく）と統治したもうたのも、なんの不思議もないことです。

石舫は壮麗をきわめて、彫刻の塊とでも申しあげたいくらいでしたが、内部（なか）はすっかり目茶目茶でした。陛下は石舫をのこらず見せてくださって、私どもが破損の箇所をながめていますと、おっしゃいました、「あの窓の色、玻璃（ガラス）とこの綺麗な絵を御覧！　みんな庚子の年（一九〇〇年）[2]に外国の軍隊に壊されてしまったのですよ。私はそれで覚えた教訓を忘れないように、これは決して修繕しないつもりです。これは良い記念です」。

一同がそこに数分も立っていた後で、あの有名な緞子（どんす）の床几（しょうぎ）を捧げている太監が進み出て来ましたので、陛下は腰をおろして御休息になりました。私どもが話している間に、二艘の大きな非常に変った恰好をした舫（ボート）が、小さい舟をいくつか後に随えて、こちらに近づいて来

昆明湖の石舫

るのに気が付きました。舫はだんだん近く来ると、これもまた非常に綺麗に出来て居て、天然の木に美しく彫刻したまるで浮べる仏塔のような外観であることがわかりました。塔の窓には紅い紗の糸簾(カーテン)がかけてあり、どれも絹で飾ってありました。「さあ、舫(ボート)が来ましたから、湖の西側にわたって午餐を食べましょう」と陛下はおっしゃいました。陛下がお起ちになって、湖の岸に進まれますと、左右に一人ずつ、二人の太監がお体をお支えします。陛下が舫(ボート)にお乗りになりましたので、私ども一同もそれに倣(なら)いました。舫の内部は、青繻子(しゅす)の 褥(ざぶとん) を置いた彫刻のある紫檀の家具を備えた非常に立派な造作で、両側の窓際には植木鉢をたくさん載せた台がありました。この居間のうしろにはまだお部屋が二つあります。陛下は私に、この二つの部屋を見に行って御覧とおっしゃいました。一つの小部屋は化粧室で化粧品がいっぱいありました。もう一つの部屋には、陛下が何時でも疲れを覚えさせられた時にはお休みになるために椅子が二脚と小椅子が数脚ありました。太后陛下は宝座におかけになって、私どもには床に坐るようにと御下命になりました。太監が私どもの坐るために紅い緞子の褥（ざぶとん）を持って入って来ました。床の上に坐るのは支那服ならなんにも不都合はないのですが、もちろんパリ仕立てのガウンでは思いもかけぬことです。私はひどく気持悪く存じましたが、さりとてそう申しあげる訳にもゆかないのでした。私は満洲服（旗装）に着かえたく思いました。その方が気持が良いし、働き易いことを知っていたからですが、陛下からなんの御下命も蒙らないのに、自分からそんなことを申し出る勇気は出ませんでした。

　陛下は、私どもが床に坐っていて、いかにも居心地が悪そうなのにお目を止めさせられ「立っている方が良いのなら、あなたがたはそうしても構いませんよ。そしてちょっと後から来る舫（ボート）をごらんなさい」とおっしゃいました。窓から首を突き出して見ますと、別の舫に皇后様の外に宮眷（じょかん）が数人乗っていました。その人たちが私に向って手を振りますので、私も手を振り返しました。陛下はお笑いになって、私に「この苹果（りんご）をあげるから投げておやりなさい」とおっしゃいました。こうおっしゃりながら陛下は中央の卓に置いてある大きな皿から苹果（りんご）を一つおとりになりました。私は一生懸命にやりましたが、苹果（りんご）は向うの舫にとどかないで、湖の底に沈んでしまいました。陛下はお笑いになって、もう一度おやりなさいとお命じになりましたが、私はまた失敗しました。とうとう陛下は御自分で一つおとりになって、お投げになりました。これはまっすぐに飛んで行って、宮眷（じょかん）のひとりの頭に当たりました。私どもはみんなほんとに心から笑いました。

それから私もふざけ始めたのでした。屋根のない舟が数艘あって太監がいっぱい乗っていました。ほかの一艘には女婢や阿媽が乗り、外に陛下の午餐を積んだ舟もありました。湖は非常に美しく日光を受けてまっ青に見えました。私は陛下に、この色を見ると海を思い出しますと申しあげました。陛下は「あなたはずいぶん旅をしたのに、まだ飽きないでやっぱり海のことを考えているのですね。あなたはもう外国に行かないで、私と一緒にいるのですよ。私はあなたがあの荒海でなくてこの湖に舟を浮べるのを楽しんでもらいたいのです」とおっしゃいました。私は陛下のおそばにいるときだけが楽しく存ぜられるのですと断言申しあげました。ほんとうを申しますと、私はこの美しい風光、この良い天気、この燦々たる日光が楽しかったのです。それに太后陛下はこんなに私にお恵み深く、このように母のごとく私にお話しくださるものですから、私は其処にいる一分ごとにますます陛下を敬愛しまいらすようになるのでした。私はここでたいへん幸福でしたので、パリの快楽さえ私の記憶からまったく消え去ってしまったのでした。

太監がかつぐ轎の旅

私どもは到頭、湖の反対側に着きました。ここは非常に狭くて、もう湖というよりは小川で、一艘の舫が通るのがやっとなぐらいの幅しかありませんでした。両側の岸には枝垂柳が植わっていて、私はむかし読んだことのある支那のお伽噺を思い出しました。今度は女婢や阿媽やそれから太監などが箱を捧げて、両側の岸を歩いて行くのが見えました。二艘の舫だけが動いていました。皇后様のと私どものとです。「もう数分で丘の麓に着きますよ」と太后陛下がおっしゃいました。岸に近くなりますと、陛下の黄色いお轎と数脚の紅い轎が待っているのが見えました。私どもは上陸して、轎のところへ歩いて行きました。私は陛下が御自分の轎にお乗りになるのをじっと見守っていましたが、このお轎は今朝陛下の御召しになったのとは同じでないことに気が付きました。この小さな轎はもちろん黄色で、黄色の棒がつき、二人の太監が黄色い綱をその肩から斜にかけて舁ぎ、四人の太監が轎の角に一人ずつ附いてその棒を支えて行くのです。太監たちがちょうど陛下のお轎を舁ぎ上げようとしました時、陛下は「裕太太（裕夫人）、あなたと娘さんたちには特別の礼遇をあげて、二三人のひとにしか許していない紅い紐のついた紅い轎を提供しましょう」と仰しゃいました。皇后様は私どもに目くばせをなさいました。それは私どもが陛下に叩頭しなければならないことをお伝えくだすったのだと直ちに察しがつきましたので、私どもは叩頭し、皇后様が御自分の轎に召されるまで控えていました。それから私どもの轎を探しに参りますと、驚いたことには、私どものあの太監たちが轎の傍に立って待っていました。棒に私の名が書いてあるのに気が付いて太監に理由をききますと、太監は、太后陛下が前の晩に御下命になったのだと申しました。

丘の頂に行く途中は素晴らしい轎の旅でした。太后陛下のお轎と皇后様のとが前方に見えました。二つともこの道を登るのがとても危いように私には見えました。後棒の者は登り道でお轎を水平にするために頭の上に棒を挙げていなければならないのでした。私は轎がはず

頤和園のシンボル　万寿山の仏香閣。手前が昆明湖

れて落ち、怪我をしはしないかと思って、とてもびくびくして怖がっていました。私たちの係りの太監は私どもの轎に附添って歩いていました。私はその一人に、轎舁き（かごかき）が足を踏みはずしやしないかと言いました。彼が私に轎の後棒を振り返って御覧なさいと申しますので、振り返って見ますと、驚いたことには、私の後棒たちも頭の上に棒を挙げていたのでしたが、私はちっとも気がつかなかったのです。太監の話では、こういう轎舁きはこうした目的のために訓練されているので、全然危険はないとのことです。

うしろを振り返って、ほかの宮眷（じょかん）たちが下の道を轎に乗って来るのや、太監や女婢（じょちゅう）が歩いて来るのを見ますと、今にも私が落っこちそうで、心臓の動悸が止まるほどでした。とうとう私どもは丘の頂に着きました。

「ここの連中は小鳥ほどの脳味噌もない」

私どもは太后陛下のお降りになるのをお助けし、陛下に随って私がこれまで見たうちでも一番綺麗で、私の考えではこの万寿山でも一番だと思う（この亭の名は清福閣（チンフォーコー）と申します）建物に入りました。この御殿は部屋が二つしかなく、四方に窓があってどちらでも眺めることができます。陛下は大きな部屋を午餐をとるのに御使用になり、小さい方をお化粧室にしていらっしゃいます。私はどこへ行っても必ず陛下の御化粧室があるのに気が付きました。

陛下は私どもを庭じゅう御案内になって、いたる処に植わっている美しい花を見せてくださいました。若い太監の一人が私に、陛下のお菓子の仕度が出来ましたと申しました。これが私の真実の仕事始めでした。出て行って見ますと、前に申しあげたような、いろいろな種類のお菓子や果物を入れた大きな黄色い提盒（はこ）が二つありました。私は一度に二皿ずつ運んで、九へんで終り、皿を陛下のお側の四角い卓に並べました。その時、陛下は花のことを私の母に話していらっしゃいましたが、陛下が話しながら、同時に私を見ておいでなのに気が付きました。私は皿を卓に並べるときよく気をつけて、前の日でもう陛下のお好みの品に気が付いていましたから、こういう品は陛下のお近くに置くようにしました。陛下は私にお微笑（ほほえ）みかけになって「あなたはほんとにきちんとやりますね。これが私の好物だと、どうしてわかって、私の近くに置いたのです？　誰から聞きましたか？」。

私は誰もなんにも申さなかったのですが、前の日に老祖宗（ラオツツオン）（満洲の習慣によると、長者あるいは両親には三人称で呼びかけなければなりません）がなにをお好みかわかりましたので、とお答えしました。陛下は「あなたが万事に心（支那では頭脳と言わないで心臓といいます）を使っていて、私がここで雇っている連中のようではないことがわかりますよ。ここの連中ときては小鳥ほどの脳味噌もないのですからね」とおっしゃいました。陛下は直ぐに忙しくおあがりになり、私にもお菓子を少しくださって、いま陛下の前で食べよと仰せになりました。もちろん私は陛下にお礼を申しあげるのを忘れはしませんでした。お礼を申しあげるのは少なすぎるよりいっそ多すぎる方が良いと思ったからです。すると陛下は「ちょっとした物をあげた時にも始終叩頭（コウトウ）する必要はないのですよ。ただ『謝老祖宗賞（シエラオツオンシャン）（御先祖様有難うございます）』と言えば、それで結構ですよ」とおっしゃいました。しばらくして陛下はお食事を終えられ、私に皿を片付けるようにお命じになりました。「今日はあなたの日だから、これはあなたの物ですよ。持って行って、廊簷（ベランダ）に坐って、勝手におあがりなさい。御覧のとおり私には皆は食べられはしません。まだ沢山残っているからあなたが好きなら、自分の太監に言って、部屋に運ばせればいいのです」とのお言葉でした。

お諫め申しあげるほど時は熟さず

私は小皿を提盒（はこ）にもどして、廊簷（ベランダ）に持って行き、そこで皿を卓に並べ、皇后様にお摘まみになりませんかと申しあげました。これを皇后様におすすめするのが、よかったかどうかはわかりませんでしたが、皇后様に悪いことをするなど、しようたって、できはしないのだからと思ったからです。皇后様は「結構ですね、すこしいただきましょうか」とおっしゃいました。私がお菓子を一つ取って、いましも口に入れようとした時、太后陛下が私の名をお呼びなのが聞えました。駆けこんで見ますと、陛下はこれから午餐をおとりになるところで御自分の食卓に向っておいででした。陛下は「プランソン夫人は昨日あのほかになにを言っていました？　夫人はほんとうに喜んでいましたか？　外国人なんかがほんとうに私を好くと思いますか？　私はそうは思いません。反対に、私は、あの人たちは光緒二十六年の拳匪事件を忘れていないことがわかっています。この国の昔からのやり方が一番好きだということを遠慮なしに申しますとも。一体どうして外国の様式を採りいれなければならないのか、私にはちょっともわけがわかりませんよ。外国の婦人でだれか、私が恐い顔をした女だと言ったものはありませんか？」とおっしゃるのでした。陛下が私をお呼び入れになって、御食事の間にかような質問をなさるので、私はとても吃驚してしまいました。陛下はまったく本気の御様子で、真剣に心配しておられるように拝されました。「陛下に関しましては良いお噂のほか承ったことはありません」と私はきっぱり申しあげました、「陛下がいかにご立派であらせられるか、いかに御仁慈にましますかなどを、外国人は私に聞かせてくれました」。

これは陛下の御意にかなったようで、笑を浮べて仰せられるには「もちろん外国人はあなたにそう言わねばならないのです。なに、それはあなたの君主が完全な方だと言って、あなたを嬉しがらせるためで、私はほんとうを知っていますよ。私はべつにあまり心配もしていませんが、支那がこういう情ない状態なのを見るのは嫌です。私の周囲の人間は私を慰めるつもりか、たいがいの国は支那に対して非常に友好的な感情を持っているなど話してくれますが、私は真実にはしないのです。いつかは我々も強くなるだろうとは思っています」。陛下がこうおっしゃる間、私は陛下の御憂慮にたえぬ気な御面持に気が付きました。どう申しあげてよいかわかりませんでしたが、「いつかその時も参るでありましょう。私どもはみなそれを待っております」と申しあげて陛下のお気持をお慰め申しあげようとしました。お諫め申しあげたい点もありましたが、陛下がお怒りあそばしていらっしゃるのを拝して、私は今日はなにも申し出さぬがよい、他日の機会を待とうと考えました。私は陛下がお気の毒で、真実をお知らせするために、陛下に関する世論がどうかということをお話し申しあげて陛下をお助けできたら、この世界にある物なら何でもくれてやりたいほどに思いましたが、それは誰ひとりとして陛下に申しあげる勇気のないことでした。なにものか私に沈黙してそれと告げるものがありました。私は陛下が私にお話ししておられる間じゅう考えつづけていましたが、ついに決心したことは、まだ私がお諫め申しあげるほど時は熟していないということでした。私は非常に陛下を敬愛し参らすようになって来ましたので、陛下の御不興を蒙らないように慎重にしたいと思いました。多分私の野心をふいにするだろうからです。それで私はまず陛下のことをすっかり知りぬいて、さてそれから私の力で支那の改革の方に陛下の御意を向けるに努めようと思ったのでした。

好物の燻製の魚を「食べて見よ」と

陛下が召しあがっていらっしゃる間じゅう私は立っていました。陛下は食卓からお起ちあがりになって、私に御自身のナプキンをお渡しになりました。（このナプキンは一碼平方の絹の布で、五色の織り模様がありました）。角の一つが畳みこまれて、金の蝶々がそこには附いていました。この蝶々の脊中には鉤があって、お襟にかけるようになっています。陛下は「きっと、あなたもお腹が空いているにちがいない。行って、皇后様やほかの人たちに、食べに来るように云って下さい。あなたはこの食卓のものをなんでも食べていいのですから、できるだけおあがんなさい」とおっしゃいました。私はとてもとても、お腹が空いていました。まあ考えても御覧なさい。私は五時から起きて、軽い朝食をとっただけで、ずいぶん歩いたのですもの。太后陛下が食卓にお着きになったのは、もうほとんどお午でした。陛下はしかも、とてもゆっくりと召しあがるのです。そこに立ちながら陛下にお話し申しあげている間、私は陛下の御食事は永久におすみにならないのではないかと思いました。陛下はずいぶん召しあがるのでした。皇后様は食卓の上座にお立ちになり私どもはみな反対の側に立ちました。前に出たくはなかったものですから、食卓の反対側に立ったのです。お料理は私どもが最初に参った日とほとんど同じでした。陛下は奥の部屋から出ていらっしゃいました。ちょうどお顔とお手を洗い終えられたところで、別の袍にお召し更えになっておられました。この袍は簡単ですが非常に綺麗でした。地は淡紅と鼠の混ぜ織の羽二重で、お動きになるとキラキラと光が変るのでした。陛下は出ていらっしゃると「私はあなた方の食べるところが見たいのです。食卓の端っこにつっ立っているのはどういう理由です？　一番良いお料理はそこじゃありませんよ。みんなこっちへ来て、皇后様の近くでおあがんなさい」とおっしゃいました。そこで私どもは食卓のこちらの端から向うの端に移りました。陛下は私のそばにお立ちになって、燻製の魚をお指しになり、自分の好物だから私にも食べて見よとおっしゃって、「気楽にお食べなさいよ。わかっていることでしょうが、あなたはこの連中にまじって、ひとりで奮闘しなければならないのですからね。もちろん、誰かあなたに卑怯なことをすれば、私のところに来て言えばよいのですがね」。陛下はそれから、ちょっと歩きたいからとおっしゃって、出て行かれました。宮眷（じょかん）のうちで、陛下が私どもにあまりお目を掛けてくださるのを見て、面白くない顔をしているもののあるのに私は気が付きました。その人達は私のことをちょっと焼餅をやいているのだということはわかっていましたが、それはちっとも気になりませんでした。

太后のお相手ができるよう双六を習う

午餐がおわった後で、私は皇后様のお供をしました。というのは私にとって万事があまり新しかったものですから、どうしなければならないのか——太后陛下に供奉すべきかどうか——わからなかったからです。宮眷（じょかん）たちが私に嫉妬しているのを見てから、私は何事につけ厳しく注意を払って、仕事をするのになにか間違いをして、私を嘲笑する満足を与えないようにしようと思いました。私はその機会を与えたくなかったのです。陛下が御苑を管理する太監に、この枝は切らねばならないのにと仰しゃって、太監が怠慢だと話していらっしゃるのが聞えました。それで私どもは陛下のお側に参りました。陛下は私に仰せになりました、

「このとおり私は何でも自分で面倒を見なくてはならないのですよ。そうでないと、花が駄目になってしまいます。あの連中にはほんとに任せ切れないものですからね。毎日見まわって、枯れた枝や葉を切り取ることになっているのに、ここ数日罰を受けないものですから、罰を待っているのですよ」。陛下はお笑いになって「失望させないように、欲しいだけ罰をやりましょう」とおっしゃいました。私は、笞刑（ちけい）を望んでいるとはこの連中は馬鹿にちがいないと思って、そしていったい誰が笞（むち）を加えるのかと思いました。陛下は私の方をお向きになって「この刑罰を見たことがありますか？」と仰せになりました。私は「ございます、まだ少女で沙市（シャーシー）[3]（揚子江岸）にいた時、知県衙門（ヤーメン）（役所）で罪人が笞刑にあうのを見たことがございます」と申しあげました。

陛下はおっしゃいました。

「それは何でもないことです。そのときの罪人たちはこの太監連の半分も悪くはないのです。もちろんその罪人がほんとに悪いことをしたら、もっと重い罰を受けるのですがね」。

それから陛下は、双六（すごろく）をやる人数が足りないから、私にも陛下のお相手ができるように習わなくてはとおっしゃいました。そこで私どもは陛下が昼寝をおとりになった部屋へ参りました。この大きな部屋の中央には四角な卓（テーブル）があって、太后陛下の宝座は南向きでした。（陛下のお好きな方向です）[4]。陛下は宝座にお坐りになって、私におっしゃいました、「この遊戯の仕方を教えてあげましょう。あなたの支那語で、この図が読めると思いますか？」。そこで大きな図を見ますと、卓（テーブル）と同じ大きさで、その上にひろげてあり、いろいろな色で描いてありました。図の中央に遊戯法が書いてありました。それによると、この遊戯は「八仙過海（八人の仙人が海を渡る）」という名です。八仙の名は、[5] 呂仙・張仙・李仙・藍仙・漢仙・曹仙・韓仙、この七人が男仙で、何仙というのが唯一人女仙です。

この図というのは、支那帝国の地図で、各州の名が絵の上に記されています。直径一吋半、厚さ一吋の円い象牙の牌が八個あって、仙人たちの名が表に彫ってあります。この遊戯は八人または四人でやることができます。四人の場合は一人が一つでなくて、二つの仙人の場所を持つのです。図の中央には一つの陶器の碗があって、六個の骰子をこの碗のなかに入れて勝負をするのです。例えば、四人でやるとします。一人がこの六個の骰子を碗のなかに投じ、出た点を勘定します。最高の得点は三十六点ですから、投げて三十六点が出ると、仙人は杭州に行ってその山水の美を楽しむことができます。この人間が呂仙のために骰子をふったとして、三十六点が出ますと、呂仙の象牙の牌を図の杭州のところに置くのです。次には同じ人間が別の仙人のためにふるというように、四人でこの遊戯をやる場合には各人が二回、八人でやる場合には一回ずつ骰子をふるのです。得点がちがえば州もちがうことになります。骰子の計算はこうです——六個の骰子は全部同点です。六個が三組の揃いになっているのが最上で一組の揃いが最下です。点の一番低いのは一・二・三が二つずつのときで、もし不幸な仙人がこの点を得ると、流人となって、全然局外に出されてしまいます。地図をぐるぐる旅して一番先に皇宮に到着した仙人がどれによらず勝者となるのです。

自ら発明した遊戯でいつも勝つ

私は陛下に以上の通り読んでおきかせしました。陛下はとてもお喜びの模様で「あなたがそんなにうまく読めるとは思いもかけませんでした。この遊戯は私が自分で発明したので三人の宮眷(じょかん)に遊び方を教えこんだのですが、教えるのには、ずいぶん苦労しましたよ。私はその上にこの遊戯をやるためにその連中に漢字の読み方を教えましたが、なに一つ覚えるのでも長い時間がかかりましてね、私はすっかり教えこむまでに、よっぽど思い切ろうとしたほどでした。あなたはもうきっと遊び方がわかったでしょうね」。

私は、この宮眷(じょかん)たちがそんなに無智だと聞いて吃驚(びっくり)してしまいました。みんな立派な才媛にちがいないと思っていましたので、私の支那文字の知識を示す勇気がなかったのでしたのに。私どもはこの遊戯を始めました。陛下は御運がお宜しくていらっしゃいました。陛下のお持ちの二人の仙人は私どものよりずっと先になりました。宮眷(じょかん)の一人が私に申しました、「老祖宗(ラオツツオン)がいつでもお勝ちになるのには吃驚(びっくり)なさるでしょう」。陛下はにこっとお笑いになって、私の方を向き「あなたは決して私の仙人に追いつけるものですか」とおっしゃって、「ここでこの遊戯をやるのはあなたには初めてだから、あなたの仙人のどちらかでも私の仙人の一人を負かしたら、いい贈物をあげますから、さあ急いで」。陛下の仙人は私の仙人のずっと先にいますので、とうてい追い越すことはできないと思ったのですけれど、私は一生懸命に奮闘しました。陛下は、欲しい点数を叫びなさいと私にお教えくださいました。私はそうやったのですが、まるで違った点が出ましたので、陛下はひどく面白がられました。どのくらいの間、この遊戯をやっていたか私には見当がつきませんでした。誰が二番か勘定して見ますと、それは私の仙人の一人でしたので、陛下は「誰だって私を負かせないんだから、あなたに負かせるはずがないと思っていました。あなたのが私の次で二番なのだからやっぱり贈物をあげることにしましょう」とおっしゃいました。このお言葉の間に陛下は女婢（じょちゅう）に刺繍をした手巾（ハンケチ）を数枚持って来るようにとお吩咐（いいつ）けになりました。この女がいろいろな色の手巾（ハンケチ）を陛下のもとに持って参りますと、陛下は、どの色が好きかとお尋ねになりました。そうして、どれも紫で藤を刺繍した淡紅（ピンク）のを一枚と暗青色のを一枚くだすって、「この二枚が一番良いから、あげましょう」とおっしゃいました。私は直ぐ地面に着くまで叩頭（コウトウ）してお礼申しあげようとしましたが、脚が動かないのに気が付きました。一生懸命になって、やっとやりおおせました。陛下はこれを御覧になって、心からお笑いになり「なるほど、あなたはあまり長く立ちつづけるのには慣れていないので、もう膝が曲らないのですね」とおっしゃいました。私は脚が痛かったのですが、そう見せない方がいいと思いましたので、微笑を浮べて、なんでもございません、ただ私の脚がすこし硬（こわ）ばったのでそれだけでございますと申しあげました。陛下は「廊簷（ベランダ）に行って腰をおろして、しばらく休息なさい」とおっしゃいました。

洋装は「腰まわりが窮屈にちがいない」と

私はもう腰をおろせるというのがひどく有難かったので、廊簷（ベランダ）に行って見ますと、そこには皇后様が、数人の宮眷（じょかん）たちと腰かけていらっしゃいました。「あんなに長く立ちどおしであなたはきっとお疲れでしょう。さあ私の近くに来て腰をおかけなさい」と皇后様はおっしゃいました。私の脚はひどく硬ばって、脊中は疲れていました。もちろん太后陛下は、御自分が安楽な宝座に腰を下されている間、私どもがどんなに気分が悪いかなど御存知ないのです。洋装は北京の宮中生活では問題外でした。それで太后陛下が私どもに満洲風のガウンに着更えよとのお言葉があるといいと思いました。陛下は毎日洋装について多くの質問をなさるのに私は気が付きました。そして陛下は「外国の服装というのは支那のよりちっとも綺麗ではないじゃありませんか。それに腰のまわりがとても窮屈にちがいないと言いたいですね。私などはなにをくれると言ってもあんな風に締めつけられたくはないものです」とおっしゃいます。こうはおっしゃるのですが、その洋装をよせとはお指図がないので、私どもは辛いのを我慢して陛下の御命令のある迄待たねばならないのでした。皇后様は懐中から時計をお出しになって「この遊戯はちょうど二時間つづきましたよ」とおっしゃいました。それより長かった様に覚えましたと私は皇后様に申しあげました。私どもが話しているうちに、私ども附きのあの太監が、薄い板で出来た円い盒（はこ）を四つ竹の棒の両端に下げて運んで来るのが見えました。太監達は私どもの坐っている近くに盒（はこ）をおろして、その一人が私にお茶を一杯持って来ました。私の母と妹が参りますと、同じ太監はさらに二杯持って来ました。そこには私どもと話している宮眷（じょかん）が数人いたのですが、この太監はその方たちにはなんにも出しませんでした。私はこの長い廊簷（ベランダ）の向うの端にも別に、ちょうどこれと同じような盒（はこ）が二つあるのに気が付きました。大柄の丈の高い太監がお茶を出して、銀の茶托に銀の蓋のついた黄色い磁器の碗に入れて皇后様におすすめしました。その太監もほかの人にはなにも出さないのでした。

神経を鎮める砂糖湯を飲み午睡を

私の隣に坐っていた宮眷の一人が「失礼ですけれど、王(ワン)（私どもの太監の頭）に、私にもあなたのお茶をくれるように、おっしゃってくださらない。私が、この長い廊下の端にある小部屋まで出かけて行って、お茶をもらう苦労をしないですみますもの」と言うのを聞いて、私は当惑してしまいました。私はこれが私どもだけのお茶だということを知らなかったものですから、とても吃驚(びっくり)した顔を見せてしまいましたが、私としてはこの人たちの前で知らなかったことを表わすよりは、世界じゅうのなんでもやりたいぐらいに思っていましたので、ちょっと王にこの方にも一杯差しあげるようにと吩咐(いいつ)けておいて、後でその理由をしらべればよかったのにと思ったことでした。私どもが話しているうちに陛下がお出ましになりました。陛下が廊簷(ベランダ)までいらっしゃらない前に、私は起ちあがって、陛下がいらっしゃいますと皇后様にお教え申しあげました。私は太后陛下の奥の間に向いて坐っていましたので、最初に陛下に気が付いたのです。陛下は私ども一同に「もうおかた三時だから、私はすこし休息します。ここを出ましょう」とおっしゃいました。陛下がお轎(かご)にお召しになる時には私どもはみんな一列になって起立しました。それから私どもは自分の轎(かご)に乗りました。今度は駆足でした。私どもは太后陛下の御殿の院子（なかにわ）に着かないうちに轎から降りました。私どもはお轎の先を歩いて、陛下のお降りになるために、また一列になりました。陛下はお寝間に向われ、私ども一同は後に随いました。一人の太監が陛下にお湯を一杯捧げ、別の一人が砂糖壺を捧げました。陛下は黄金の匙（さじ）をとり、二匙の砂糖をすくってお湯の椀にお入れになり、非常にゆっくりお飲みになりました。「人が眠るとか横になるとかする前には、砂糖湯が神経を鎮めるのにいいようですね。私はいつもこれを飲むのですが、じっさいとても効くことがわかりましたよ」と陛下はおっしゃいました。陛下が髪飾りから花をお外（はず）しになると、私はすぐ盒（はこ）にしまいこんで、それを宝玉室に置きに行きました。私がこの宝玉室から帰って参った時には、陛下はもう寝牀にお入りになっていらっしゃって「みな行ってしばらく休みなさい。今はあなたがたに用はないから」とおっしゃいました。

（1）清晏舫ともいい、大理石を以て造られた二階建の船形の建物。今は頤和園内の寄瀾堂の傍に存する。屋形は木造で大理石の如く塗ってある。通称「石舫」。
（2）北清事変の年。
（3）湖北省。揚子江の北岸にあり。日清戦争後下関条約による開港場。
（4）南向は西太后の嗜好の問題ではなく、周知の如く支那では古来帝王の占めるべき坐向である。
（5）元劇の「八仙慶寿」によれば、八仙は漢鍾離、張果老、韓湘子、李鉄拐、曹国舅、呂洞賓、藍采和、何仙姑である。

第八章　宮眷たち

ダンスの後、五時に寝たのにここでは起床

私どもは陛下のお部屋から退出しましたが、私は宮眷（じょかん）のうち二人が私どもと一緒に出て来ないのに気が付きました。その一人が私に申しますには「今日は私もすこし休めるので嬉しいわ、だってもう三日も続けて午後の当直をしたのですもの」。最初、私はその意味がわかりませんでした。するとその宮眷は「ああ、あなたの番はまだ廻って来ないのね。もっともあなたが御命令を受けたかどうかは私たちも存じませんが。おわかり？　私たち二人ずつ、陛下の午後のお昼寝の間、詰めていて、太監や女婢（じょちゅう）たちを見張っていなければなりませんのですよ」と申しました。

私は、これは今まで聞いた話で一番おかしなことだと思い、またいったい陛下のお部屋には何人のひとがいるのだろうとふしぎに思いました。皇后様は「私どもはすぐに退（さが）って休んだ方がいいのですよ、さもないと太后陛下は私どもが休む機会を持たないうちにまたお目醒めあそばすから」とおっしゃいました。もちろん私は陛下がいつまでお眠（やす）みになるかはすこしも見当がつかないのでした。それで私どもは自分の部屋に戻りました。部屋で腰をおろしてはじめて自分がどんなに疲れているかわかりました。私はまいってしまったように感じ、

同時にひどく眠気がしました。というのは私は五時などに起きるのに慣れていなかったからです。何もかもがこれほど珍しかったのです。

私は腰かけたまま、思いはパリにさまよいました。そして、ダンスの後に五時に寝牀につく習慣だったこの私が、ここではその時刻に起床しなければならぬとは、なんと奇妙なことかと考えたことでした。まるで小間使のように、私どもに附添ってあちらこちらと走りまわっている太監たちを見ても、まわりのことがなにもかも私には新しいことに思われました。私は、もう用がないからと太監に言ってやりました。ちょっと横になりたいので、太監たちには部屋から出て行ってもらいたかったのです。だのに太監たちはお茶やいろいろなお菓子を持って来て、ほかに御用はございませんかと尋ねました。そして私がちょうどくつろいだ着物に更えようとしていると、また入って来て「有客来了（お客様がいらっしゃいました）」と告げました。そして二人の宮眷と十七ばかりの女の人とが入って来ました。

「どんなに奮闘しても御褒美はない」

私は宮中に参ったあの日に、このひとが忙しく働いているところを見かけたのでしたが、まだ紹介されていませんでした。二人の宮眷は「お目にかかって、それから、あなたが気持よくお勤めの様子かどうかを窺いにあがりました」と申しました。そういうことで私に会いに来てくださるとは御親切だとは思いましたが、二人の顔附がどうも気に入りませんでした。二人はあの不器量なひとを私に紹介して、名前は春寿（めでたい長生）というのだと申しました。この女はひどく痩せ細っていて、とても生命が長く続きそうには見えませんでした。病気でやつれ果てているのではないかという風に見えました。私はこのひとの役がわかりませんでした。このひとが私にお辞儀をしますので、私も中ぐらいの程度にお辞儀を返しました。（お辞儀について説明しますと、太后陛下、皇帝陛下および皇后様に対しては、私どもは腰をかがめて膝をつきますが、私どもより下の階級の人々に対してはまっ直ぐに立っています。この場合には、目下の者が先にお辞儀する間、かならず待っていなければならないのです。そして返しには、ほんのすこし膝を曲げるのです。これが、私が春寿（チュンショウ）にお辞儀を返した時のやり方でした）。すると二人の宮眷（じょかん）の申すことには、「春寿の父はほんの低い役人に過ぎないので、この女（ひと）の宮廷内の資格はあまり良くありません。正確に言えば宮眷ではないのですけれど、そうかと言って女婢（じょちゅう）でもありませんの」。

　私はこんなおかしな話を聞いて、たちまち噴き出しそうになりました。そしていったいこのひとは何（ど）ういうことになるのだろうと思いました。この女が、あの私が初めて参内した朝に宮眷たちと腰をおろしているのを見ていましたから、私はもちろんこの女にも、腰をおろしてくれるようにと申しました。二人の宮眷は私に、お疲れですかと云って、太后陛下をどうお考えですと訊（き）きました。私は二人に、太后陛下は今まで私のお会いしたなかで一番美しき婦人にあらせられる、ここに参ってから二三日にしかならないけれど私は夙（はや）くも大いに敬愛し奉るようになったと話しました。二人は春寿を見て、たがいに笑を交わしましたが、その笑い方がとても変な風なので、どうしたのかと思いました。二人は「あなたは、この場所に暮すのが好きになれそうにお思い？　それから、いつまでここにいらっしゃるおつもりなの？」と尋ねました。私は、長くおりたいと存じます。陛下には全力を尽して、お仕え申し、陛下のお役に立ちたい、私どもがこちらに参ってから永くはありませんが、陛下はその間私どもに対していとお目を掛けてくだされましたし、その上に、君主と国家に御奉公申しあげるのは私の義務と存じますから、と申しました。すると二人は笑って言いました、「あなたをお気の毒だと思うわ。そして同情するわ。あなたがどんなに奮闘しようと、ここではなんの御褒美も期待してはなりませんの。それに、あなたがほんとうに今おっしゃったとおりになさるなら、みんなから嫌われてしまってよ」。

　二人がなにを言おうとしているのか、二人の会話がどういうことになるのか、私にはわかりませんでした。私はこれはとても変な話だと思いましたので、止めにした方がいいと思い、直ぐ話題を変えました。私は二人が私に尋ねたと同じく、誰が二人の髪をあげるのか、誰が二人の鞋（くつ）をこしらえるのかと尋ねました。二人は私の質問に答えて、女婢（じょちゅう）が二人のことをなんでもしてくれるのですと言いました。春寿（チュンショウ）がこの二人の宮眷（じょかん）に向って「この方にこの宮中のことをすっかり話しておあげになったらどうです。きっと、この方もいろいろな事を自分で現に御覧になったらお考えも変るにちがいないわ」と申しました。私はこの春寿が厭でした。それにその顔が好感を与えませんでした。唇の薄い頭の小さいつまらない女でした。この女が笑ってもその発する響が聞えるだけで、顔にはなんの表情も表われないのです。この人たちに噂話（ゴシップ）をする機会を与えないように、なにか二人に言い出そうとしたのでしたが、この人たちがそれには乗らないことがわかりました。

想像もつかない責折檻や苦しみが

私がいろいろにして話を止めさせようとしているのに気が付いたものですから、自分たちから言い出しました、「では、あなたにはすっかりお話しするわ。ほかの人は誰も知らないのよ。私たちはあなたがとても好きなの。それで、あなたが困った時には自分で身をまもることができるように、すこし知らせてあげたいのよ」。私はこの人たちに、自分は仕事をするときに非常に気をつけてするから、困ることになるとは考えられない、と言ってやりました。三人は笑って「そうやったってべつに違いはしないわ、陛下はやっぱりお咎めになることよ」と言うのです。

私は三人の言うこうした事どもを信じることができませんでした。それでそんな話は承るのはおことわりすると言おうとしましたが、敵を作るのが面白くなかったので、まずとにかくこの人たちの言いたがっていることを聞いてやって、怒らせない方がいいと考えたのでした。それで私は、老祖宗（御先祖様）のようにあんなに気持の良い御情深い方が私どものように頼りのない娘をお咎めあそばすなどはあり得ないことでしょう、私どもは陛下のしもべですし、陛下は私どもに対しどんなことでもお好きなようになさることがおできになるのだからと申しました。二人は申しました。

「この場所がどんなにいけない処かあなたは御存知ないのだし、とても見当はおつきにならないわ。想像もつかないほどの責折檻や苦しみなのだもの。きっとあなたは、偉大な太后陛下と一緒に住むことを幸福に思い、その宮眷（じょかん）であることを誇らねばならぬと考えていらっしゃるのね。あなたたちはみな陛下にとってまだお珍しいものだから、あなたの日はまだ来ないのですよ。そうですとも、陛下はただ今のところはあなたにひどく御親切だけれど、陛下がお飽きになるまで待ってて、どうなさるか見て御覧なさい。もう私たちは充分見せつけられて宮廷の生活というのがどんなものかわかったわ。もちろんあなたも、李蓮英（リーリエンイン）（宮殿監督）が老祖宗（ラオツツオン）の蔭にかくれてこの宮中を支配していることはお聞きになったでしょう。私どもは皆あの男を怖がっていますの。自分では老祖宗になんの勢力もないなんて言っていますけれど私たちはいつでも、どうやって誰かを罰しようかという御相談の長話しの後がどんな結果か知っていますわ。私たちの誰かがなにか間違いをすると、私たちはいつでもあの男のところに行って助けてくれと願うのです。するとあの男は、自分は陛下の御意を動かすような力はない、それに陛下がお叱りになるだろうから、あまり申しあげる勇気がないと言うのですの。私たちは太監というものがみんな嫌いですのよ。みんなとても悪い人間なんですもの。あの連中があなたにひどく丁寧にしているのは、あなたがお覚えが好いということを見てとっているからだということぐらい私たちにもよくわかってるわ。私たちみたいに絶えず、あの連中からとても無礼な目にあっているのは、堪らないわ。

　老祖宗（ラオツツオン）は非常に御機嫌が変る方なのよ。今日ある人を好きになるでしょう、明日はこの同じ人を毒薬よりもひどくお憎みになるの。陛下にはその時々の気分があるだけで、なんにでもほんとうに褒めるという気持はないのだわ。主子(チュツ)(1)、あの皇后様（主子(チュツ)とは主婦の意で、すなわち我々すべての女主人との意味です。満洲人は君主によってその奴隷と考えられています）でさえ李蓮英(リーリエンイン)を畏れて、あの男に非常に良くしていらっしゃらなければならないの。じっさい、私たちは誰でもあの男に丁寧にしなければならないのだわ」。

厭なことばかり言った二人がお化粧品を渡しに

彼らの話はだらだらと長く、果しがないように思われました。このころになって王(ワン)が入って来て、私どもにお茶を出しました。突然、人々が遠くでなにか叫んでいるような音が聞えましたので、私は王になんでしょうと尋ねました。客の女たちもやっぱり耳をすまして聴いていたのでしたが、一人の太監が飛ぶように駆けこんで来て、「老仏爺醒了(ラオフォーイエチンラ)（偉大な仏様がお目醒めになった）」と私どもに告げました。女たちは起ちあがって、みんな陛下にお目にかかりに行かねばならぬと言って、出て行きました。私はこの人たちの訪問が全く愉快でなかったものですから、来てくれなければよかったのに、特にあんな恐ろしい事を聞かせるぐらいなら、と思ったことでした。この人たちが太后陛下のお噂をする時のひどい調子といったら、聴いていて私の方がすっかり悲しくなるほどでした。私はここに参った最初の日に陛下を敬愛しまいらせているのです。それで、この人たちの話したことはみんな忘れてしまおうと決心しました。

私はその上に着物を更える暇がないうちに、太后陛下の御前に即刻参上しなければならなかったので、面白くないのでした。陛下のお寝間に参って見ますと、陛下には小さな卓（炕(カン)卓子(チョーツ)）を牀(とこ)の上の御自分の前にお据えになって、安坐(あぐら)していらっしゃいましたが、にっことお笑いになって「よく休みましたか？　すこしは眠りましたか」とお尋ねになりました。私は、「眠くありませんでしたし、それに昼間は眠れない性質(たち)でございますから」と申しあげました。陛下はおっしゃいました。

「あなたも私みたいにお婆さんになれば、いつでも眠れるようになりますよ。今は若いから遊びたいでしょうがね。きっと丘に登って花を摘んだか、それともあまり歩き過ぎたにちがいないと思います。疲れているように見えますよ」。

私はただ「はい」としかお答えできませんでした。さっきまで陛下のことでくだらないお喋(しゃべ)りをしていたあの二人の宮眷(じょかん)が入って来て、陛下にお化粧の品々をお渡しするお手伝いをしました。陛下のあんなに数々と厭なことばかり言った後なのにと、二人を見て二人の代りに自分の方が陛下に顔をお合わせするのが恥しく思われたことでした。

「いつも新しい花が玉よりも好き」

陛下はお顔をお洗いになって、お髪(ぐし)をおなおしになりました。すると女婢(じょちゅう)が白い素馨(ジャスミン)と薔薇のみずみずしい花束を持って来ました。陛下はその花をお髪(ぐし)にお挿しになって、私におっしゃるには「私はいつも新しい花が——玉(ぎょく)よりも阿古屋の珠よりも好きなのです。私は小さい草花の伸びるのを見たり、自分で水をやったりするのが大好きです。あなたが来てからは忙しいこと続きで、草花を見てやれなかったのだけれど。皆に、晩餐の仕度をするように吩咐けて下さい。私は後ほどに散歩をします」。私はお部屋を出て、太監に命令を伝えました。いつものように私どもは陛下にお菓子などのお摘まみ物を持って参りました。この時までに陛下はお身じまいをおすましになって、広間の方で腰をかけて、骨牌で独り遊びをしていらっしゃいました。太監がいつものように食卓を並べますと、陛下は骨牌をお止めになって、御食事をお始めになりました。「こういうような生活は気に入りましたか？」と陛下は私にお尋ねになりました。私は「陛下のお側にお仕えするのをまことに楽しく存じております」と申しあげました。陛下は「評判は私もよく耳にしましたが、あの驚異のパリというのはどういう場所ですか？　其処にいた間は楽しかったのですか？　また帰りたいと思いますか？　三四年も支那を離れているのはきっと辛いことでしょうね、あなたの父御の任期が満ちて、帰国の命令を受け取った時には、多分、みんな喜んだことでしょうね」。

妹とふたりでワルツを踊ってみせる

私の申しあげられることは「はい」という言葉だけでした。だって、パリを去るのは私にはとても悲しかったなど陛下に申しあげたら大変だったからです。陛下は「私は支那にもなんでもあると思います。ただ生活が違っているだけなのです。ダンスというのはどんなものです？　話に聞くと、二人の人間が手を組んで部屋じゅうを跳ねまわるんだそうですね。もしそんなものなら、まったくなんにも楽しいとは思えませんね、あなたも男の人といっしょスするそうじゃありませんか」。私は、大統領主催の舞踏会、さまざまの私宅のダンス、そにあっちこっち跳ねまわらねばならなかったのですか？　なんでも白髪のお婆さんまでダンれから仮面舞踏会のことどもなど、くさぐさ陛下に御説明申しあげました。「この仮面舞踏会は厭ですね、仮面をかぶっているとすると、誰を相手に踊っているのかわからないじゃありませんか」と陛下はおっしゃるので、私は、招待状を出すときにはいかに慎重にやるか、また不躾けなことをした人は誰でも決して上流社交界に入れないということなどを、御説明申しあげました。陛下は「あなたが、跳ねるのを見たいものですね。ちょっと見せてもらえませんか？」とおっしゃいました。私が妹をさがしに行って見ますと、二人で御覧に入れようと話しましました。皇后様を始め宮眷じゅうがこの話を聞いてしまって、みんな自分たちも見たいと申しました。妹の話によると、妹は太后陛下のお寝間に大きな蓄音器があるのを見たから、なにか音楽が見つかるかも知れないとのことです。私もそれは名案だと思いましたので、出かけて行って陛下に蓄音器を拝借願いたいと申しあげました。

「まあ、あなた方は音楽に合わせて跳ねるのですか？」と陛下は仰しゃいます。そのお言葉に私はあやうく噴き出しそうになりました。そして「音楽に合わせるとずっと宜しくなります。そうでないと拍子が合いませんので」と申しあげました。陛下は太監に蓄音器を広間に運んで来るようにとお吩咐けになって、「あなた方には私の晩餐をしたためる間に跳ねて貰いましょう」と仰しゃいました。私どもはレコードの山を調べつくしましたが、皆、支那の歌唱（うた）ばかりでした。しかし、しまいにワルツが見つかりましたので、私ども二人はダンスを始めました。たくさんの人々が私どもを見物していることがわかりました。この人たちはたぶん私どもを気が変になったとでも思ったことでしょう。私どもが踊り終えると、陛下が私どもを見て笑っていらっしゃるのに気がつきました。

「男が娘の腰に手をまわすのは反対」

陛下は「私にはとてもできませんよ。あなたは、ぐるぐる廻って、目まいがしませんかね？　それにきっと脚もよっぽど疲れたことでしょう。ダンスというのはなかなか美事なものですが、支那で何世紀も前に若い娘がやっていたのとそっくりですね。それは難しいものだし、やる人がいくらかは身に優雅さを備えていなければならないということはわかりますが、男がそういう風にして娘と踊るというのは見っとも良いものだとは思いませんよ。私は、娘の腰に手をまわすということには反対ですよ。娘たちが一緒に踊るのなら好きですがね。若い娘が男に近づきすぎるということは、支那では決して通りません。外国人がそのことはまるで考えていないようだということは、私も知っています。あの人たちは私たちよりも呑気だということがそれでわかります。外国人は全然、両親を尊敬しない——親を打ちたたいて家から逐い出してもいいというのは、ほんとうですか？」。

「そうではございません。誰か外国人のことについて、陛下に間違った考えをお伝え申したのでしょう」と私は陛下に申しあげました。すると陛下は、

「たぶん、最下等の階級のものでそのようなことをしたものがあるのでしょう。それを人は物事をとかく誤解しやすいから、外国人はみなそういう風に両親を待遇すると決めてしまったのでしょうね。支那でも下等な人間はちょうど同じことをやっているのを私も知っています」。

誰が陛下にこんな莫迦げたことをお話ししてお信じになるようにしむけたのだろうと私は思ったことでした。

「外国の山や樹は醜くて野蛮なもの」

私どもが晩餐をすませますと、ちょうど五時半でした。陛下があの長廊を散歩なさりたいとの仰せなので私どももお伴をしました。陛下は御自分の花を見せてくだすって、お手ずからお植えになったのだとおっしゃいました。陛下がどこにでもお出ましになる時は、かならずたくさんのお供が、朝の召見にお出ましになる時とすっかり同じに、後に随って行くのでした。私どもが、歩いて十五分もかかって、この長い廊簷(ベランダ)の端に着きますと、陛下は涼亭の一つに御自分の床几(しょうぎ)を運び入れるように御命じになりました。この涼亭はみな竹のほかにはなにも使わずに作ってあります。家具調度もいろいろな形の竹で出来ています。陛下が腰をおろされますと、一人の太監がお茶と忍冬花(すいかずら)を捧げました。陛下は私どもにもお茶を出すようにと太監にお吩咐け(いいつけ)になりました。陛下はおっしゃいました。

「これが私の簡単な人生享楽法ですよ。私は田舎の景色を見るのが大好きです。いまに見せてあげますが、ずいぶん綺麗な景色の場所があるんですよ。あなたも、それを見た後では、きっともう外国が好きでなくなるでしょう。世界じゅうで支那の景色を負かすほどのものはありませんよ。外国から帰って来た大臣たちが話してくれましたが、外国の山や樹は醜くって野蛮なものだそうですね。ほんとうですか？」。

誰かが陛下をお喜ばせしようと思って外国人のことをなにやかやと話したんだなと私は即座にわかりましたので、陛下に「私はほとんど各国を旅行しまして、美しい景色もあることを知りました。もっとももちろん支那のとは異なっておりますけれど」と申しあげました。

「あなたが耶蘇教徒でなければいい」

私どもが陛下にお話を申しあげている中に、陛下は、冷々(ひえびえ)して来たとおっしゃって、「あなたは寒くありませんか。あのとおり、あなたにもちゃんと自分附の太監があるのに、連中はみな周囲(まわり)につっ立って、なにもすることがないじゃありませんか。今度からは太監に言って、肩掛を持参するようになさい。外国の服装はずいぶん着心地が悪いに違いないと思いますがね——暑すぎるか寒すぎるかで。あなたはそんな風に腰を締めつけていて、どうやって食べられるのか私にはわかりませんよ」。

陛下がお起ちになったので、私ども一同は歩いておもむろに陛下の御殿に向いました。陛下は広間のなかのお気に入りの小宝座に腰をおろされて、独り遊びをお始めになりました。私どもは廊簷(ベランダ)に出ました。すると皇后様は私どもに向って「あなたがたはきっと疲れたでしよう。あなたが一日じゅう休みなしにこんな激務をなさるのに慣れていないことは私も存じておりますもの。あなたがたは満洲の着物（旗装）を着た方がいいと思います。その方が楽ですし、働きやすいのですから。あなたがたの長い裳裾を御覧なさい。歩く時は手で持ち上げていなければならないのですもの」とおっしゃいました。

「私も着物を着更えたいのはやまやまなのですけれど、太后陛下から御下命がありませんので、こちらから申し出るわけにも行かないのでございます」と、私は皇后様に申しあげました。皇后様は、「そう、何でも自分から願ってはいけませんよ。そのうちにきっと太后陛下も変えるようにお言葉があるでしょう。今のところは、陛下は外国の婦人たちがいろいろな場合にどんな衣裳をつけるか知りたいとの思召しなので、あなたにパリ風のガウンを着せて見たがっていらっしゃるのでしょう。陛下は、園遊会に来た婦人に毛織の衣裳をつけていたのがあったようだと思っていらっしゃいます。私どもも先だってプランソン夫人に会うまでは外国の婦人は私どもほど豪奢ではないと思っておりました。陛下があなたにおっしゃったお言葉を覚えていらっしゃる？『あのプランソン夫人は私の会った多くの婦人とまるで異っている、服装も異っている』って」。

プランソン夫人の着ていたのは、手彩色のシフォン地のドレスでしたが、それが太后陛下にはひどくお気に召したのです。皇后様とお話ししているうちに、電灯がみんな点きましたので、なにか御用があるかも知れないと思って、陛下のもとに参りました。陛下は「寝る前に双六をしましょう」とおっしゃいました。私どもは午後にやったのと同じ遊戯を始めました。陛下はまたもやお勝ちになりましたが、今度は一勝負すむまでに一時間しかかかりませんでした。「どうしてあなたは一度も勝てないのですか？」と陛下はおっしゃいます。おからかいになるおつもりだ、と思いましたので、どうも私の運が悪うございましてと申しあげますと、陛下はお笑いになりながら、「明日はあなたの靴下を裏がえしに履いて御覧なさい。それは確かな勝つお呪いですよ」とおっしゃいました。私はそう致そうと存じますと申しあげましたが、その言葉がお気に召したようでした。私はここに参ってからの短い間にも大概しじゅう陛下を研究し続けていました。私が陛下の御命令に服従するほど陛下の御意に適うことはあるまいということが私にもわかって来ていました。陛下は、疲労を覚えたから、牛乳を持って来てくれとおっしゃいました。それから私に向われて、

「あなたには、私が寝につく前に隣の部屋で、毎晩仏様に、お線香を上げて、土下座して礼拝していただきたいのです。私はあなたが耶蘇教徒でなければいいと思っているんだけれど。もしそうだと、あなたが少しも私のもののような気がしないものですからね。どうか、そうでないと言ってください」。

太后の寝間の外で六人が寝ずの番

このお尋ねは私のまったく予期しないものでした。そして、それは私としては甚だ答えにくい質問であったと申しあげねばなりません。わが身を保護するためには、私は基督教徒とは何の関係もございませんと言わねばなりませんでした。そういう風に陛下をお欺しするの

は我ながら罪深いとは思いましたが、それは絶対に必要なことで、そのほかには抜け道がないのでした。陛下のお尋ねには直ぐ答えねばならないことは私も知っていました。すこしでも躊躇すれば通りません。陛下がお疑いを起こしになることでしょうから。私は顔にはなんの表情も見せませんでしたが、心臓はしばしば鼓動を止めました。陛下を瞞着申しあげるのを恥しく思いました。私の受けた最初の教育は、真実を語るを恥ずるなかれというのではなかったでしょうか。「私は基督教徒ではございません」という答をお聞きになって、陛下は、微笑まれて、

「見上げたものです。あれほどまで外国人とつき合っていながら、あなたはその宗教を採らなかったのですね。それどころじゃなく、あなたは自分の国の宗教を守りとおしたのですね。あなたの死ぬまで、それを強く守りつづけなさいよ。私が今どんなに嬉しいか、あなたにはとてもわからないでしょう。私はどうせあなたも外国の神様を信心したにきまっていると思っていたのです。たとい、あなたが厭だと言っても、外国人は是が非でもあなたに信じさせることができるのですからね。さあ、私も寝むとしましょう」。

私どもは陛下の着物をお脱ぎになるお手伝いをし、それから私はいつものように陛下の宝玉をお片付けして、陛下がお寝みになる時には一対の玉の鐲だけをおつけになることを知りました。陛下はお寝衣にお召し更えになり、絹の掛蒲団の裡に横になられると、私どもに「もう退ってよろしい」とお言葉がありました。私どもは陛下にお辞儀をして、お寝間から退出いたしました。広間の外には、冷い石の床の上に六人の太監がいました。彼らは宿直の

者で、夜じゅう絶対に眠ってはならないのです。お寝間のなかには、二人の太監、二人の女婢（じょちゅう）、二人の老婢（阿媽（アマー））、それに時としては二人の宮眷（じょかん）がいるのでした。この者たちも眠ってはならないのです。二人の女婢は毎晩、陛下のおみ足をお揉みします。そして二人の老婢はこの女たちを看視します。それをまた二人の太監が看視して、そして、二人の宮眷が、これらが何か間違いを起こす場合に備えて、全部を看視しているのです。皆は交替で役をつとめるので、そのために、太監が信用のおけないような折には、二人の宮眷が終夜寝ずの番をしていなければならないということもあるのです。陛下は宮眷を最も御信任になっていらっしゃるのです。皆が何をしているのかと私が尋ねたのに対して、広間で、この六人の太監の一人が私にこのように話してくれた時ほど、私の生涯で驚いたことはありません。

いつもより遅く起こすと怒って叱られる

後になって宮眷（じょかん）の一人が私に話したことでは、朝がた陛下をお起こし申すために、宮眷たちが順番に陛下のお寝間に詰める慣（なら）わしになっていて、私が明朝その番に当たっており、妹はその次の朝になっているとのことでした。こう言いながら、その宮眷はとても妙な風に笑うのでした。その時には私にはわかりませんでしたが、後になって、意味がわかりました。陛下をお起こしするにはどうすれば宜しいの、と私が訊ねますと、その宮眷は申しました。

「べつに特別な方法はないんですから、あなたも御自分の判断でおやりになれば宜しいのです。でも陛下の逆鱗（げきりん）に触れないように慎重にやるのですよ。今朝（けさ）は私の番でした。陛下が前の日にずいぶんお勤めになって、ひどく御疲労の模様に拝しましたので、お起こしするのにいつもより少し高い音をさせねばなりませんでした。すこし遅くなったので、陛下はお起きになってから、とてもお怒りになって、たいへんお叱りになりました。陛下は遅く御起床になると、よく音の立て方が低かったから起きられなかったのだとおっしゃるんですよ。だけど、今のところ、あなたは此処に来て新しいから、あなたにはべつにこんなことをなさらないと思います。だけど、まあ此処に四五ヵ月もいて御覧なさい」。

この宮眷の話したことは私をかなり悩ませました。しかし、これまで私が陛下をお見上げしたところでは、自分の義務をちゃんとやっている者に対しては誰にしろ陛下がお怒りになろうなど、とても私には信じられませんでした。

（1） 皇帝、陛下、主人などの意。

第九章　光緒皇帝

朝五時半に太后を起こし夜十時半まで

次の日、私はいつもより早く起きましたが、もしも遅れたら大変だと思いましたので、大急ぎで着物を着ました。太后陛下の御殿に参上しますと、数人の宮眷（じょかん）が廊簷（ベランダ）に腰をおろしていました。笑いながら、まだ五時になったばかりで、早すぎるから、一緒に腰をおかけなさいとすすめるのでした。私は陛下を五時半にお起こしするように言われていました。皇后様も数分後にはいらっしゃったので、私ども一同はお辞儀をして、「請早安（おはようございます）」と申しあげました。二三分、私どもとお話しになった後で、皇后様は、「太后陛下はお目醒めになりましたか、皆のうちどなたが今日の当番ですか」とお尋ねになりました。「私の番でございます」と申しあげますと、皇后様は直ぐ「即刻陛下のお部屋にいらっしゃい」と御命令になりました。足音を忍ばせて行って見ますと、二三人の女婢（じょちゅう）があたりに立っていて、それから宮眷がひとり床（ゆか）の上に坐っていました。その宮眷は私を見ると起ちあがって、「あなたが来てくだすったから、私は御免を蒙って、着物を着更え、ちょっと髪をなおして来ます。それからあなたは陛下のお目醒めになるまではお部屋を離れないように」とそう私に囁きました。この宮眷（じょかん）が出て行ってしまいますと、私は寝牀（ねどこ）の近くに寄って、「老祖宗（ラオツツォン）、五時半でございます」と申しあげました。陛下はお顔を壁の方に向けて眠(やす)んでおいででしたが、誰が呼んだのかも御覧にならずに、「行って、私をひとりにしておくれ。五時半に呼び起こせとお前に言いはしなかったよ。六時に起こしておくれ」とおっしゃって、直ぐにまた眠っておしまいになりました。私は六時までお待ちして、また陛下をお呼びしました。陛下はお目醒めになって「これはやり切れない。なんてお前はうるさいんだろう」、こう仰しゃってから、四辺をお見廻しになって、私がお寝牀の側に立っているのを御覧になりました。「まあ、あなたなんですか？ 誰があなたに私を起こしに行けと言ったのですか？」。私はお答えしました、「ひとりの宮眷(じょかん)の方が私が老祖宗(ラオツツォン)のお寝間に勤める番だと申したものですから」。「それは奇体なことです。まず私からの指図を受けないでどうして命令ができるのでしょう？ この役目が非常に面白くないと知っているものだから、あなたが此処(ここ)では新米だというんで押付けたんですよ」。

私はこのお言葉になんのお答も申しあげませんでした。その日は私の出来る限りやって行きましたが、なかなか楽なことではないことがわかりました。陛下は万事につけひどくおやかましいのです。けれどその次の時には、陛下がなさろうとする事からお心を逸(そ)らすために、新しい事や面白い物に陛下の御注意をお向けするようにお計らいして、こういうやり方で陛下をお寝牀からお起こしする時の面倒がだいぶ少なくなりました。

私どもが自分の部屋に帰れることになった時にはどんなにほっとしたか、皆様には御想像もつかないことと思います。ちょうど午後十時半でした。私はひどく疲れて眠(ねむ)かったものですから着物を脱ぐと、すぐに牀（とこ）に入りました。頭が枕にふれるかふれないかに眠ってしまったように思います。

自分の農場でとれた物を自ら調理

翌日も同じことでした。朝にはいつもの召見、もちろんしじゅう忙しく、こうして夢のまに十五日がすぎました。私は宮廷の生活に非常な興味を感じだして、日ごとに好きになって行きました。陛下は私どもにはいつも非常に気持よく御親切にわたらせられ、この夏の離宮にあるさまざまな名所を見せてくださいました。私どもは、湖の西側にある陛下の農場を拝観に行きました。そこに行くには高い橋を渡らねばならないのでした。この橋は玉帯橋（ユータイチャオ）(1)と呼ばれていました。

陛下はよく私どもをお連れになって舫（ボート）に乗ってこの橋をくぐられるか、そうでなければ湖の岸づたいに廻って歩いて行かれるのでした。陛下はこの橋の頂に御自分の床几を据えてお休みになり、お茶を召しあがるのが大変お好きのようでした。じっさい、此処（ここ）は陛下のお気に入りの場所の一つでした。陛下は四五日に一回、御自分の畑を見にいらっしゃるのが御習慣で、御自分の農場からいくらかでも野菜なり米なり小麦なりが獲れればいつもお喜びになるのでした。陛下はこうした物を中庭の一つでお手ずから料理あそばします。私は面白い遊びだと存じましたので、自分も袖を捲りあげて陛下のお料理のお手伝いをしました。私どもが新しい卵をこれもやっぱり農場から持って来ますと、陛下は私どもに、卵を紅茶の葉で料理する仕方を教えて下さるのでした。陛下のお料理用焜炉(こんろ)はひどく変っていました。銅でこしらえて、磚(チョワン)(煉瓦)で縁をしてありました。煙突がないものですからどこにでも移すことができるのです。陛下は私に、まず卵を固くなるまで茹(ゆ)でて、それから割るのだが、殻はつけたままにしておく、そして紅茶と塩と薬味を茶碗半杯分加えるのですとおっしゃいました。陛下は「私は田園生活が好きです。宮廷の生活よりずっと自然ですからね。私はいつも若い人たちが遊んでいるのを見ると嬉しいのです。私たちのようなお婆さんばかりいるのは厭です。私はもう若くないけれど、今でもやっぱり遊ぶのはとても好きですよ」とおっしゃいます。私たちの料理したものは、いつも陛下が最初に味を御覧になって、それから私ども一同に分けて味を見させになるのでした。「このお料理は料理人がこしらえたものよりも、おいしいとは思いませんか?」と陛下はお尋ねになりました。私ども一同は、結構でございましたと申しあげるのでした。こういう風にして、私どもは宮中の長い日々を面白おかしく過したのでした。

英語やピアノに興味をもつ皇帝

私は光緒(コワンシュ)(こうしょ)皇帝には毎朝お目にかかりましたが、私が暇ですと、皇帝陛下はかならず英語の単語をいくつかお聞きになるのでした。皇帝陛下が綴りまでかなり御存知なことを存じ上げた時には驚きました。私は皇帝陛下に絶大な興味を覚え参らせました。陛下は表情の豊かな眼をしていらっしゃいました。皇帝陛下は私どもとだけでおられるときは全く人柄が変っておしまいになるのでした。笑ったり、ふざけたりなさいます。ところが太后陛下の御前に出るや否や厳粛なお顔になられ、まるで死ぬほどお悩みの様子のようです。時としてはぼんやりとしていらっしゃるように見えます。さまざまの謁見にあたつて、皇帝陛下に拝謁した沢山の人たちから、皇帝は英明には拝されぬ、決して話をされないということを聞きますが、私は真実を知っています。毎日、皇帝陛下にお目にかかっていたのですもの。私は皇帝陛下を研究するに充分なあいだ宮廷にいたのですから、陛下が支那における最も叡知ある方の一人であることを知りました。卓越せる外交家であらせられ、驚異すべき頭脳をお持ちでした。ただ機会をお持ちにならなかったのです。今、非常に多くの人々が私に同じ質問をいたします。光緒（コワンシュ）皇帝はいくらか勇気か頭脳をお持ちだったのかと。もちろん局外者には、規（おきて）というものの厳しさも我々が親を敬う孝の道も、なんら見当がつかないのです。皇帝陛下はこの規の故にこそ数多（あまた）の事を犠牲にされなければならなかったのです。私は幾たびも皇帝陛下と長い話をお交えする光栄を有し、陛下は英明にあらせられ、克己の精神もある

光緒帝　清朝第11代皇帝。在位1875～1908年

程度そなえていらっしゃることを知りました。皇帝陛下の御生涯は幸福なものではありませんでした。御幼少の折から御健康が勝(すぐ)れていらっしゃらなかったのです。陛下は、文学はあまり学ばなかったが、自然に覚えた、と私に仰せられたことがあります。皇帝陛下は音楽には天賦の才をおもちで、学びもなさらないのに何の楽器でも奏することがおできでした。陛下はピアノをお好みで、いつも私に教えてくれとせがまれるのでした。「召見の間」には美事なグランド・ピアノがありました。陛下は外国の音楽にもすぐれた趣味をお持ちでしたから、私が平易(やさ)しいワルツを数曲お教え申しあげますと、美事に拍子を合わされるのでした。私は失礼ながら陛下を楽しい話し相手とも良き友とも、存じあげたのでしたし、陛下は私に御心中をお打明けになり、御心労と御愁苦をつぶさにお話し下さいました。

　私は陛下と西洋の文明についていろいろと語り合ったのですが、陛下が何事にもあまりによく通暁しておられるのを拝しては吃驚(びっくり)したほどでした。皇帝陛下はよく何時間も陛下の国の福祉に対しての御抱負を話してくださいました。陛下は人民を愛していらっしゃいました。そして、饑饉とか洪水とかがある時には、いつも人民を助けるためにどんなことでもなさるお心算(つもり)でした。人民に同情していらっしゃることは、私にも窺えました。私はさる太監どもが陛下の御気性について偽りの噂を流布したことを知っています——陛下が残酷だなどと。私は同じような話をこの宮中に参る以前にも聞いたことがあります。皇帝陛下は太監に対しては親切でいらっしゃいましたが、いつも主人と家隷(けらい)との区別はなさるのでした。太監どもがお言葉を賜わらないのに自分から話しかけることを決してお許しになりませんでしたし、またどんな種類の噂話にも決してお耳を貸されませんでした。

私は宮中に相当長く暮して、この太監というものはどんなに残酷な人種であるかがよく判りました。彼らは自分の主人に対してなんらの尊敬も感じていません。彼らはこの支那の人民の最も低い階級の出で、なんの教育も、なんの道徳もなく、何に対しても露ほどの感情も持っていません。自分たち仲間同士でさえそうなのです。外の世界は光緒皇帝(コワンシュ)陛下の御気性に対してあまたの誹謗を聞いていますが、こうした話は太監が家族のものたちに話したものですから、もちろん会話を面白くするために、かならずできる限り誇張したものだということを、私は皆様に誓って申しあげます。北京に住んでいる人の多くは太監を通じてあらゆる種類の情報を得るので、私は宮中に上っていました間にもたびたび同じ事を体験しました。

爆竹の大音響で騒ぐ太監に太后が激怒

ある日、太后陛下の午後の御昼寝のお時間に、怖ろしい音響が聞えました。まるで爆竹が炸裂するような音がしました。爆竹などは宮域内に持ちこむことを許されていませんから、こんな音はまったく普通のことではありません。もちろん太后陛下もお目醒めになりました。数秒のうちに誰もかれも興奮してしまって、御殿が火事にでもなったようにあちこちと走りまわるのでした。陛下は御命令を出され、太監どもに静かにせよと仰せになりましたが、誰もお言葉をきくものはなく、気が狂ったように喚いたり走りまわったりして、皆が一どきに物を言っているのでした。太后陛下は激怒されて、私どもに黄色の袋を持って来るようにと御命令になりました。——この袋の説明をいたしますと、普通の黄色い切地で作ってありますが、中にはあらゆる種類の形の竹の杖が入っていて、この竹の杖は太監や女婢(じょちゅう)や老婢（阿媽(アマー)）などを打ち懲らすのに用いられるのです、——この袋は危急の折に手近かにあるように、太后陛下のいらっしゃる処にはどこにでも持って参るのでした。私どもは誰でもこの袋のしまってある処を知っています。私どもはこの袋のなかから杖を全部出しました。すると太后陛下は中庭に行って太監どもを打てと御命令になりました。

宮眷(じょかん)と女婢(じょちゅう)が皆、手に手に杖を持って、興奮した群衆をひき分けようとしている様はなかなか面白い見物でした。私としても、とても面白い遊びをしているような気がしたので、あははと笑っていますと、ほかの者も笑っているのでした。太后陛下は廊簷(ベランダ)にお立ちになって私どもを看ていらっしゃいましたが、だいぶ離れているのでよく御覧になれないでしょうし、それにこの騒ぎでは、私どもの笑い声がお耳に達するはずがないと承知していたのです。私どもは群衆をひき分けるのに全力を尽しましたが、あまり笑っていたものですから太監の一人だって怪我さすほどの力が出ませんでした。忽ちすべての太監がしいんとして話を止めました。彼らの一人が宮殿監督の李蓮英(リーリエンイン)が家隷(けらい)を残らず引き具してこちらに来るのを見たからです。太監はみな怖がって、その場に立像のように立ちすくみました。

私どもも笑いを止めて、それぞれ一本ずつの杖を手に持って引き返し、太后陛下の御許(もと)に歩いて行きました。李蓮英(リーリエンイン)も昼寝をしていたのでしたが、物音を聞いて、騒動のもとを調べ、太后陛下に御報告するために来たのでした。若い太監の一人が鴉(からす)をつかまえたらしいのです。（太監は鴉を不吉な鳥だと考えて、これを憎んでいました。支那の人々は、太監が非常に不愉快な人間なので、鴉と渾名していますす。こういう理由で太監は鴉をひどく憎むのです）。彼らはいつも罠をかけて鴉を捕え、それからその脚に大きな爆竹を縛りつけて、さてその不幸な鳥を放してやるのです。

当然、あわれな鳥は喜んで飛び去るのですが、火薬が爆発する頃までには空中高くあがっていることになって、かくてあわれな鳥はずたずたにちぎれて飛ぶことになります。太監がこの残酷な悪戯をやったのは、これが初めてではないようです。なんでも血と苦痛を見るのは太監をひどく喜ばすのだということです。彼らはいつも仲間を招待してこういうような場合を祝って共に酒をくむのです。この残酷な仕業はいつもは召見の間の壁の外で行われたのでしたが、その日は折しも太后陛下が御寝になっている時に陛下の御殿の方に鴉が飛んで行き、ちょうど中庭を過ぎる時に火薬が爆発したのでした。

犯人には竹の棒で百叩きの笞刑

宮殿監督が事の真相を陛下に申しあげますと、陛下は激怒されて、その若い太監を引いて参って、陛下の御前で処刑せよと御命令になりました。李蓮英はただちに、この男を地面にひき伏せよとの命令を下しました。二人の太監がこの男の左右に立って、二本の重い竹の棒で一ぺんに一本ずつその脚を打つのでした。罪人は笞刑が行われている間は一言も云いませんでした。李蓮英はこの男が一百棒を受けるまで勘定すると、止めよとの命令を待つために御前に跪き、同時に、彼の頭が石の床に当たって響を出すまで地面に叩頭しながら、卑官の不注意と義務の怠慢を罰しくださ い、死罪、死罪と謝します。太后陛下は、これは汝の罪ではないとおっしゃって、犯人を連れ去るように御命令になりました。この間ずっと犯人はまだ地面に伏したままになっていて、動こうともしませんでした。二人の太監がこの犯人の片足を持って、ずるずると中庭から曳きずり出しました。（この刑罰を見て怖がったような振りをしながら、そのくせ、すんだ時に外に出て陛下はなんと残酷だろうとお喋りするんじゃないか）と太后陛下がおっしゃりはしないかと思って、その恐怖のため私どもは誰も高く息をするものさえなかったのでした。起こったことに対しては誰も驚いてはいませんでした。ほとんど毎日のようにこの刑罰を見る習慣なので、まるで慣れてしまっていたのです。私はいつも罪人を可哀そうだと思ったのでしたが、その気持は私が宮中に参ってほどなく変ってしまったのです。

　私がはじめて罰を受けるところを見たのはある女婢のときでした。その女は太后陛下のお襪のことで間違をして、揃でないのを二つ持って来たのでした。太后陛下はそれをお見付けになると、もう一人の女婢にこの婢の両頬を十ぺんずつ打てと御命令になりました。その女婢があまりきつく打たなかったものですから、太后陛下は、ふたりがあまり仲が良いものだから自分の命令に遵わないのだとおっしゃって、今度は打たれた方の婢に打ちかえせとお吩咐けになりました。私はこれはどうもおかしすぎると思って、お腹を抱えて笑いたかったのですけれど、もちろんそうする勇気は出ませんでした。その晩、私はこの二人の婢に、ああいう風にたがいに打ち合うのはどんな気持がするものかと尋ねて見ました。なぜ尋ねたかと申しますと、ふたりは太后陛下のお寝間から退出するとさっそく、いつものように笑ってふざけ合っていたからです。ふたりは、あんなことは何でもありません、すっかり慣れていますから、あんな些細なことではくよくよ致しませんの、と申しました。私としてもそんなことには直ぐと慣れてしまって、ふたりのように無神経になったのです。

女婢は満洲八旗の娘で十年奉公

さて女婢（じょちゅう）のことを申しますと、太監よりもはるかに上等の階級の者です。これは満洲八旗の兵丁の娘たちで、十年間は宮中にあって太后陛下にお仕えしなければならないのですが、それからは自由に結婚することができるのです。私が宮中に参って一年ばかり後のことですが、その一人が結婚しました。太后陛下は五百両（テール）ばかりの少額の金を、おやりになりました。この婢（おんな）は非常に太后陛下をお慕いしていましたので宮中を去るのがずいぶん辛（つら）そうでした。ごく怜悧な娘で、名を秋雲（チウユン）と申しました。この婢の顔立がひどく繊細で、痩せ型でしたから太后陛下がこう御命名になったのでした。私どもが一緒に暮した間は短かったのですが、その間にも私はこの婢が大変好きになりました。この婢（おんな）は私に、宮廷内の誰の噂にも耳を留めてはいけませんと話してくれましたし、また陛下が私を大層お気に入りだと御自分からこの婢におっしゃったと教えてくれました。三月二十二日にこの婢は宮中から暇を取りました。私どもはみんな残り惜しく思ったことでした。太后陛下はこの婢がいなくなるまでは、どんなにこの婢が大事だったかおわかりにならなかったようでした。それから三四日は私どもには面倒なことばかり起こりました。何もかもが間違うようにばかりなると思われました。太后陛下は秋雲がいなくては全然、御満足になりませんでした。ほかの女婢たちはびくびくして、陛下のお気に召すように全力を尽したのですが、みんなその腕がないのでした。それで私どもも太后陛下をお苛立たせ申さぬように女婢の仕事の一部を手伝うことになりました。生憎陛下は私どもをお止めになって、

「あなたたちには自分の仕事が充分にあるのだから、女婢の手伝をしてもらいたいとは思いません。そういう風にしたって私はちっとだって嬉しくはないんですよ」。

　陛下は厳しくおっしゃいましたが私が陛下のやり方に慣れていないのをお見抜きになって、笑を浮べながらおっしゃいました。

「あなたが私を怒らせまいとして女婢どもの手伝いをしてやるのは親切なことだとはわかりますが、この女婢たちと来たら実に狡いんですよ。仕事が出来ないわけではないんです。私がいつも私の寝間に附添う役は利巧なものを選ぶというのをちゃんと承知していて、自分たちはその役が嫌いなものですから、間抜けのような振りをして、私を怒らせ、普通の仕事に廻してもらおうと思っているのですよ。みんな秋雲の代りになるのを怖がっているのです。もう私も皆の思惑がわかりましたから、今度からは間抜けなものばかり私の附添いにしましょう」。

一瞬間、女婢らがみな真剣な顔をしたのに気付いて、私は笑い出しそうになりました。

この連中はほんとうに間抜けに違いない、怠けているのではあるまいと思ったのでしたが、毎日のように交渉を持つようになってから、私もこの人達はそれでよいのだとわかりました。太監ときては全然脳味噌を持っていないようでした。この連中はとても奇妙な人間でなんにも感情を持っていないのです。朝から晩まで同じ気分――残忍な気分と申しあげたい――を持ち続けているのでした。太后陛下が御命令を下される時にはいつも「喏（はい）」と答えるのですが、私どもの控の間に退って来るとすぐ「御命令はなんだった？　拙者はすっかり忘れてしまった」とたがいに話し合うのです。それから彼らはいつも私どものうちで、その御命令の下された際に御前に居合わせたものの処にやって来て、「御命令がなんでしたかどうかお教えください。拙者は陛下のお言葉の間、聴いておりませんでしたので」と申します。私どもはいつも笑ってこの連中をからかうのでした。でも彼らが陛下にお尋ねするのを畏れているからだと、私どもも承知していますのでもちろん教えてやらないわけにはゆかないのです。筆帖式太監(2)の一人はその日下された御命令を書き留めておかねばなりません。というのは太后陛下にはあらゆる事の記録をとどめておきたい思召しだったからです。

太后の欲しい物に目をやる習慣に慣れて

教育のある太監が二十人いて、みな勝れた学者でした。これらの者は太后陛下から支那の文学に関して御下問があるような折には、どんな質問にも答えなければならないのですが、陛下御自身も文学には相当精通しておられるのでした。誰かが御下問に答えることができないとか、或は陛下よりも知識が低かったということがありますと、陛下はひどくお喜びになるのに私は気が付きました。陛下は彼らを嘲笑するのを御興に思召していらっしゃいました。陛下はまた非常にからかうことがお好きでした。宮眷たちが文学はあまり知らないことを御存知なので、陛下はよく私どもを御試験なさるのでした。私どもは答が陛下の御質問に適うにしろ適わぬにしろとにかく何か申しあげねばなりませんでしたが、すると陛下はいつも大笑いをなさるのでした。陛下は怜悧すぎる人間は誰によらずお好きではありませんでしたが、一方、鈍な人間にも御勘弁ないという話を聞いていましたので、私はやや神経質になって、ここに参った初めの三週間ほどはどう振舞っていいかわからなかったのですが、陛下を研究するのはあまり長くかかりませんでした。

陛下はたしかに怜悧な少女はお賞めになります。しかし自分の怜悧さをあまり過度に見せる人間を好まれないのです。私がどうやって陛下の御心を獲たかと申しますと、こういう風にです。私は陛下のお側にある時はいつでも、全身の注意を陛下に集中し非常に綿密に観察しました。（凝視したのではありません。それは陛下がお嫌いになりました）。そして常に御命令を正しく遂行したのです。

私はもう一つのことに気が付きました。それは、陛下がなにかを――たとえば煙草とか手巾とかを――持って来て欲しいとお思いになる時はいつも、その品に目をおやりになるだけで、それからその時にそこに居あわせた誰かの顔を御覧になるのです。（部屋にはかならず一脚の卓があって、その上には当日陛下の御入用の品はすべて載せられているのです）。

私は陛下のこの御習慣に慣れましたので、しばらくのうちに陛下のお目をうかがうことによって陛下のお望みの物がちゃんとわかるようになりました。間違えたことは殆んどありませんでした。これがたいそう陛下のお気に召したのでした。

陛下は強い意志をお持ちでいつも御自分が正しいとお考えになった通り行動され、十二分の御自信を持っていらっしゃいました。時としてはひどく愁わしげの御模様なのを拝することがありました。陛下は激しい感情を持っておいででしたが、御意志がそれより一層お強くあらせられたのでした。陛下はお見事に克己なさることがおできになりましたが、しかも人人が同情申しあげることはお気に召しました。――しかしそれは行為のみによるもので、言葉を以て(もっ)してはなりません。陛下はなにびとにあれ己の心を知るもののあることをお好みでなかったからです。きっと皆様は、支那の太后陛下の宮眷(じょかん)となるのはどんなに難しいことかとお考えになるでしょうが、反対に私は非常に面白うございました。陛下はひどく面白い方でしたし、私も陛下のお気に入るのはちっとも困難でないことがわかったからです。

雨乞いのため肉を断ち沈黙して祈る

四月の一日に陛下は雨の不足のことを御心配になりました。十日の間、陛下は毎日、召見の後でお祈りをなさったのですが、なんの効果(しるし)も見えませんでした。私たちはだれも非常に静粛にしていました。陛下はその日はなにも御命令を下されず、誰にもお言葉をおかけになりませんでした。太監たちが恐懼(きょうく)しているのに気付きましたので、私どもは午餐を摂らないですごしました。私はその午前じゅうひどく働いたものですから、たいへんお腹が空いていました――じっさい宮眷たちはみんなそうでした。私は陛下をお気の毒に思いました。とうとう陛下から、しばらく休みたいから、退ってもよいとのお許しが出ましたので、私どもは自分の溜りに帰って来ました。私は自分付きの太監の王に、なぜ太后陛下は雨のことを御心配になっていらっしゃるのかと訊いてみました。というのは、その頃は毎日毎日、結構なお日和つづきだったからです。王が答えて申しますに、老仏爺（偉大な仏様）は、こう長く雨がなくては作物がみな枯れてしまうので、憐れな農民のために宸襟を悩まされていらっしゃるのだとのことでした。王はまた、私がこの宮中に参って暮すようになってからこのかた一ぺんも雨が降らないということを思い出させました。二ヵ月と七日というほど長い月日だったとは本当とは思えませんでした。しかしまた一方、その生活があまり結構で愉快だし、太后陛下はもう何年も私を御存知のように、いと御親切に私にお目をおかけになりますので、それよりも長い月日だったようにも思われるのでした。陛下はその晩はほんの少ししか食事をおとりになりませんでした。どこにも何の物音もなく、誰もが静粛を守っていました。皇后様は私どもに、なるべく早くお食んなさいと仰せになりましたが、仰せの意味が私にはわかりませんでした。

　私どもが控の間に帰って来た時、皇后様は私に向って、太后陛下は憐れな農民のために痛く御宸襟を悩ませられていらっしゃるので、雨乞いをなさるために、二三日は肉をお断ちになることでしょうと御説明になりました。その晩、太后陛下はお寝間に入られる前に、北京城門内に於いては豚の屠畜を一切禁止する旨の令旨をお出しになりました。この理由というのは、肉を断って我々の身を犠牲にすることにより、神は我々を哀れみたもうて雨を送られるであろうというのです。陛下はまた、なにびとによらずもろもろの穢(けが)れから潔められ、断食して神々に祈るにふさわしき身となるため、沐浴(もくよく)し且つ口を洗い清めるよう令旨をお出しになりました。それからまた皇帝陛下には紫禁城内の宮廟にいらしって、犠牲の式（チンタン[3]と呼ばれる）を挙げることになりました。

皇帝陛下は肉類を召しあがらず、またなにびととも話をせず、神に恵をたれて哀れな農民に雨を送らせたまえと祈られるのです。光緒(こうしょ)(コワンシュ)皇帝陛下は「斎戒(チャイチエ)」（チンタンと同じような意味、即ち肉を食べないで一日に三回祈ること）と満漢両文で彫られた三吋(インチ)平方ぐらいの玉牌を佩(お)びられ、皇帝に随従する太監らもすべて同じような牌を佩びていました。それは式を行う際にこの玉牌によって人に厳粛であるように戒告しようというお考えなのでした。

楊柳の葉を髪に挿し香を焚いて

次の朝、太后陛下は大変に早くお目醒めになって、私に自分の宝玉はなにも持って来ないでいいと御命令になりました。陛下は大急ぎで身じまいをなさいました。お朝食はその日はひどく御質素で、ただ牛乳と蒸し饅頭とだけでした。私どもの食事はキャベツと米を一緒に料理して、ちょっと塩味がついたもので、味のないものでした。陛下は令旨を出される時のほかは、私どもに全然お言葉を賜りませんでした。それでももちろん私どもも沈黙を守っていました。陛下は、非常に地味に仕立てられ、なんの刺繍も縁飾りもない青鼠の袍(ガウン)をお召しになりました。陛下の鼠色の手巾(ハンケチ)は申すまでもなく、鞋(くつ)も合うように鼠色のをお召しになりました。

　私どもが陛下のお供をして広間に参りますと、そこには太監が楊柳(ようりゅう)の大枝を捧げて跪(ひざまず)いていました。太后陛下は葉の些(わず)かな束を摘んで、髪にお挿しになりました。皇后様も同様になさって、私どもにこの例にならうようにと仰せになりました。光緒皇帝(コワンシュ)は一枝折り取られて帽子にお挿しになりました。その後で太后陛下は太監や女婢(じょちゅう)たちにも同じことをするように御命令になりました。それはおかしな光景でした。誰もが頭に葉の束をかざすと奇妙な格好に見えました。李蓮英(リーリェンイン)が入って来て、太后陛下の御前に跪き、陛下の宮殿の正面に設けられた小さなお仮屋内に式の用意はことごとくととのいましてございますと奏上いたしました。太后陛下は祈禱に参るのだから、歩くことにしようと私どもに仰せになりました。この仮屋に着いて見ますと、部屋の中央には大きな四角い卓が据えてありました。大きな黄紙が幾折かと、墨の代りに硃砂そこばくを入れた玉盤一個に、字を書くための小筆二本がその上に置いてあります。卓の左右には、それぞれ楊柳の大枝を挿した大きな磁瓶が一対置かれてありました。もちろん、なにびとものを云うことは許されなかったのですが、私は好奇心を起こして、なぜ皆が頭に楊柳の葉をつけるのか理由(わけ)を知りたくて仕方がありませんでした。

　太后陛下の黄緞子(きどんす)のお褥(ざぶとん)はこの卓のまん前に置かれてありました。太后陛下はそこに立たれて、一片の白檀を取り、それを炭火で一杯の香炉にお入れになりました。皇后様は、向うに参って太后陛下の香を焚かれるお手伝いをしましょう、と私に耳打ちなさいました。私が四五片入れますと、太后陛下は、それでよろしいとおっしゃいました。それから太后陛下は御自分のお褥の上にお跪きになり、皇后様はその背後(うしろ)に跪かれ、そして私ども一同は皇后様の背後(うしろ)に一列になって跪き、こうしてお祈禱(いのり)を始めました。皇后様がその朝に祈禱の文句を私どもにお教え下さいました。

「敬みて天と諸仏に乞い奉る。願くは我等に憐憫を垂れ、貧しき農民を飢餓より救わせ給え。いま我等百姓に代り犠牲を献げ奉る。乞う、天、甘霖(かんりん)を給え」。

私どもは同じ祈りを三回繰り返し、一回に三べんずつ——都合九へん叩頭(コウトウ)をします。この後で、太后陛下はいつもの朝の召見に赴かれました。その朝はいつもよりもずっと早うございました。というのは、宮廷は正午に紫禁城に帰ることになっていたからでした。光緒(コワンシュ)皇帝陛下が紫禁城でお祈りになるのですが、太后陛下は皇帝のいらっしゃる処ならどこへでもいつもついておいでにならねばお気がすまないのです。召見が終った時は午前九時でした。太后陛下は私にこの度紫禁城に赴くに当たっては宝玉類は一切持って来るには及ばない、全然それらの装飾を要しないから、と御指図なさいました。私は宝玉室に行って、あらゆる物に錠をおろし、鍵を黄封筒に入れて封印し、その封筒をほかの物の間に入れて、これらの品の世話係りの太監に預けました。

滞在五日でも袍五十着を用意

陛下のお気に入りの物は全部荷作りしました。陛下の袍が一番重大な荷物でした。陛下があまりたくさんお持ちなので、全部持って行くことは不可能でした。陛下の袍を管理申しあげている宮眷が私どものうちでも一番忙しいのに気が付きました。その宮眷は四五日の御滞在に事欠かぬだけの袍を選ばなければならないのでした。五十とおりも異ったのをお選びしたと申しますので、私は、老祖宗は四五日紫禁城に御滞在なのだから、そんなに沢山は御入用になりますまいと申しました。その宮眷は、太后陛下のその日その日のお考えがどうなるか、ほかの人には確信が持てませんから、たくさん持って参った方が安全ですと言うのでした。宮中における荷作りというのはじつに簡単なものでした。木製の黄色く塗った縦五呎（約一・五メートル）に横四呎、深さ一呎ばかりの黄色い箱をたくさん太監が持って来ます。私どもはこの箱のなかに大きな黄色い肩掛を入れ、それから袍をしまって、それに厚地の黄色い布をかけます。なんでもこの通りに詰めるのでした。五十六箱詰めるのにはおよそ二時間かかりました。こうしたお荷物がいつも太監にかつがれて一番先に出かけるのです。太后陛下のお轎が宮門を御通過になる際には、光緒皇帝陛下ならびに皇后様をはじめ宮眷一同が地面に跪かねばならないのです。それから私どもは自分たちの轎を見つけに行きました。

行列はいつものように華やかでした。兵士が太后陛下のお轎の前を進み、四人の若い親王様たちが騎馬で太后陛下の左右を走らせ、四五十人の太監がこれも騎馬で太后陛下のお後に随い、すべて礼服を装うています。皇帝のお輴、皇后様のお輴は太后陛下のと同じ色でした。皇帝の御妃の瑾妃は暗黄色の輴にお召しでした。宮眷たちの輴は紅色で太后、皇帝、皇后三陛下がたのように八人舁きではなくて四人舁きでした。私ども附きの太監たちも騎馬で私どもの後に随いていました。ずいぶん長い間、乗っていたと思われ出した頃、やっと皇帝のお輴が石を鋪いた道路から降り始めるのが見えました。それで私ども一同はその後を追いました。太后陛下のお輴はなおも真直ぐに進んでいるのが見えましたので、私どもは近道をとって万寿寺に着き、太后陛下の御到着をお待ちすることにしました。私どもは輴から降りますと、さっそく太后陛下のお茶と御間食の仕度に取りかかりました。私は出て行って太后陛下のお降りになるのをお助けし、階段をお登りになる際には右のお腕をお支え申しあげました。太后陛下が宝座におつきになりますと、私どもは陛下の御前に卓を置き、そして私の妹がお茶を捧げました。（陛下が何処にしろお出ましの折、乃至は祝祭の間は、太監に代って私ども宮眷が万事につけ陛下の御給仕をしなければならぬという習慣でした）。私どもは陛下の御前に点心の品々を並べ、それから休息しに退りました。太后陛下は万寿山から紫禁城にいらっしゃるときは途中でかならず、このお寺にお立寄りになるのでした。

（1）原文には Tu Tai Chiao とあるが Tu は Yu の誤植であろう。
（2）太監の中で書記の役目をするもの。八品。
（3）Chin Tan　禁断？

第十章　皇后様

皇帝と皇后、その後に宮眷が跪いて

私は轎に乗っている間にさまざまなことを考えました。よく晴れた日でした。太后陛下がその日はあまりしずかにしていらっしゃるので、お気の毒に存じ上げました。いつもは陛下は御陽気で、みんなも陛下と一緒に笑わされるのでした。私はあの楊柳の枝のことも考えましたが、その意味はわかりませんでした。太后陛下が皇帝と御食事なさっている間に広間から出ますと、皇后様が数人の宮眷たちと院子の左手にある小さな部屋に腰をおろしていらっしゃるのが見えました。向うの人たちも私を見ますと、こちらにいらっしゃいと手を振りました。みんなお茶を飲んでいるところで、皇后様は私に「きっと、あなたもお疲れだしお腹も空いたでしょう。さあ、私の側に腰をおろして、一杯お茶を召しあがりあそばせ」とおっしゃいました。私はお礼を申しあげて、皇后様のお側に腰かけ、そして、途上で見たもののことや、この長い轎の旅でどんなことが楽しかったかなど話し合いました。皇后様はおっしゃいました、「紫禁城に着くまでには、まだ一時間も乗っていなければならないのですよ」。それからまた、朝に私どもが行った式のことをお話しになって、みんな真剣に雨を祈らねばいけませんねとおっしゃいます。私はこれ以上我慢ができなくて、あの楊柳の枝はどういう

隆裕皇后（中央）と太監たち

わけでとお尋ね申しあげました。皇后様は笑を浮べられて、仏教の信仰では楊柳は雨をもたらすことになっていて、雨乞いの際には楊柳の葉を身につけるのが宮中の故実ですとお話しになりました。それから、雨が来るまで私どもは毎朝同じ儀式を行わなければなりませんとおっしゃいました。

　太后陛下が院子でお話しになっているお声が聞えましたので、私はお午餐もおすみになったと存じて皇后様と御一緒に入って行って、いつものように残ったお料理をいただきました。肉がないのでどうも変でしたけれど、その料理はほんとうに大変おいしいと思いました。私どもが院子に出て見ますと、太后陛下はあちこちお歩きになっていらっしゃいました。陛下は私どもに「轎に乗っていたものだから、脚がすっかり硬ばりましたよ。ここを出かける前に私はちょっと歩かなければなりません。あなたがたは皆疲れましたか？」とおつしゃいました。私どもは、べつに疲れておりませんと申しあげましたので、私どもにも一緒に歩くようにと御命令になりました。私どもが、陛下を先頭にして、みなそのお後に随いてぐるぐると歩き廻っているのは、ずいぶん珍妙な光景でした。太后陛下は振りむいて私どもに笑いかけられながら「私たちはまるで厩でどうどう廻りをしている馬みたいですね」とおっしゃいました。私は曲馬を連想しました。李蓮英がやって来て跪き、陛下が御選定になった吉時に紫禁城に到着なさろうとするならもう御出立になるべき時刻でございますと申しあげました。それで、私どもは万寿寺を出発しました。どの轎も非常に速く行って、一時間ほど乗ると宮殿の門の近くに来ました。私どもは皇帝のお轎の後に随って近道をとりました。門はすっかりあけはなたれていました。皇帝陛下と皇后様はお轎でお入りになりましたが、私どもは降りて歩いて入らねばなりませんでした。そこには小さい轎が私どもを待っていました。（私が前に説明申しあげたように、こういう小さな轎は太監らが綱を肩にかけて担ぐのです）。私どもが「召見の間」の中庭に来ますと、そこで皇帝陛下と皇后様が待っておいででした。いつものように皇帝陛下が先頭に跪かれ、その後に皇后様、それからその後に私どもが一列を作って跪き、太后陛下をその宮殿にお迎えするために控えているのでした。

三日続けて祈っても雨は降らず

太后陛下が御自分のお部屋にいらっしゃいますと、そこには陛下の御到着のずっと前に、はや太監があらゆる品々を整然と並べていました。私どもはその日は午後と晩とに儀式を行

紫禁城　明と清の皇居。東西750m、南北960mで面積72万㎡は、現存する宮殿としては世界最大

いました。太后陛下がお寝間にさがられた後で、自分の部屋にもどって見ますと、すべてがきちんとなっていて、私ども附きの太監ははや寝牀を作ってくれていました。太監が附いているのは、自分の仕事はまるでしないですむので、非常に都合がよろしいものでした。ひどく疲れ、四肢は硬ばっていました。私はさっそく眠りについて、どのくらい眠んでいたかわかりませんが、誰かが私の窓を叩くのが聞えました。私は起きあがって、窓掛をあけました。空が薄暗いように見えましたので雲がかかっているのだと思いました。私は嬉しくなって、雨が降るかも知れない、太后陛下は御安心になるだろうと思いました。大急ぎで身じまいをしましたところが、とてもがっかりしたことには、反対側の窓には日光が見えているのでした。

　紫禁城のなかの御殿はひどく旧くて、とても変な風に建てられていました。院子は狭くて、非常に広い廊簷がありました。部屋はどれも暗く、電灯がないので、私どもは蠟燭を使用しなければなりませんでした。空は院子に出て見上げなければ見えないのでした。日が上る前に起きて、その上まだ目がはっきり醒めていませんでしたので、空が雲っているのだと思ったのだということがわかりました。太后陛下の御殿に参りますと、皇后様はもうそこにいらっしゃいます。皇后様はいつでも一番で、いつでもほんとうにきちんとしていらっしゃるので、どんなに早くお起きになるのかと私はよく不思議に思ったのでした。皇后様は、太后陛下はお目醒めですけれどまだお起きにならないから、遅刻じゃありませんよ、とおっしゃいました。私は陛下のお寝間に入って、いつもの朝の御挨拶を申しあげました。陛下のお尋ねになった最初のことはお天気のことでした。私はほんとのことを申しあげねばなりませんでした——なにも雨の兆候(きざし)はございませんと。陛下は起きあがられて、身じまいをなさり、いつものように朝餐をおとりになりました。そして、今日は召見はしないと仰せになりました。皇帝は宮廟に赴かれて犠牲の式を行わせられましたが、宮中では重大な行事はなにもありませんでした。私どもは三日続けて祈りましたが、雨はちっとも来ませんでした。太后陛下はほんとうに落胆なすった御様子に拝されました。私どもみんなに一日に二十ぺん祈るように御命令になりました。私どもは一ぺん祈るごとに、硃砂と少量の水で大きな黄色の紙に一つ点を書くのでした。

雨が沛然と降り始め終日土砂降りに

四月六日は曇天でした。私はこの報せを申しあげるために、その朝、太后陛下のお寝間に走って行きましたが、もう誰かが申しあげていることがわかりました。陛下は微笑(ほほえ)まれて仰せになりました。

紫禁城の儲秀宮内部　西太后の居室

「あなたはこの吉報を聞かせてくれた最初の人間ではありませんでしたよ。あなたたちは誰も自分が一番先きに私に報せたいと思っていたようですね。私は今日は非常にくたびれていますから、もうすこし横になっていたいと思います。あなたは退（さが）ってもよろしい、起きる用意が出来た時には呼びにやりますから」。

皇后様をお探しに参りますと、宮眷（じょかん）たちもみなそこにいることがわかりました。みんな私に雨に気が付きましたかと訊（き）くのでした。控の間から出ますと、院子（なかにわ）の濡れているのに気が付きました。しばらくして雨が沛然（はいぜん）と降って来ました。太后陛下は御起床になりました。そして、私どもはいつものように祈りました。しあわせにも雨は止まずに、その日は終日土砂降りに降りました。

　太后陛下は骨牌で独り遊びをなすっていらっしゃいました。私は陛下のお椅子の背後に立って拝見しておりました。皇后様と女婢全部が廊簷に立っているのが見えました。陛下もそれにお気付きになって、私に「行って、あの人たちに控の間で待っているように云って下さい。廊簷が濡れているのがわからないのかしら？」とおっしゃいました。私がそちらに参りますと、なにも申しあげる暇もないうちに皇后様の方から、控の間は濡れていて、水が入って来ていますと仰せになりました。前に申しあげたように、この建物はひどく旧くて、雨樋が全然ないのです。太后陛下の御殿は高くて、階段が十二段ありましたが、私どもの控の間は、その御殿の左手にあって、地面にじかに建てられ、全然土盛りがないのでした。

　廊簷ではほんの数分しか話していませんでしたのに、私はすっかり濡れてしまいました。太后陛下は玻璃窓をお叩きになって、私どもに内に入るようにおっしゃいました。ここで説明申しあげたいことは、私たちのうちのなにびとでも、よし皇后様でさえ、そこにしなければならぬ仕事があるか、勤務に当たっている場合のほかは、太后陛下の御命令なくしては、陛下の御殿に入ることはできないことになっているということです。太后陛下はその日は非常に御機嫌うるわしくわたらせました。陛下は笑いながら、あなたたちはまるで湖から引き上げられたばかりのように見えるとおっしゃいました。皇后様は暗青色の袍を召していらっしゃいましたが、髪飾りの紅い総から紅い雫がその袍いちめんに滴り落ちていました。皇后様は微笑まれながら私どもに「あの女たちを御覧あそばせ。袍がみな台無しですね」とおっしゃいます。私どもがこうやって話していますと、太后陛下は私どもに着物を更えよと御命令をおくだしになりました。

徳齢母子の満洲服を至急仕立てよ

皆が行ってしまってから、私は太后陛下のところへもどって参りました。陛下は私を御覧になって、「あなたも濡れているじゃありませんか、着物のせいで目立たないだけですよ」とおっしゃいました。私は非常に簡単な仕立てのカシミヤ織の服を着ていたのです。陛下は私の腕にお触れになって、おっしゃいました。

「なんて濡れてること。着更えて、厚い服を着た方がよろしいよ。私は洋装はとても着心地が悪いにちがいないと思います。腰が小さ過ぎて、身体（からだ）のほかの部分と釣合がとれていないように見えます。あなたも私たちの満洲の袍を着たらきっとずっと綺麗に見えることでしょうよ。私はあなたが着更えて、パリの着物は記念にしまっておいて欲しいと思います。私はただ外国の婦人たちがどんな服装をするか知りたいと思ったのですが、もう充分に見ましたからね。本月にはここで龍船節がありますが、そのときにはあなたに綺麗な袍を作ってあげましょう」。

私は地面に叩頭（コウトウ）して御恩を謝し、「私といたしましては満洲の着物（旗装）に着更えますのはただただ有難く存じます、しかし長年海外に暮しまして、いつも洋装をしていたものですから、なにも持ち合わせておりませんので」と申しあげました。私どもは宮中に参内する前に満洲式の袍（ガウン）に着更えるつもりでいましたが、老祖宗（ラオツツオン）が私どもの洋装を御覧になりたい思召しだという命令を受けたのでした。私は此度の御命令を蒙って非常に嬉しく存じましたが、なぜ私が満洲式の袍を着たがるかと申しますとそれにはいろいろ理由がありました。第一に、宮眷たちは当初には私どもを外界の者のように扱いました。第二に、太后陛下は洋装をお好きでないことがわかりましたし、その上に北京の宮殿は非常に住み心地が悪かったものですから、私どもも、その生活に適するように作られているのだから、旗装をしなければならないと決心したのでした。私どもには仕事がとても多く、大抵は立ちどおしでいますので、寛い服が絶対に必要なのでした。太后陛下は太監の一人に、私に着せて見るから陛下のお服を一着持って参るようにとお申しつけになりました。それで私は自分の部屋に帰り、濡れた着物を脱いで、着更えました。私は陛下の袍をためしに着さしていただきましたが、だぶだぶすぎました。ただし丈はちょうどいいし、裄も合うのでした。太后陛下は筆帖式太監に仰せになって、袍を作ってくださるため私の寸法を書き留めさせられ、きっとあなたに合うでしょうよとおっしゃいました。陛下は私の母と妹にも同じようになさってそれから私どもの袍を至急仕立てるようにと御命令になりました。

陛下がどんな色が私に一番似合うだろうかと仰せになったところからしても、陛下の御機嫌がよろしいことがわかりました。陛下は私に、「いつも淡紅と暗青色のを着なさいよ。あなたに似合うし、私の好きな色でもあるから」とおっしゃいました。陛下はまた私どもの髪飾りのことをお話しになって、ほかの宮眷たちがつけているのと同じ作りのを御注文になりました。陛下は私に「あなたには私の鞋が合うということを知っていますよ、だってほら、あなたが初めて参内した日に私があなたの靴をはいてみたでしょう。覚えていますか？　私はあなたがまた満洲人にもどる日のために吉日を選ばなくては」とこう微笑みながらおっしゃって「その後はもう洋装は着ないこと」。陛下は吉日と吉時を見る特別の暦をお取りになって、しばらくお調べになり、それからこの月の十八日が一番の吉日だとおっしゃいました。宮殿監督の李蓮英はどうすれば太后陛下の御機嫌が取れるかというコツを知っていますので、その時までには万事私どもの仕度が出来ているように注文を出しておきますると言上しました。

儀式でなかったら「肉を断つなど考えられない」

陛下は、私どもがどういう風に髪を結うべきか、どういう種類の花を挿すべきかなどお教えくださいました。じっさい、陛下は私どもを満洲人に変える仕度をするのをひどく楽しがっておいででした。それからすこしして、陛下は私どもにその日のお暇をくださいました。雨は三日間小止みなく降り続けました。その最後の日に皇帝はお帰りになり、儀式もすべて止めになりました。太后陛下は紫禁城に滞在なさるのを決してお好みでありませんでしたし、私だってこの場所は嫌いなので、それは私にもちっとも意外ではありませんでした。私どもは朝の身じまいには蠟燭をともさなければなりませんでした。午後のまっ盛りでさえ部屋は実に暗いのでした。雨があまり降りしきりますので、とうとう太后陛下は明日、雨天と否とを問わず夏の離宮に帰ることにすると仰せ出されました。そして私ども一同は行くのを非常に喜んだことでした。

私どもは七日に夏の離宮に帰りました。どんよりした日でしたが、雨は降りませんでした。私どもは来た時とちょうど同じように総ての品々を荷作りしました。そして万寿寺(ワンショウス)に立寄って午餐をしたためました。その日から私どもはまた肉を食べ始めていました。太后陛下は御自分の御料理をひどくおいしがっていらっしゃるのに、私は気が附きました。陛下が肉なしの料理は好きかとのお尋ねなので、私はどれも結構に調理してございますから、肉なしでも至極おいしくいただきましたと申しあげました。陛下は、ああいうような料理を食べてはとてもおいしいなどと思うことはできない、犠牲の式をするのに必要でなかったら、肉を断つなどしようとも思わないのだけれど、とお話しになりました。

日米欧など外交団婦人を招き園遊会

その年の最初の園遊会が四月に、太后陛下の御主催で外交団の婦人たちを招待して開かれました。今年は太后陛下は前例からすこし外(はず)れてなさる思召しで、バザーと同じ式に屋台店を苑中に配置し、それに骨董や刺繡や花などを陳列するように、命令をお出しになりました。これは贈物として来賓たちに進呈するのです。来賓と申しますのはコンガー米国公使夫人、ウィリアム米国公使館支那語書記官夫人、デ・カルセル西班牙(スペイン)公使夫人並に同令嬢、内田日本公使夫人並に日本公使館の婦人がた数名、アルメイダ葡萄牙(ポルトガル)代理公使夫人、カンヌ仏国公使館書記官夫人、仏国武官夫人数名、タウンリー英国公使館一等書記官夫人スーザンの方、独国公使館の婦人がた両名、独国武官夫人数名、及び海関の官員夫人数名等でした。

　この日、太后陛下は一面に鳳凰(ほうおう)を刺繍なすった孔雀青色のいと麗わしい袍(ガウン)をお選びになりました。刺繍の部分は高くなっていて、一羽一羽の鳳凰がその口に縫い付けられた二吋(インチ)（約五センチ）の長さの真珠のくさりをくわえています。太后陛下が身動きなさいます度に、この小さな真珠のくさりは前後に揺れて、非常に綺麗な効果を示すのでした。もちろん、陛下はいつものように髪には玉(ぎょく)の鳳凰をおつけになり、鞋(くつ)と手巾(ハンケチ)も同じ模様が刺繍してありました。私の母は銀モールで縁取った薄紫の絹のガウンを着て、帽子は羽根と合うように同じ色合のでした。妹と私は、繍箔(ぬいはく)と鉤編(アイリッシュ・クロシェット)の円飾りをつけて、細い天鵞絨(ビロード)の紐で縁取りした、暗青色の支那絹のガウンを着ました。私どもは大きな紅い薔薇をつけた青色の帽子をかぶりました。宮眷(じょかん)は皆もっとも絢爛な袍(ガウン)を着飾っていましたので、「召見の間」に向う行列はほんとうに綺麗な眺めでした。

　太后陛下はその朝は最上の御機嫌で、私に向って、

「私は自分が洋装を着たらどんな恰好に見えるかしらと思いますよ。私の腰はひどく細いのです。こんな寛(ゆる)い袍を着ているからわからないでしょうがね。私はそんなに緊(きつ)く締める必要がないことと思います。それにしても、私どもの旗袍(チーパオ)ほど綺麗なものが世界じゅうにあろうとは思われません」。

　まず来賓は太后陛下及び皇帝、皇后両陛下の召見を賜りました。一同は首席公使の墺地利(オーストリア)公使ツィーカン男爵と各公使館からの通訳官に伴われて入場しました。「召見の間」に入る

や、来賓一同は整列し、首席公使は三陛下に簡単な賀詞を奉呈しました。これが慶(チン)親王に通訳されますと、親王が今度はこれを皇帝に伝奏いたされます。皇帝が支那語で適当な答辞をお述べになりますと、首席公使の通訳官が通訳いたします。首席代表は壇の階段を登って、三陛下と握手し、ほかの来賓たちを順々に御紹介申しあげます。私は太后陛下の右手に立っていましたが、来賓がひとり進んで来るごとに、その姓名とそれが代表する公使館とを呼び上げるのでした。太后陛下は各人に二言三言お言葉をおかけになり、新顔を御覧になりますと、支那に来てどのぐらいになるか、支那が気に入ったかどうかなどとお尋ねになるのでした。こういう会話はすべて私が御通訳申しあげました。来賓は自分の挨拶がすみますと、ずっと歩いて行って、みんなの覲見(きんけん)が終るまで広間に立って待っているのでした。通訳官たちはこの式に与(あずか)らないで、それが終るまで広間に立ったままでいましたが、すみますと慶(チン)親王がこの人たちを宮殿の別の部分にともない、そこで茶果を供しました。通訳官たちが出て行きますと、三陛下は壇よりお降りになって、来賓たちの仲間入りをなさいました。

「外国人の青い眼は猫を思い出す」

正規の儀式はこれで終了しましたので、椅子が運びこまれ、皆はくつろぎました。茶が太監によって運ばれ、かくて数分ばかり会話があった後、私どもはみんな食堂にひき移りましたが、太后陛下と皇帝陛下、皇后様並びに瑾妃は後にお残りになりました。太后陛下がいらっしゃいませんので、大公主[2](太后陛下の御養女)様が主人役をお務めになり、コンガー夫人がその右側に、西班牙(スペイン)公使夫人のデ・カルセル夫人がその左側に坐りました。料理はみな支那風でしたが、来賓の便を計ってナイフとフォークが出してありました。午餐の間に大公主がお起ちになって簡単な歓迎の御挨拶をお述べになりますと、私がそれを英語と仏語に通訳申しあげました。午餐の後で一同が苑に移りますと、そこには三陛下が待っておいででした。楽隊は西洋の曲を奏していました。

太后陛下の御案内で苑のなかの径を参りますと、途中いろいろな屋台店に通りかかります。婦人がたはそこで立止まってさまざまな品々を嘆賞するのでしたが、それは後刻に今日の記念として来賓に贈られました。苑中に設けられた茶亭に着きますと、みんな休んでお茶をいただきました。それから三陛下が皆に別れの御挨拶をお述べになり、次いで来賓たちは各自(めいめい)の轎(かご)に案内されて、お暇を告げました。

いつものように私どもは太后陛下に、起こった事柄や来賓たちがどういう風に楽しんだかなどを残らず御報告申しあげました。陛下は、

「あの外国の婦人たちがあんな大きな足をしているのは、どうしたわけなのですか？　あの人たちの靴といったら舟みたいですし、おかしな歩き方ときたらとても私には褒められませんよ。私はまだ外国人で綺麗な手をしているひとを一人だって見たことがありません。肌は白いけれど、顔は白い毛でいっぱいじゃありませんか。あなたはあの人たちが美しいと思いますか？」

私は、「外国にいた時にアメリカ人の美人を二三人見ました」とお答え申しあげました。

陛下がおっしゃるには「どんなに綺麗だといっても、あの人たちは眼が見っともないですね。私にはあの青い色がやり切れません。どうも猫を思い出しますね」。それからなお二言三言お話があってから、陛下は私どもに、疲れたろうから退ってもよいと御命令になりました。私どもはややくたくたの気味でしたので、休息の機会が有難く、それでお辞儀をして引き退りました。

宿下りのお願いを皇后に相談

私どもは二月以上も宮中にいましたが、その頃はかなりな病態であった父を見舞う機会は全然ないのでした。宮廷から休暇がいただけるようお願いができるものかどうかはわかりませんでした。私は父から毎日手紙をもらいました。勇気を持って、義務を尽せと言って来るのでした。母が皇后様に、一両日宿下りするお許しを太后陛下にお願いして良いものかどうかお伺いいたしました。皇后様が私どもにお話しになるには、「それはすこしも差支えありませんが、この八日には催しがありますから、その日のすむまで待った方がいいように思います」とのことでした。四月八日には毎年青豆を食べる行事があります。仏教の信仰によりますと、来世ではこの世で暮した生活にしたがって区別あるいは階級がつきます。即ち、善き生活を送った者は死んでから天国に行き、悪い者は悪い場所に行って苦しまねばならぬことになっているのです。この折には太后陛下は自分のお気に入りの連中に青豆を入れた皿を一人に一皿ずつおよこしになるので、私どもはその豆を食べなければならないのです。皇后様は私に、太后陛下に青豆一皿を献上したらお喜びになるでしょうとお教えくださいましたので、私はそういたしました。これは「来世でまた会いましょう」という意味で、「吃縁豆（チーユワントウ）」と申します。太后陛下はその日は非常に御機嫌よくわたらせられました。私どもは湖（昆明湖）の西岸に行って、そこで午餐をしたためました。太后陛下は私どもが宮中に参った最初の日のことをお話しになって、それから母に向って、

「裕庚（ユーケン）はすこしは快いのですか。いつ宮廷に参れるようになるでしょう。フランスから帰ってから私はまだ会っていないのですが」（父は健康が勝れないので宮廷より四ヵ月の賜暇をお願いしたのでした）。

　母はお答え申しあげて、「裕庚（ユーケン）は快方に向っておりますが、脚がまだ非常に弱くて、あまり歩行できませんので」と申しあげました。すると太后陛下は私どもに「ああ、あなたたちに言うのを忘れていましたが、もし宿に下りたいのなら、許可を願ってもよいのですよ。私は近頃とても忙しかったものですから、あなたたちに注意しておくのを忘れました」と仰しゃいました。私どもは陛下にお礼申しあげ「私どもは宿に下って父の病を見舞いたく存じます」と申しあげますと、陛下は、私どもに翌日宮廷より暇をくださる旨の御命令をお出しになりました。それから「どのぐらいの間、家に滞在するつもりですか」とお尋ねになりましたが、もちろん私は慣習を存じていますので、「陛下の御命令をお待ち致します」と申しあげますと、「二三日で足りますか？」とのことなので、私どもは、それで充分結構でございますと申しあげました。陛下が以上のことを私どもに申し出られたのには、私もずいぶん驚

きまして、誰か陛下に私どもの意向を申しあげたのかしら、それとも陛下は読心術者であらせられるのかしらとふしぎに思いました。

皇后が「利巧なやり方」を教える

午後に太后陛下がお寝間にお退(さが)りになりますと、私は皇后様にお目通りに参りました。皇后様はいつもたいへんおやさしく御親切でしたが、私にそばへ来て腰をおろすように仰せになりました。お附きの太監がお茶を持って参りました。皇后様のお部屋は太后陛下のとちょうど同じ造りでしたが、すべてがきわめて優雅に見え、奥床しき御趣味のほどが偲ばれたことでした。私どもはだいぶ長い間、宮中の生活のことをお話しいたしました。すると皇后様は私どもを非常にお好きだし、太后陛下もそうだと仰せになりました。私が「太后陛下が私どもに二三日宿下りをすることを申し出になりましたので、陛下のよくお気付きになるのに驚いております」と申しあげますと皇后様は、私どもが宮中に来て二ヵ月以上にもなるので、誰か太后陛下に帰省させるべきだということを御注意申しあげた者があるのだとおっしゃいました。後になって、私どもが帰省したがっているのを聞きつけたのは宮殿監督の李蓮(リーリエン)英(イン)だということがわかりました。皇后様はおっしゃいました。

「あなたに利巧なやり方を教えてあげましょう。それは、あなたは明日(あす)宮中からお暇をいただく御命令が出ていますけれど、太后陛下は一定の時刻をいつと御指定になっていらっしゃいません。あなたはそれを誰とも相談してはなりませんし、帰りたくてそわそわしているような様子を見せてもなりません。明日はさも外に出るような身装をしないで、自然にして、帰ることなどつゆ気にかけてはいないというように御自分の仕事をあそばせ。陛下があなたに帰れと仰せられるのをお忘れになるような場合にも、決して御注意などしてはなりませんよ。それから宿に下ったら、二日目にお帰りあそばせ、それが仕来りですから。あなたが陛下にお目にかかりたくて堪らず、約束の時より一日早く帰ったというのを見せることになりますから」。

私はこのお報せをいただいて、大変うれしく思いました。そして皇后様に、私どもが宮中に帰ります折には太后陛下になにかおみやげを持って来てよろしいでしょうかとお尋ねいたしますと、それはまったく故実に適ったことですとの仰せでした。翌日、私どもは同じように仕事をしました。太后陛下に供奉して、いつものように、「召見の間」に参りました。召見がすんだ後で、陛下は田舎造りの茶室に午餐の仕度をするようにと御命令になりました。この茶室は竹と藁で田舎屋式に造られ、牡丹山の頂上に建っていました。造作や調度もみな竹で出来ていました。美しい建築で、窓枠は、「壽」（長生）の字とか蝶の形に彫られていて、淡紅の絹の糸簾がかかっていました。この風雅な小庵のうしろには竹叢があって、ぐるりと垣を囲らし、紅い絹の灯籠がさがっていました。垣に沿って座席が設けられていて、その上に気持良く腰をおろせるようになっています。これは宮眷たちが控の間として使用するもののようでした。午餐がすんでから、私どもは太后陛下の双六のお相手をしました。私どもはずいぶん長い間勝負しましたが、その日は私が勝ちました。陛下はお笑いになりながら仰しゃいました。
「あなたは今日は運が良いですね。どうやら、あなたは帰省するのが嬉しいので、あなたの仙人までが勝負に勝つように助けているんですね」。

　前に申しあげましたように、この遊戯は「八仙過海」というのです。「もう、あなたが家に帰る時刻でないかと思いますが」。こうおっしゃりながら陛下がお振り向きになり、太監の一人に、今は何時ですとお訊きになりますと、その太監は、二時半でございますとお答え申しあげました。私どもは太后陛下に叩頭して、更に御命令を待って立っていました。すると陛下は「二三日の内に帰って来るとわかっていますものの、あなたたちが行くのは悲しい気がします。きっと、あなたたちがいなくなってから淋しいことでしょう」とおっしゃいました。陛下は母に「裕庚には健康に気をつけて、早く快くなるように申し伝えてください。あなたたちには四人の太監を供に附けるよう命令しておきました。それから裕庚に私の手作りのお米を少々送ります」とのお言葉を賜りました。私どもはふたたび太后陛下の御仁慈を謝して叩頭いたしました。するとついに陛下は「你們走罷（もう行ってもよろしい）」とおっしゃいました。

「いつか太后を変法の方にお向けしたい」

　私どもが退出して参りますとき、皇后様が廊簷においででしたので、御挨拶申しあげました。それから宮眷たちに別れを述べ、出立の仕度をするために私どもの部屋に参りました。

私ども附きの太監たちは非常に善くて、何時でも発てるように荷作りを全部していました。私どもはその太監のひとりびとりに十両（テール）ずつやりましたが、それが慣例なのでした。それから宮中の轎夫にもひとりびとりに四両ずつやりました。私どもが宮門まで参りますと、轎（かご）が待っていました。私ども附きの太監にさようならを申しました。自分でいうのも変ですが、この太監たちは私どもになついたようで、お早くお帰りなさいと申しました。私どもを家まで送るようにと、太后陛下からの御命令を受けた四人の太監がそこに待っていました。私どもが轎に乗るとすぐ、彼らが私どもの横を騎馬で行くのが見えました。宮中ですごした二ヵ月というものが私にはまるで夢のように思われました。太后陛下にお暇をいただくのをひどく残念に思ったことは勿論ですが、同時に私はとても父に会いたく思ったことでした。轎に二時間乗ってから家に着きました。見ると、父はずっと快くなっていました。私どもに会えて、父がどんなに喜んだことか御想像がつくことと思います。あの四人の太監が私どもの宅の居間に入って来まして、卓子（テーブル）にお米を入れた黄色い袋を載せました。父は地面に叩頭（コウトウ）して太后陛下の御恩を謝しました。私どもがこの太監たちひとりびとりにちょっとした贈物をしますと、彼らは去って行きました。

　私は父に宮中の生活のことを話し、また太后陛下がいかばかり御親切に私にお目をかけてくださるかを話しました。父は私に、いつか私の力で太后陛下を変法の方にお向けすることはできないだろうか、その日を見るまで生きていたいと思うが、と尋ねました。私は、何とかしてできるという考えでしたので、及ぶ限り努めてみますと父に約束しました。

　翌朝太后陛下は私どもの御見舞に二人の太監を差遣され、さらに料理と果物をお送りくださいました。彼らの話では、太后陛下は私どもがいないのを淋しくお思いであるが、私どもも陛下を懐しく思っているかどうか訊いて参れと仰せつけられたとのことでした。私どもはこの太監たちに明日宮廷にもどりますと言っておきました。家にいたのはたった二日の間で、大勢の人たちが会いに来たものですから、私どもは始めから終りまで絶えず忙殺されたのでした。父は、太后陛下のお起きになる前に万寿山に着くには、午前三時には家を出なければなるまいと注意してくれました。私どもは真暗闇の中を午前三時に家を後にしました。二月前とちょうど同じでした。でも何という変り方でしょう。私は自分を世界中で一番幸福な女だと思いました。私は多くの人から、特に皇后様までから、太后陛下に極めて気に入られていると言われました。しかも私の考えたところでは、陛下は若い人々を全くお好きにならないということでした。私は幸福でしたが、宮眷の中には私が好きでないものもいて、いろんな場合に太后陛下が仕事をこうして欲しいとお望みの遣方を教えてくれなくて、私に辛い思いをさせたのでした。太后陛下が私をお好きだと母におっしゃる度に、彼らは互いに笑を交わしますので、私は陛下のお気に入るようなことをする時はいつでも慎重にしていたのでした。こういう連中とまた顔を合わしに行くのだということは判っていました。けれども、私はひとりで闘おうと決心いたしました。私はただ太后陛下のお役に立つようにとひたすらに願って、彼らのことはなんら顧慮しないつもりでした。

袍、鞋、手巾など一式揃えて下賜

夏の離宮（万寿山）に着いた時は五時をすこし過ぎていました。私ども附きの太監たちはまた私どもに会って非常に嬉しがり、太后陛下はまだお起きにならないから、私どもはまだ自分の部屋に行く時間がある、そこには私どものために朝餐の用意をしておいたと言ってくれました。私どもはまず皇后様にお目にかかりに行きますと、これから太后陛下の御殿にあがられるところでした。皇后様も私どもを御覧になって非常に喜んでくださって、私どもの旗装はすっかり用意ができて、皇后様もそれを御覧になったが、まったく美しかったとお話しになりました。私どもはひどくお腹（なか）が空いていましたので、朝餐はとてもおいしくいただきました。その後で太后陛下にお目にかかりに行きました。陛下はもうお目醒めでしたので、私どもは御寝間に入って参りました。

私どもはいつもの朝と同じように陛下に御挨拶申しあげ、それから叩頭（コウトウ）して私どもが帰省していた間にお送りくだすった数々の品のお礼を申しあげました。太后陛下はお牀（とこ）の上に坐られて、微笑（ほほえ）みながらおっしゃいました。

「帰って来て嬉しいですか？　私のところに来てしばらくいたものは誰ももうここから出て行きたくなくなるようです。あなたの顔を見て嬉しく思います。（と母に）裕庚（ユーケン）はどうですか？」。

母は、父がずっと快くなったことを申しあげました。陛下は私どもに、この二日間家にいて、何をしていたかとお尋ねになりました。陛下はまた、私どもが旗装に着更える日として陛下がお選び下すった日がいつかということを覚えているかどうかとお聞きになりました。私どもは、日は存じております、そしてその日を待っておりますと申しあげました。太監が大きな木箱を三つ運んで来ました。それは綺麗な袍、鞋、白絹の襪、手巾、檳榔子入れの袋、冠簪（満洲人の髪飾り）までを含めたじっさい完全な揃いがいっぱいに入っていました。私どもは陛下に叩頭して、御下賜になった品のことごとくにすっかり気に入りましたと申しあげました。太后陛下は太監に全部を出して私どもに見せるようにお吩咐けになりました。陛下は私どもに向って「さあ御覧なさい。あなたがたにあげるのは、礼服一着、朝珠（琥珀の珠数）一掛、刺繍した袍二着、普段着の普通の袍四着、忌辰（皇帝または皇后の御命日）用の袍二着、一着は空色で、一着は藤色、どちらも縁取りはほんの少しです。それからあなたがたの下着もたくさん仕立てさせました」と仰せになりました。私は興奮してしまって、今すぐ衣裳をつけ始めたいと存じますと申しあげました。陛下はお笑いになりながら「その日が来るまでは待たなければなりませんよ。私があなたのために選んであげた吉日をね。あなたはまず自分の髪を結うことから始めねばなりません。それが一番むずかしいことなんです。皇后様に教えていただくようにお願いしなさい」とおっしゃいました。陛下は待てとはおっしゃったものの、私がそれほどに感激の程をお見せしたのを御覧になってお喜びなのはわかりました。陛下は私どもが初めて宮中に参った日に、なぜ私の髪の毛は縮れているのかとお尋ねになりました。私は、それは紙で縮らすのだということを御覧に入れました。すると陛下はその後はいつも私をおからかいになるのでした。陛下はまた、旗装をする時までに髪をまっすぐにするのが間に合わないと、みんなが私を笑うだろうし、それにどんなに見っともないか、などとおっしゃるのでした。

満洲式の髪飾りを留めて皇后に会う

その晩、私が廊簷(ベランダ)で腰かけていますと宮眷(じょかん)の一人が私のところへやって来まして「あなたが満洲のなりをしていったい良く見えるかしらと思います」と申しました。私はただ自然に見えるようにしたいだけです、と答えました。「あなたはずいぶん長く外国にいらしったんだから、私たちには外国人だと思われます」。私は、陛下が私を御自身の国の者とお考えくださる限り、私は満足ですから、あなたがなにも私のことを御心配くださるには及ばないと言ってやりました。彼らは嫉妬しているのだとわかっていましたので、この少女を置きっぱなしにして、私は皇后様をお探ししに出かけました。私どもが控の間で皇后様のお話し相手をしていますと、この少女が入って来て、私の近くに坐り、ほとんど絶えまなくひとり笑いをしていました。女婢(じょちゅう)の一人が太后陛下のためになにか新しい花を生けていました。その女婢がこの女を見て、なにを笑っていらっしゃるのかと訊ねました。皇后様も御覧になって、同じ質問をなさいました。この少女は答えようともせず、なおも絶えず笑いつづけるのでした。この瞬間に一人の太監が入って来て、太后陛下が私をお召しだと申しました。私はあとになってから、この少女が皇后様になんとお告げ申したか聞き出そうとしましたが、ついにわかりませんでした。

数日はごく静かに過ぎました。太后陛下は御機嫌うるわしくあらせられましたし、私も幸福でした。ある日、皇后様は私どもにもう時も迫った――わずかあと二日しかないから、十八日に私どもが本格の服装をするためには、もうあらゆる準備をしておかねばなりませんよと御注意してくださいました。その晩、太后陛下がお寝(やす)みになった後で、私は自分の部屋に行って、髪飾りを留めて皇后様にお目にかかりに参りました。皇后様は、私は非常に美しく見えるから、きっと太后陛下は私の旗装の方をお好みになるだろうとおっしゃいました。私は、欧羅巴(ヨーロッパ)へゆくまえ、子供の折にはいつも満洲のなりをしていましたから、その着方はむろん存じておりますと、申しあげました。私はまたなぜあの女(ひと)たちが私を外国人扱いするのか私にはわかりかねますと申しあげますと、皇后様は、それはあの人たちの無智を示すだけで、あなたを嫉妬しているのだから、なんにも気にしないでいいとおっしゃるのでした。

(1) 後の外務大臣内田康哉。
(2) 恭親王奕訢の女。昌寿公主とも呼ばれる。

第十一章　私どもの服装

玉の簪も一人に一本ずつ下賜

翌日、私どもはいつもより早く起きて、新しい袍(ガウン)を着ました。私は自分の眼を信じることができないで、何べんも、いったいこれは私自身かどうかと胸に尋ねて見たことでした。ずいぶん久しくこういう服装をつけませんでしたのに、まるでちゃんと見えるということが自分にもわかりました。みんなは、私どもが不恰好に見えるだろうと考えているようです。私ども附きの太監(たいかん)は私どもがこういうなりをしたのを見て喜びました。皇后様は太后陛下の御殿におあがりになる途中、私どもの部屋を通りかかられたついでにお立寄になって、一緒に参りましょう、と仰しゃって待っていてくださいました。私どもが控の間に着きますと、大勢の人たちが入って来て、私どもをながめ、いろいろ私どもの批評をしますので、私はなんだかきまり悪くなりました。みんなが私どもは洋装の時よりもこのなりの方がずっとよく見えると言ってくれましたが、光緒(コワンシュ／こうしょ)皇帝だけは別でした。皇帝は私に「あなたのパリ風の袍の方がこれよりはるかに綺麗だと私は思うが」とおっしゃいました。私は微笑(ほほえ)みましたが、なにも申しあげませんでした。皇帝陛下は私の方を向いてお首をお振りになって、太后陛下のお寝間に入って行かれました。李蓮英(リーリエンイン／りれんえい)が私どもを見に参りましたが、たいそう興奮してしま

ある雪の日の西太后　両脇は徳齢（左）と容齢。左端は二人の母、ルイーザ・ピアソン

って、直ぐにも太后陛下にお目通りにいらっしゃいと言うのでした。私は彼に、みんなが私どもをまるで珍しいもののように眺めていますと申しますと、彼は申しました。「あなたは御自分が今どんなに立派に見えているか御存知ないのですよ。決して洋装はなさらぬ方がいいと私は存じます」。

　太后陛下は私を御覧になると、大声でお笑いになるので私は困ってしまいました。というのは太后陛下のお目に不自然に見えはしないかというのが私の心配だったからです。陛下は「あなたがたがもとと同じ女（ひと）だとはとても信じられませんよ。まあちょっとこの鏡に姿を映して御覧」と陛下は御自分のお部屋にある大きな鏡をお指しになりました。「どんなに変ったか見て御覧なさい。私は今こそあなたがたが私のものだという気がします。これでは、あなたがたにもっと袍を作ってあげねばなりませんね」。

すると李蓮英がこの月の二十四日が立夏になりますと申しあげました。その日には誰でも金の簪をよして玉の簪を挿さねばならないのですが、私どもはそれは一つも持っていないのでした。陛下は李に「お前がそれを注意してくれて有難い。この人たちには旗装に更えるように頼んだのだから玉の簪も一人に一本ずつ上げねばなるまいね」。李は出かけて行って、純粋の緑翡翠の簪を入れた盒を持って戻って来ました。太后陛下は美しい簪を一本手にとられ、母にお手わたしになって、その簪は御三方の皇后様方が代々お挿しになったものだと仰せになりました。陛下は非常に上等なのを二本おとりになって、一本を私に一本を妹に下さいました。この二本は対になっていて、一本は別の太后（東太后）[1]がいつもお用いになったもの、もう一本は陛下御自身がお若い時にお挿しになったものだとの仰せでした。

太后陛下はかくも数々の賜物をくださいますのに、私としては、なに一つとして陛下のおためになることをしていませんので、私は恥しく思ったことでした。けれども、私どもは衷心から陛下に御恩を謝し、私どもの感激に堪えないことを表したのでした。陛下のおっしゃるには、

「私はあなた方を私の一族のように思います。それで仕立てあげた袍も一番上等のにしました。そのうえ、あなたがたには公主方と同じような宮廷の正装を着てもらうことに決めました。あなたがたは私附きの宮眷なのですから、ここの格式もそれにふさわしいものとなるわけですよ」。

結婚のため若い親王を探す

李は陛下の背後（うしろ）に立っていましたが、私どもに手真似（てまね）で叩頭（コウトウ）するように合図しました。私はその日になんべん叩頭したか覚えていません。髪飾りはとても重たくて、まったく慣れていないものですから、落ちやしないかとひやひやしました。太后陛下はまた、陛下の満七十歳の御誕辰の日に当たって私どもの位階を宮廷に告知するつもりだとおっしゃいました。これに説明を加えますと、陛下は御誕生の折から十年目毎に陛下のお気に入りの者、あるいは陛下のためになにか尽した者、お役に立った者などに特別の礼遇を賜わるのが慣例でした。もっとも陛下は随時に、誰によらず昇任させることがおできになるのですが、この場合はなにか特別なことなのでした。皇后様は私にお芽出度うと仰せになって、太后陛下は私の結婚のために若い親王様を探していらっしゃるのですよとおっしゃるのでした。皇后様もやっぱりとてもおからかいになるのがお好きでした。私は父に手紙を書いて、私に賜わった数々の御寵遇のほどを言ってやりました。父は、私がその御寵遇に反（そむ）かぬよう、太后陛下の聖寿万歳の間、及ぶ限り陛下のお役に立ち忠義を尽すように望むと書いて来ました。

私は非常に幸福でした。宮中の生活は全く素敵でした。太后陛下はいつもお優（やさ）しくて御親切でした。私どもが（陛下のお言葉にしたがえば）また満洲人にもどってから、陛下の私どもに対するお取扱い方が変ったことに私は気が付きました。ある日、私どもが月光を浴びて湖に帆を浮べていた時のこと、太后陛下は私に、まだヨーロッパに行きたいと思っているかと御下問になりました。それは素晴らしい夜でした。数艘の舫（ボート）が私たちの後から走っていました。その一つの舫で数人の太監が横笛と月琴（月のような形をした小さな竪琴）というマンドリンに非常によく似た楽器で、なにか美しい楽曲を奏しているのに合せて、太后陛下はいと静かに歌を口ずさんでいらっしゃいます。私は「陛下のお側におるのに私は満足しております、どこにも一切参ろうとは思いません」と申しあげました。陛下は、私が詩を詠むことを学ばなければならぬから、これから毎日御自身で教えて上げようと仰せになりました。私は、父が私に詩の諸形式を習わせましたので、私も少しは自分で作ったことがございますと申しあげました。陛下は愕いたようなお顔をなさって、「どうしてそれを早く言ってくれなかったのです。私は詩が好きです。あなたはときどき私に詩を詠んでくれなくてはいけませんよ。私は歴朝の詩賦を集めた本をたくさん持っていますよ」とおっしゃいました。私は、自分の支那文学の知識は非常に狭いので無学のほどをあえてお見せしなかったのでございますと申しあげました。私が勉強したのはたった八年間だったのです。太后陛下は私に、宮中に支那文学に通じているのは皇后様と陛下御自身と二人だけだとおっしゃいました。陛下はかつて宮眷たちに読み書きを教えようとなさったことがあるが、この連中があまり怠け者なのを知っておやめになったとお話しになりました。父が、訊かれるまでは私のできることを示すのは気を付けるようにと言い聞かせてくれましたので、秘していたのでした。宮眷たちがこのことを知ってからというものは、そのうちのある人たちは私に非常に面白くない態度を見せ、そしてこれが日を逐って激しくなりました。

粗悪な贈物は献上者の名を点検

この不愉快さを除けば、四月は非常に愉しく過ぎて行きました。五月の朔日は私どもすべてにとって忙しい日でした。五月の朔日から五日までは五毒[2]の祭があったからです。

これは後で説明いたしますが、また龍船節ともいうのです。皇室の方々、宮眷および太監のほか、総督巡撫その他の高官たちすべてが、太后陛下に美しい贈物を献上いたしました。この祭の間に宮中に持ちこまれたほど数多の品は私は今まで見たことがありませんでした。贈物を献上する者はおのおのそれに一枚の黄紙をつけ、その右下の隅に献上者の名とそれから、跪きながらその献上品を捧げまつるという意味の「跪進」ということばを記し、またその贈物の品名を書きつけねばなりません。太監は大きな黄色の箱で、それらを運びこんで来ました。この五日間は、みんな忙しかったのですが、特に太監はそうでした。いったい何人のひとが陛下に贈物を献上したのか、私には数え切れませんでした。献上品は家具調度の品やら、絹類やら、あらゆる種類形状の宝玉など、各種を網羅していました。献上品の大部分は普通の種類の外国製品でした。また美しく彫刻した宝座や刺繍などもありました。陛下は、これらの品を下げて外国の物のみ陛下の御殿に保存するようにと御命令になりました。舶来品はお珍しく思われたからです。

五月の三日は、宮中の人々が贈物を献上する日に当たっていました。こよなく華やかな光景でした。私どもは夜っぴて仕度をするのに忙しく、また皇后様のお手伝いにも参らねばなりませんでした。翌朝、私どもは自分の贈物をあの大きな黄色い箱に入れて、広い中庭に並べました。皇后様が最前列に御自分の箱をお置きになります。皇后様から太后陛下にさしあげられました贈物は、御自分の手で細工されたものでした。御鞋（くつ）十足、絹の刺繍した手巾（ハンケチ）、檳榔子（びんろうじ）入れの小袋、御煙草入れの袋など、みな精美な御細工でした。光緒（コワンシュ）皇帝の御妃（瑾妃）の贈物も皇后様とほとんど同じものでした。宮眷（じょかん）たちの贈物はそれぞれ違っていました。私たちはこの節会（せちえ）の前に買物に出る許可を願うことができましたが、いつでも私たちのうちの一人か二人は宮中におらねばなりませんので、一緒に出かけることができませんでしたから、私たちが何を買って来たかをお互いに話し合うのはとてもわくわくすることでした。私ども自身は、ずっと前に御進物を用意しておきましたので、宮中を出る許可は願いませんでした。みんなが、太后陛下は自分のをお気に召すかどうかなど贈物のことを話し合っているようでした。母と妹と私とはパリに手紙をやって、華やかなフランス金襴（きんらん）やフランス帝国（アンピール）式の家具の揃などを注文しておきました。私どもの短い御奉公の間にも太后陛下の御趣味はすでに見当がついておりましたので、以上の贈物に加えて、陛下用の御扇子、香水、石鹸などのフランス製の珍しい品もさしあげることにいたしました。太后陛下はいつもすべての品をお検（あらた）めになって、贈物のなかに非常に粗悪な品がありますと、その献上者の名をお検（しら）べになるのでした。太監や女婢（じょちゅう）などもそれぞれ立派な役に立つ贈物をいたしました。太后陛下は一番お気に召した品々をお選び出しになり、残りは下げよと御命令になります。下げられた品は二度と御覧にならないのです。陛下は舶来の品をひどく好まれ御賞美になり、フランスの変り織の金襴は、陛下がほとんど毎日のように袍（ガウン）を新調なさいますので、特にお好みでした。陛下はまた御肌を美しくするというので石鹸と白粉をお喜びになるのでした。陛下はいつも非常にお優しく私たちにお礼を仰しゃり、自分のために美しい品々を選んでくれたのはまことに心遣いの深いことでしたとおっしゃるのでした。太后陛下はまた太監や女婢たちにもなにかお優しいお言葉をくださいますので、誰も嬉しく覚えたことでした。

一番悪い品は一番先に気が付く

五月の四日は、太后陛下が私ども一同、親王方、高官たち、女婢および太監らに贈物をくださる日でした。陛下の御記憶は少し異常と申しあげたいほどで、前には陛下に献上された贈物の品の一々とそれからその献上者の名を覚えておいでなのでした。太后陛下は贈物をなさるのに、その人々が陛下に献上したやり方にしたがって、それぞれに賜わるのです。私どもは黄紙の折をとって、陛下が贈物をなさる思召しの人たちの姓名を書き上げました。その日、太后陛下はさる親王の福晋の贈物が一番粗悪だったというので、その方のことをひどくお怒りになりました。太后陛下は私にその方の箱を御自分の部屋に持ちこむようにお吩咐けになり、御自分でそれに当たって、どんな品か調べるとおっしゃいました。陛下は感情がお顔に表われる御性質なので、私には陛下の御機嫌が好くないことがわかりました。陛下は私どもにその箱のなかの絹やリボンの尺を計って見よとおっしゃって、それを広間にほうり出されました。リボンはどれも寸法がまちまちで、すべて袍を縁取るには短すぎましたし、巾地は上等なものではありませんでした。陛下は私におっしゃいました。

「さあ、自分の目で見て御覧なさい。これが立派な贈物でしょうか？　これは皆あの女がほかからもらった物で、もちろん自分が一番好いのを取って、残ったのを私にくれたってことが、はっきりわかります。あれは私になにかを贈らなければならないことは知っていたんですね。私はあれらの無頓着なのを見て驚きますよ。たぶん、私はあまりたくさんの贈物をもらうから、私が気が付くまいと思っていたのです。それは間違っています。だって私には一番悪い品は一番先に気が付くのですからね。私はなんでも忘れはしません。私には喜んでもらいたくて贈物をする者と、いやいやする者との見分けがつくのです。私はあれらには同じようにして返してやります」。

徳齢だけに綺麗な耳環を下賜

陛下は宮眷（じょかん）のひとりびとりに美しい刺繍のある袍（ガウン）一着と数百両（テール）をくださいました。皇后様と瑾妃に対しても同じことでした。陛下が私どもにくださった贈物はすこし違っていまして、刺繍のある袍（ガウン）二着、普通の袍数着、短上衣（短掛子（トワンコワツ））や袖なしの短上衣（背心（ベイシン））、鞋（くつ）とそれから満洲式の髪飾りの花などから成っていました。陛下のお言葉では、私どもはあまり袍（ガウン）を持っていないので、お金を上げる代りに、これらを仕立てさせたのだとのことでした。そのほかになお、陛下は私に一対の非常に綺麗な耳環をくださいましたが、妹にはなにもくださいませんでした。それは、私は普通の金の耳環をしていますのに、妹は真珠と玉（ぎょく）をはめたのをしていることをお認めになったせいでした。太后陛下は母におっしゃいました。

「裕太太（ユータイタイ）、どうもあなたは娘さんの一人の方を、もう一人よりも可愛がっていらっしゃるようですね。容齢（ルンリン／ようれい）はとても綺麗な耳環を持っているのに、気の毒にも徳齢（デーリン／とくれい）はなんにも持っていないじゃありませんか」。

母がお答え申しあげる余裕もあたえず、陛下は折しもお椅子のうしろに立っていました私の方を振り向かれて「あなたのために上等なのを作らせましょう。あなたはもう私の子供ですからね」。母は陛下に、私が重い耳環をつけるのを厭がるということを申しあげました。陛下はお笑いになりながら「ちっとも構わない、徳齢（デーリン）はもう私の子供ですから、あれの入用なものはなんでもやるつもりです。あなたはなにも構わないでよろしい」と仰せになりました。陛下がくださった耳環はたいへん重いものでした。陛下は、毎日つけておればそのうちに慣れるだろうとおっしゃいましたが、そのとおりで、しばらくすると、ちっとも気にならなくなりました。

自殺した屈原の霊を祭る龍船節

さてこの節会（せちえ）のことを申しましょう。それはまた龍船節とも申します。五月五日の正午は毒虫どもの毒が一番ひどい時で、蛙とか蜥蜴（とかげ）とか蛇とかいうような爬虫類はこの時刻には身が麻痺しますから、泥のなかに身を潜めます。医術の心得のある人はこの時刻にこれらの毒虫を捜し出して、壺のなかに入れて乾かしてから、時にはこれを薬として用います。太后陛下がこう御説明になりましたので、私はその日あらゆる処を歩きまわって、地面を掘りかえしてみましたが、なんにも見付からないのでした。いつもの仕来りでは、この日の正午に太后陛下は小さな杯に酒精を充たし、それに（ちょっと硫黄に似た）黄色い粉をおいれになります。それから小さい刷毛をおとりになって、それをこの杯に浸し、この黄色い絵具で私たちの鼻孔や耳の下に幾つかの点をお打ちくださいます。これは来るべき夏にどんな虫も私たちに寄りつかぬように防ぐためです。なぜそれを一名龍船節と申すかといいますと、この支那は周朝の時代には幾つかの部分に分れていました。一つの国ごとに一人の支配者がありました。楚[3]の皇帝には屈原[4]という名の宰相がありました。屈原は皇帝に他の六国と同盟するように献言しましたが、皇帝は拒絶しました。それで屈原はこの国は近い将来にほかの国に取られてしまうだろうと思いました。彼は皇帝の意を動かすことができなかったので、自殺しようと決心して、大きな石を抱えて、河に投じました。これは五月五日[5]に起こったことで、それでその後年、皇帝は「龍船」に乗って、彼の霊を祭り、ちまきという米の餅を河のなかに投げ入れました。以来ずっとその日に人々はこの祭を行って来たのです。

宮中ではまず戯台でこの話を演じましたが、それは非常に面白く存ぜられました。それからまた毒虫がその毒の一番ひどくなる時刻の来る前に身を潜めようとする所作も演ぜられました。その日は私たちはみな、先が虎の頭になっている鞋（虎頭鞋）をはいて、黄絹で作った小さい虎を髪飾りにつけました。この虎の飾りは子供だけがつけるものなので、虎のように強くなるようにという意味ですが、太后陛下が私たちもつけるようにとお望みなのでした。満洲旗人の官員の夫人たちが、宮廷に参内いたしましたが、私たちを見ると笑いました。私たちは、それは太后陛下の御命令でやったのだと説明してやりました。

宮殿監督のところには宮眷(じょかん)たち全部の誕生日を記載した帳簿があります。五月十日の私の誕生日が廻って来る二三日前に、宮廷の習慣では太后陛下に贈物をすることになっており、その贈物は果物とかお菓子とかの形をとらねばならないと李蓮英(リーリエンイン)が報せてくれましたので、私はそれぞれ別な種類にして八盒(はこ)注文いたしました。

朝早く私は宮廷の礼装をつけ、できるだけ好くお化粧して、太后陛下に朝の御挨拶を申しにあがりました。陛下のお身じまいがおすみになった時、太監達がその贈物を運びこんで参りましたので、私は跪(ひざまず)きながら、それを太后陛下に捧呈し、九へん地面につくまでお辞儀いたしました。陛下は、有難う、しあわせな誕生日を祈りますと仰せになりました。陛下はそれから私に、白檀の美しい彫刻のある鐲(うでわ)一対とそれに金襴数巻の贈物を賜わりました。陛下はまた、私の誕生日を祝うために麺(うどん)を注文しておいたと仰せになりました。この麺は長生きの麺(うどん)(長寿麺(チャンショウミエン))と申します。これは慣例でした。私はまたお辞儀して、陛下の御仁慈と御思いやりの深さにお礼を申しあげました。皇后様に御挨拶して、鞋(くつ)二足と刺繍した頸巾(ネクタイ)数枚をいただいた後で、自分の部屋に戻りますと、そこには宮眷(じょかん)すべてからのいろいろな贈物が来ていました。

太監が髪を梳き損い毛が抜けたと太后激怒

まったく私は非常に幸福な誕生日を迎えたのでした。

私は生涯、五月の十五日を忘れることができません。それは皆にとって悪い日だったからです。その朝はかなり早くいつものように太后陛下のお寝間にあがりました。陛下はひどく御頭痛がなさって起きあがれないとこぼしていらっしゃいました。私どもが代り番こに陛下のお脊中をお摩り申しあげますと、やがて陛下は、すこし遅くはなられましたが、お起きになりました。陛下は御気分がおすぐれでありませんでした。皇帝陛下が入っていらしって、跪いて陛下に朝の挨拶を申しあげられましたが、陛下はほとんどお目にも留められませんでした。皇帝陛下は太后陛下の御機嫌がおよろしくないのを御覧になって、ほんの少ししかお話しかけにならないのに私は気がつきました。毎朝、太后陛下のお髪をあげる太監が病気だったものですから、別の男にお手伝いをするように御下命になりました。太后陛下は、この男が自分の髪の毛を引き抜きはしないかよく気をつけて見張っているようにと私どもにお吩咐けになりました。陛下はたとい一本か二本でもお髪が落ちるのを御覧になることがあれば御辛抱なさらなかったのです。ところがこの太監は手品に慣れていませんでした。例えば、お髪の毛が抜け落ちたような場合に、ほかの太監のようにお隠しすることができなかったのです。この哀れな男は抜けて来た少しばかりのお髪をどうやってよいか存じませんでした。彼は恐れおののきました。そして太后陛下は鏡ごしに彼を御覧になって、自分の髪を引き抜いたのじゃないかとお尋ねになりました。左様でございますと彼は答えました。この答に陛下は激怒なすって、元にもどせとおっしゃいました。私はもう少しで笑うところでしたが、この太監はひどく恐がってしまって、号泣しはじめました。太后陛下は彼に部屋を立去れと御命令になり、後で罰してやるからとおっしゃいました。私どもがお手伝いして陛下のお髪をとりあげました。陛下は非常に長い髪をお持ちでしたし、お梳きするのがむずかしいのですから、それはなまやさしい仕事でなかったことは申しあげておかねばなりますまい。

「料理がまずい」と料理番にも罰を

陛下はいつものように朝の召見にお出ましになり、その後で宮殿監督にさっきの出来事をお話しになりました。この李というのはほんとうに奸悪で残忍な人間でした。そして、「なぜ、この男をお打ち殺しにならないのです?」と申しあげるのでした。するとさっそく陛下は李にこの男をその宿舎に連れて行って罰を受けさせよと御命令になりました。それから太后陛下は料理がまずいとおっしゃって、料理番もやはり罰するようにという御命令をお出しになりました。陛下がお怒りになる時はいつでも万事がうまく行かないということを聞いていましたので、私は、その日にあまり多くの椿事があったのもべつに意外には思いませんでした。太后陛下は、私たちは髪を頭のうしろにあまり低く垂らしすぎているので、みんな気取りすぎているように見えるとおっしゃいました。(この満洲式の髪飾りは頭のちょうど真中に置くもので、うしろの部分を燕尾といい襟足の下まで達するようにしなければならないのです)。私たちは毎朝同じように髪をとりあげていたのですが、これまでは一度もそのことは一言でさえおっしゃらなかったのです。陛下は私どもを御覧になって、おっしゃいました。

「今から私は召見に出かけますが、ここにいる者は誰も用がありません。部屋に帰って、髪をすっかり結い直しておいでなさい。お前たちがそんな風にしているのをまた私が見たら、髪の毛を切ってしまうから」。

私は生れてから、陛下がこんなに厲しく私どもを怒鳴られたのを聴いた時ほど驚いたことはありません。

太后の機嫌を取結ぼうと一生懸命に

私は自分に仰せになっているのかどうかはわかりませんでしたが、おとなしくしていた方がよいと思いましたので、はい致しますとお返事申しあげました。私たちが行こうとしていますと、太后陛下は私たちを睨んだままそこに立っていらっしゃいました。私どもが五六歩あるいた時陛下が春寿（前に宮眷でも女婢でもないと言った女）を叱られておられるのが聞えました。陛下は、春寿が自分はちっとも間違っていないというようなふりをしているとおっしゃって、春寿も行けと御命令になりました。私たちが自分の部屋にゆく途中、宮眷の中で春寿を笑ったものがあって、そしてそれを陛下はお怒りになりました。陛下が誰かを怒られる時にはいつも、私たちはみんな故意に陛下を怒らせるようなことをするのだとおっしゃるのでした。私たちは誰しもおびえてしまっているものですから、誰もそんなことを敢えてするはずがないのにと思ったことは申しあげておかねばなりますまい。それどころか、私たちはどんなことでもして陛下の御機嫌を取結ぼうと一生懸命につとめていたのです。

しかしその日は陛下は終日ひどく御機嫌がお宜しくありませんでした。それで私はなるべく陛下のお傍にゆかないようにしました。ある太監が重大な件について陛下にお伺いを立てに参りましたが、陛下はその方に眼もおやりにならず、御自分の本を読み続けておられるのを私は拝見しました。本当を申しますと、私はその日は情ない気持でした。初めは私も太監たちはみな忠実な召使だと思っていましたが、毎日見ていますと、私にもわかって来ました。時には一度ぐらい罰してやるのもべつに気の毒でもないのです。

蛇蝎より憎ませることも、慕わせることもできる

皇后様は私に、行っていつものように太后陛下に侍するようにとのお話でした。皇后様は、もし私が太后陛下に双六(すごろく)のお相手をしましょうとお誘いしたら、多分陛下もむしゃくしゃをお忘れになるだろうとおっしゃいました。初めは私も行きたくはありませんでした。陛下がなにか私におっしゃりはしないかと心配したからです。しかし、お気の毒にも皇后様がこんなにまでお優(やさ)しく申されるのを見ては、私もやってみましょうと申しあげたことでした。太后陛下のお居間にあがって見ますと、陛下は御本を読んでいらっしゃいました。私を御覧になって、おっしゃるには、

「こちらにおいでなさい。あなたに話したいことがあるのです。あなたも知ってのとおり、この宮殿にいる連中は善い人間でないし、私はみんながまるで嫌いなのです。私がどんなに

悪者かなどあの連中があなたに話して聞かせて、あなたの耳を毒するようなことはさせたくないのです。あの連中と話してはいけませんよ。あなたは自分の髪を頭のうしろにあまり低く垂らしてはなりませんよ。今朝はあなたに怒ったのではありません。あなたは違った人間だということは私も知っています。あなたはあの連中に感化されてはなりません。あなたには私の方に附いて欲しいのです。そして私があなたに言うとおりにしてほしいのです」。

ひとたび怒るとはてしがない

太后陛下は私にいと優しくおっしゃるのでした。陛下のお顔まで変っていました――今朝のお顔とはまるで違ったお顔でした。もちろん私は、陛下のお気に召すように及ぶ限りつとめますのはただただ私の喜びと申すものでございます、と固く御約束申しあげました。陛下は私に、まるで慈母が愛児にでも話すようにお話し下さるのでした。私の意見は変りました。そして、恐らくは結局陛下が正しいのだと思いました。しかし私はいろいろの官員から、太監にはどうもよくするわけに行かない、なんにも理由がないのにあらん限りのことをして人を傷つけようとするから、という話をよく聞くのでした。

その日、太監たちはみな自分の仕事をするのに一層気をつけているようだということに私は気が付きました。太后陛下がひとたびお怒りになると、はてしがないということを聞かされていましたが、その反対に、陛下は私には非常にお優しく、まるでなんのいざこざもなかったようにお話し下さるのでした。陛下はお仕えするのにむずかしい方ではない、ただ陛下の御気分をよく見てとる必要があるだけなのです。私は陛下はなんと魅力をそなえていらっしゃることだろうと思って、はやくも陛下がお怒りになっていたことを忘れてしまいました。陛下は私の考えていることを御推量になったようで「私は臣民に蛇蝎(だかつ)よりひどく憎ませることもできれば、慕わせることもできるのです。私にはその力があるのです」と仰しゃいました。仰せのとおりでございますと私は思ったことでした。

（1）文宗（咸豊帝）の正后、鈕祜禄氏、帝の崩後西太后と並んで垂簾の政を行った。世人は区別するため東太后と呼んだ。光緒七年のその崩後、西太后の専制となったのである。また謚号によって慈安皇太后などとも称せられる。
（2）五毒とは蛇、蟾蜍(ひきがえる)、蠍(さそり)、蜥蜴(とかげ)、百足(むかで)を指す。
（3）原文に周(チョウ)（Chou）とあり。
（4）原文にはチーユワン（Chi Yuan）とあり。
（5）端午の節にちまきを河に投じて屈原を祀ることは『新斉諧』等にも見えている。ちまきは角黍（chüê-shu）、筒粽（t'ung-tsung）、粽子（tsung-tzu）などというがここではTzu Tsiなる音を与えている。

第十二章　西太后とコンガー夫人

二百七十二段の石段と岩をよじのぼる

五月二十六日のこと、朝の召見の際に、慶（チン）親王が太后陛下に、コンガー北京駐劄（ちゅうさつ）米国公使夫人が私謁を願い出て、陛下の方でその日を御指定くださるようにと申しております、と奏上なさいました。陛下は、考えて見るから、明日まではなんとも返事ができないとおっしゃいました。私は大きな囲屏（ついたて）の蔭に立って耳をすましていましたが、ほかの宮眷（じょかん）たちがあまり騒ぎますので、陛下は召見の間は一言も喋ってはなりませんと御命令なさいました。私自身といたしましては非常に嬉しく思いました。というのは、太后陛下と大臣方との興味ある会話の一部が聞えるようになったからです。召見の後で、太后陛下は午餐を丘の頂にある排雲（パイユン）殿（ディエン）（ひろがる雲の館）に仕度するようにと御命令になりました。お歩きになりたいとの仰せなので、私たちは非常にゆっくりと陛下のお伴をして参りました。この場所に達するには、二百七十二段の石段のほかに、ごつごつした岩を十分もよじのぼらねばならないのでした。陛下はこのよじのぼる部分についてはなんら御意に介されないように拝されました。二人の小太監が左右から、陛下のお腕をお支えしながら陛下と歩調を合わせようとしているのはおよそ珍妙な光景でした。なんだか陛下は一心に他のことをお考えになっているようで、私どもの誰にも言葉をおかけにならないのに私は気が付きました。目的地に着いた時には、私どもはひどく疲れて、まるでくたくたでした。陛下御自身はなかなかの御健脚でいらっしゃるので、私どもをお笑いになりました。陛下は、技倆だとか耐久力だとかの勝負でお勝ちになると、いつでもひどくお喜びになるのでした。陛下は、

「このとおり私はお婆さんですが、あなたたち若い連中よりもずっと足が速いでしょう。あなたたちはみんな役に立ちませんね。いったいどうしたっていうのです？」。

陛下はお世辞をお聞きになるのが非常にお好きでした。私は宮中に上って充分それがわかるまでになっておりましたし、それから陛下のお気に召すようなことを申しあげる術も覚えました。でも陛下はまたその時でもないのに白々しいお世辞を言う人間はお嫌いでしたから、陛下にお世辞を申しあげるのでも非常に慎重にやらねばならないのでした。

皇后も米国公使夫人の私謁を気にする

この「ひろがる雲の館」（排雲殿）というのは美しい御殿でした。建物の前にはちょうど中庭のように空地があって、一面に淡紅と白の夾竹桃が植わっていました。そこには磁製の卓が一几と数几の磁製の床几がありました。太后陛下は御自分の黄緞子の床几におかけになり黙々としてお茶を啜っていらっしゃいました。空は青く、温い陽光がさしていましたが、ひどく風の強い日でした。太后陛下はその庭にほんの数分しかおいでにならなくって、風がひどすぎると仰しゃって、建物のなかにお入りになりました。私といたしましても、な

かに入るのは嬉しいという以上で、皇后様に風で私の髪飾りが吹き飛ばされはしないかと心配しましたとお囁き申しあげたほどでした。太監が午餐を運んで来て、すべての品を卓の上に並べました。皇后様が御自分の後について来るようにと合図をなさいましたので、私どもはそういたしました。私どもは裏の廊簷にまいって、その窓縁の席に腰をおろしました。この席のことを説明いたしますと、宮殿では窓はみな低く附けてあって、廊簷にはその窓に沿って作られた幅一呎（約三十センチ）ばかりのベンチのようなものがあります。陛下の宝座のほかには椅子というものは見られないのでした。皇后様は私に、太后陛下がなにか気にかけておいでになるのに気が付きましたかとお尋ねになりました。たぶん慶親王が今朝申しあげたあの私謁のことを考えていらっしゃるのでしょうと申しあげますと、皇后様は、きっとそうですとおっしゃって、「この謁見のことでなにか御存じですか？　いつ行われるのでしょう？」とお尋ねになりました。太后陛下はまだ御返事をなさっていらっしゃいませんと私は申しあげました。

外国人の願い事は「大臣に相談して」と

太后陛下はこの時までに御食事をおすましになり、それから部屋をあちこち歩き廻られながら、私どもの食べるのを見守っていらっしゃいました。陛下は母のところにいらして、「私は今、なぜコンガー夫人が私謁を願ったのかと考えているのです。たぶん私になにか言いたいことがあるのでしょう。それが何か、返事を用意しておけるように、ちゃんと知りたいものです」と仰しゃいました。母は、もしかしたらコンガー夫人は誰か訪ねて来た人があって、その人が陛下に紹介していただきたいと云っているのではありますまいかと申しあげました。

「いいえ、そのはずがありません。宮中に参内したい希望の者は名簿を提出しなければならないことになっていますからね。正式の覲見（きんけん）なら私は気にかけないのですが、私謁などする必要がすこしでもあるとは考えられないのですがね。あなたがたもみな御存じのとおり、私は質問されるのは嫌いです。外国人は、もちろんそれぞれの国振りにしたがえば、相当上品だし行儀正しくもあるのでしょうが、礼儀という点では、私たちと比べものになりませんね。こんなことを言うのは旧弊かも知れませんが、私は自分の国の習慣を立派だと思いますし、私の生きている限りそれを変えたくはありません。皆も知ってるとおり、私の国の人間は生れてすぐから礼儀正しくあるように教えられています。まあ、ちょっと昔の教えを振り返って、新しいのと比べて御覧。今の人たちは新しいものほど良いと思っているようですね。私の見るところでは、新思想というものは基督（キリスト）教になって、みんなの先祖の位牌を切り刻んで、焼いてしまうことのようですね。宣教師たちはいつも若い人々を感化して自分たちの宗教に帰依させようとしているものだから、そのために目茶目茶にされた家族が支那にはたくさんあるのですよ。

さて、なぜ私がこの謁見のことを不安に思っているのかと言いますと、私たち支那人はあまり礼儀が厚いので、個人的に頼まれると誰に対しても断りきれないからなのですよ。外国

西太后と米国公使館員の夫人たち　右から２人め、西太后の手を取っているのがコンガー夫人

人には、どうもそれが解らないようです。で、私がどうするか話してあげましょうか。あれらが私になにかを願うと、私はただ、私は自分で自分が自由にならないのですから、大臣たちに相談してください、私は大清帝国の皇太后ですけれども、私もまた法律には従わねばならないのですから、とこう言ってやるのです」。

「日本人は出過ぎることがない」

「ほんとを言うと、私は内田夫人（北京駐劄日本公使夫人）はとても好きですよ。あの方はいつも非常に上品だし、ちっとも馬鹿げた質問をしませんからね。もちろん、日本人は私たちにとってもよく似ていて、すこしも出過ぎることがないんですがね。去年、あなたが宮廷に来る前に、さる宣教師の夫人がコンガー夫人についてやって来て、私が宮中に女学校を建てると良いなどと言い出すのですよ。私はその人の気を悪くさせたくなかったから考えておきましょうと言っておきましたが、まあちょっと考えても御覧なさいよ。宮中に学校を作るなんて馬鹿なことじゃありませんか。それに何処(どこ)で私がそんなにたくさんの女を習わせるというのでしょう。私は今でもすることが充分なのではありませんか。私は皇室の子供たち全部を宮中で勉強させたいとは思いませんね」。

宣教師は子供の眼玉を抉り出し薬に使う

太后陛下はこう私どもにお話しになりながら大笑いなさいました。そして他の者もみな笑ったことでした。陛下はおっしゃいました。

「きっと、あなたたちも可笑(おか)しいとお思いでしょう。コンガー夫人はなるほど非常に上品な婦人です。米国は支那に対していつも非常に友誼が厚かったし、光緒二十六年(一九〇〇年)の義和団の際、米国が宮城での行いが良かったことは私も有難く思いますが、そうかと言って、私は宣教師を好きだと言うわけには行きませんね。李蓮英(リーリエンイン)の話によると、此処(ここ)にいる、あの宣教師たちは支那人にある薬をやるそうですね。そうすると支那人は基督(キリスト)教徒になりたがると。それから宣教師たちは、支那人の意志に反して自分たちの宗教に帰依させるように強制はしたくないのだから、改宗のことは充分とっくりと考えなさいと支那人に言うような振りをするのだということですね。宣教師はまた貧乏な支那の子供たちを連れて行って、眼玉を抉り出して、それを何か薬に使うそうじゃありませんか」。

私は陛下に、それは真実ではございません、私は随分多くの宣教師に会いましたが、みな非常に親切で、貧乏な支那人を助けるためなら何でもしようと思っていますと申しあげました。それからまた私は、宣教師たちが哀れな孤児のために働いている話を申しあげました。孤児たちに家庭を与え、食物や衣服を与える。時には宣教師は家のなかにまで入って行って、親たちの役に立たない盲目の子供たちを見つけると、それをもらって、養います。私はそういうような例をいくつも知っています。農村の人たちは貧乏で、その体の不自由な子供たちを養って世話しきれないので、宣教師にやるのです。私は陛下に、彼らの学校の話をし、宣教師がどんなに貧乏人たちを助けているかを申しあげました。すると陛下はお笑いになって、

「もちろん、私もあなたの言うことを信用しますけれど、あの宣教師たちはなぜ自分たちの国にいて、自分たちの国民のために尽さないんでしょうね？」。

私はあまり申しあげてもなんの役にも立たないと思いましたが、同時に宣教師たちが支那で遭った恐ろしい時代のことを陛下にお知らせしておきたいとも思いました。数年前のこと、二人の宣教師が、一八九一年（光緒十七年）六月に武穴（漢口の少し東南）(1)で暴民のために殺害され、教会は焼かれました。私の父はこの事件の調査を総督張之洞(2)から任命されました。いろいろ苦心したあげく父はこの殺害者のうち三人を逮捕しましたが、犯人達は支那の法律に遵って、木の籠に入れて吊して死に到らしめられ、政府は殺害された宣教師の

家族たちに賠償金を支払いました。その翌々年一八九三年（光緒十九年）に、揚子江岸宜昌（イーチャン）近くのマーチェン(3)で天主教会堂が焼かれました。

暴徒たちは、教会堂には多くの盲目の子供たちが収容してあって眼玉を抉（えぐ）られた後、労役につかせられているといったのでした。宜昌（イーチャン）知府が、宣教師たちが支那児童の眼玉を取って薬を製するというのは事実であると述べましたので、父はその盲目の子供たちを衙門（ヤーメン）（役所）に連れて来て、調べたいと申し入れました。知府はとても奸悪な男で、しかも非常に排外的でした。彼はこの哀れな子供たちに食物をたくさんやって、宣教師が自分たちの眼玉を抉り出したのだと言えと教えましたが、翌日連れて来られると、子供たちは、宣教師は自分たちを非常に親切に待遇してくれて、きれいな家やよい食物や衣服をくれたと陳述しました。子供たちは、天主教徒にならないずっと前から盲目だったと言った上に、知府は宣教師が残酷なことをしたと言えと教えてくれたが、それはうそですと述べました。盲目の子供たちはあの学校に帰らしてください、あそこではとても楽しかったから、と願ったのでした。

康有為は光緒帝に基督教を信じさせようと

太后陛下はおっしゃいました。

「宣教師たちが貧民を助け、その苦労を救うというのは結構なことです。たとえば、私たちの崇めまつる如来仏がわが身の肉で餓えた鳥を養われたようなものです。でもあの人達が私の人民たちをほっといてくれれば、私も好きになるでしょうに。私たちは私たち自身の宗教を信じればよいのです。あなたは、どうして拳匪（義和団）の乱が起こったか知っていますか？　それは勿論、支那人の基督教徒のせいですよ。拳匪たちは、あの基督教徒たちに酷いことをされたので、仕返しをしようとしたんですよ。基督教徒はやり過ぎたし、同時に、北京のあらゆる家に火を放けて金を取ろうと思ったのです。誰の家なんて差別しませんでした。金が取れる間はいつまでも焼いていたいと思ったんです。この支那人の基督教徒ぐらい支那で悪い人間はありませんよ。貧乏な百姓から土地や財産を奪う。それに宣教師は、勿論、いつもその分前に与ろうというので、それを保護するのです。支那人の基督教徒は知事の衙門に連れて来られても、ほかの者のように、地面に跪いて支那の法律に遵うことなどしなくてもよいと考えていますし、それにいつも自分の国の政府の役人にひどく無礼なのです。すると、この宣教師は、この男が悪かろうと善かろうと、これを保護するのに全力を尽し、この男の言うことは何でも信用して、知事に迫ってこの囚人を放免させてしまうのです。あなたの父が光緒二十四年に、宣教師間の紛擾に際して支那の役人はいかに司祭を取扱うべきやに関し規定を作ったことはあなたも覚えているでしょう。平民階級の人たちが基督教徒になる――困っている者もなるというのは私も知っていますが、高官のうちで基督教徒になる者があるとは私には信じられませんね」。

　太后陛下はあたりを見まわして声をひそめられ、

「康有為（一八九八年の戊戌政変の改革者）は光緒皇帝にその宗教を信じさせようとしたのですよ。私が死ぬまで誰にも基督教を信じさせませんよ。私でも外国人にある点では感服していることは言わねばなりますまい。例えば、海軍、陸軍や技術者などの点です。しかし文明という点になると、何と言っても支那が世界一の国だと私は言いたいですね。多くの人たちは政府と拳匪とが関係があったと信じているようですが、それは嘘です。私たちは騒動を知るとさっそく勅諭を幾つも出して、軍隊に拳匪を逐い払えと命令したのですが、もう拳匪の乱は余り進み過ぎていたのです。私は絶対に宮城から出ないと決心しました。私はお婆さんですし、死のうがどうなろうが構いはしなかったのですけれど、端郡王と瀾公（載瀾）[4]は直ちにお逃げになった方がいいと勧めました。二人は私たちは変装して逃げねばならないなどと言いますので、それには私もひどく怒って、拒絶しました。北京に宮廷が戻ってから、聞くと私が変装して逃げたとか、女婢の着物を着たとか、騾馬に曳かせた壊れた荷車に乗ったとか、私のこの召使の婆やが皇太后の装束をして私の轎に乗って行ったとかいう話を信じている人が沢山あるのですね。いったい誰がこんな話を拵えたんでしょう？　勿論、みんなこの話を信じるし、そうした話は何の苦もなく北京にいる外国人の耳にまで入ったようですね」。

義和団の乱では三千人の太監が逃亡

「さて拳匪（義和団）の乱の問題に戻りましょう。私はそれはそれは自分の召使たちに酷い目にあわされましたよ。誰も私と一緒に行きたがっていないようでしたし、大勢の者は宮室の方で首都から蒙塵しようなどとは夢にも考えていないうちに逃げてしまいましたし、残っている連中は働こうともせずに、あたりにつっ立って、どんなことになるか見ようと待っているだけでした。私は、いったい何人が行こうと言うか訊いてみようと心を決めて、みんなに言いました、『お前たち召使で私と一緒に行きたいという者は、そうしてよろしい。行きたくない者は私から離れて行ってもよろしい』。すると私がひどく吃驚したことには、あたりに立って聴いている者はほんのすこしだけじゃありませんか。太監がたった十七人、召使の婆や（阿媽）が二人と女婢が一人、それが小珠でした。この連中は、どんなことが起ころうとも私と一緒に行ってくれると言いました。私には三千人の太監がありましたが、私が数える機会もないうちに、殆ど全部いなくなってしまったのです。

　なかでも悪い奴は私に無礼な真似までして、私の大切な花瓶を石の床に投げつけて、粉みじんに壊してしまったのですよ。私たちが蒙塵するというような、大変な時には私が罰することもできはしまいと高をくっていたのですね。私はひどく哭いて、皇祖皇宗の霊に我らを護らせたまえと祈りました。誰もみな私と一緒に跪いて祈りをあげました。私の一家ではあの皇后様だけが私と一緒に来てくれました。私が非常に目をかけていた私の親類の女が一人いて、欲しいというものは何でもやるようにしていましたが、それも私と一緒に行くのを断ったのですよ。私にはその女が行きたくないという理由がわかっていました。その女は、外国の兵隊が落ちて行く宮室の一行を捕まえて、皆を殺すだろうと思ったのです。

　私たちが出かけてから七日目ごろに、私は太監を一人使に出して、北京にまだ誰かいるか見にやりました。その女は、この太監に、外国の兵隊で私たちを追いかけているものはないかとか、私が殺されていやしないかなど訊(き)きました。それから直ぐ後に、連合軍がこの女の邸を占拠して、この女を追出しました。この女はどっちにしても死ぬのだと思ったし、私がまだ殺されてもいないものですから、宮室の一行に追い付いて、私たちと一緒に行こうと思案を決めたのですね。どうやってこの女があんなに速く旅ができたか私には見当つきませんが、ある晩、私たちが小さな田舎家に宿っていると、この女がその夫と一緒に入って来るじゃありませんか。夫というのは良い人間でしたがね。そしてこの女は、陛下がいらっしゃらなくてどんなに淋しかったか、絶えず陛下の安危を知りたいとそればかりひどく心配していたなどと私に話して、そして泣くのですよ。私はこの女の云うことには耳を貸さないことにし、私は一言も信じませんよ、とはっきり言ってやりました。その時から、この女は私と縁がきれたのです。私はとても辛い目に遭いましたよ。朝早く日が出る前から暗くなるまで、轎(かご)に乗って旅を続け、晩にはどこか百姓家に泊まらなければなりません。きっとあなたも私を気の毒に思ってくれるでしょう。私はこんな年よりだのに、そんなに苦労を嘗(な)めなければならなかったのですからね」。

西安ではまるで病人、離宮も掠奪されて

「皇帝はずっと騾馬が曳く車に乗って行かれましたし、皇后もそうでした。私は行きながら、祖宗に加護を祈っていましたが、皇帝はむっつりとしていて、決して口を開かれないのですよ。ある日、事件が起こりました。雨がひどく降ったので轎夫(かごかき)のうちで逃げてしまったものがあります。騾馬も二三匹急に死にました。蒸暑い日でしてね、雨は私たちの頭の上に車軸のように降っています。太監も五人も逃げてしまいました。それは前の晩にこの連中がそこの知県に酷い振舞をしたために、罰しなければならなかったせいなのです。その知県は及ぶ限りのことをして私を安楽にしてくれようとしたのです。もっとも食物はむろんほとんどありませんでしたがね。私はこの太監たちがその知県と言い争っている声を聞きました。知県は地面に平伏して、太監たちに静かにしてください、なんでもいたしますから、と願っているのです。私はもちろん大変腹が立ちました。こういう事情で旅をするのだから、与えられたもので満足しなければならないわけですからね。

西安に着くまでにはひと月以上もかかりました。どんなに私が疲れたかなどは、あなたに話すまでもありますまい。それになにしろ心配ごとは山ほどあるし、私はほとんど三ヵ月間というものはまるで病人でした。私は死ぬまで忘れられません。

私たちが北京に帰ったのは光緒二十八年の初めでしたが、ふたたび自分の宮殿を見た時には私は恐ろしい感情を味わいました。ああ、まるで変ってしまっていました、数々の貴重な装飾は壊されたり盗まれたりしています。海の離宮[5]の貴重品はすべて掠奪されていて、誰か、私が毎日拝んでいた白玉の仏様の指を折ってしまったものがあります。外国人がいくたりも私の玉座に腰をおろして、自分の写真を撮ったりしたのでした。私が西安にいた時はまるで流されているみたいで、総督の衙門が私どもの行在に用意されていましたけれど、その建物はひどく古くて湿っぽく身体に悪かったのです。皇帝は病気になられました。この一部始終をすっかり話すと長くかかることでしょう。私はもう充分苦労はしつくしたと思っていましたが、この最後のが一番酷いものでした。私に暇があるとき、もっとこの話をしてあげましょう。私はあなたに、ぎりぎりの真実を知ってもらいたいのですよ。

さて、コンガー夫人の私謁の問題に戻りましょう。どうもなにか特別なことがあるに違いありませんが、夫人がなにも願ってくれなければいいとおもっています。私は夫人に断るのは厭なのですからね。あなたは、いったい何だろうか見当がつきませんかね？」。

私は太后陛下に、なにも特別なことはあるはずはございません。それにコンガー夫人は自分でも支那の礼儀によく通じていると考えているひとですから、なにか願うだろうなどとは私には信じられません、と申しあげました。太后陛下がおっしゃるには、

「私のただ一つの反対というのは、コンガー夫人はいつも自分の通訳に宣教師を一人連れて来ますが、私の方にはあなたのお母さんや妹さんにあなた自身もいることですからそれで充分だと考えるのですがね。私は夫人があんなことをするのは正当と考えませんし、それに私にはあの人たちの支那語はあまりよく解らないのですよ。私は外交団の婦人たちには時として会って見たいと思いますが、宣教師は厭ですね。私はその機会が来次第にそれを止めるつもりです」。

外国人に毎日の生活を判らせないようにせよ

翌朝、慶親王は陛下に、米国の提督エヴァンズ夫妻とその随員が太后陛下に覲見を願出て

いる旨を奏上致しました。米国公使が二度の私的な覲見を願ったのでした。慶親王は、前日コンガー夫人が自分のための謁見を願出たように申しあげたのは小職の誤解でありましたと申されました。

　正規の朝の召見が終りますと、陛下がお笑いになりながらおっしゃるには「私は昨日あなたに謁見を願うには理由がなければならないと話したでしょう？　私は米国の提督夫妻に会う方がまだましですよ」。

　それから私たちの方を向いておっしゃいました。

「間違いなく、万事を綺麗に整えて、私の寝室にあるものはすべて取り替え、あの人たちに私たちの毎日の生活を判らせないようにして下さいよ」。

私たち一同は「諾（ジェー）（はい）」と申しあげましたものの宮殿をひっくりかえすことは困難な仕事になるだろうとは皆な承知していたのでした。

ちょうど約束の覲見の前の晩のことでした。私たちはあらゆる窓から淡紅（ピンク）の絹の糸簾（カーテン）を外（はず）して、空色（陛下のお嫌いな色）のと替える仕事にとりかかりました。それから私たちは椅子の上の褥（クッション）を同じ空色に変えました。私たちが太監のこの仕事をするのを監視しているうちに、数人の太監が柱時計をいっぱい入れた大きな箱を部屋に運んで来ました。この時までに太后陛下は部屋にいらしって、陛下の白玉や緑玉の仏像をすべて他所（よそ）に移し、玉（ぎょく）の装飾のうち幾つかは取り去るように、それらの品は神聖なものなので、外国人に見せたくないからと御命令になりましたので、この時計に置き換えたのです。私たちはまた三枚の刺繍のある戸口の緞帳を取り去って、普通の青繻子の糸簾と替えました。この三枚の緞帳もまた神聖なものであったことは説明いたしておかねばなりますまい。それらは古い金襴緞子の地に、五百羅漢を表わす刺繍がしてあって、道光皇帝の御使用になったものでした。太后陛下はこの緞帳を陛下のお部屋の戸口に掛ければ、羅漢たちは悪霊が部屋に入って来ないように、護ってくれると信じておられたのでした。陛下の御命令では私たちのうちの一人が、覲見がすんでから、またすべてを元にもどせるよう、おぼえているようにとのことでした。陛下のお寝間の家具もすっかり改めました。陛下のお化粧卓が一番重要な品でした。陛下は誰にも――やって来る官員の夫人たちにさえ――見せようとはなさらなかったのですから、これはもちろん安全な場所にしまって、錠をかけておかなければなりませんでした。私たちは陛下のお寝牀を淡紅の色から青色のに替えました。陛下の調度はすべて白檀製でした。お寝牀の彫刻もそうでした。この白檀は、調度に作られる以前は、諸所の寺院にあったもので、神聖なものですから、もちろん外国人には見せられないのでした。この彫刻は陛下のお寝牀から取り去るわけには行きませんでしたから、私たちはそれを刺繍のある掛布で隠しました。太后陛下は私たちが働いているところへお越しになって、寝間の方は急がなくてよい、明日の覲見はただロブリー・エヴァンズ提督とその幕僚だけで、私室は見に来ないでしょうから、とおっしゃいました。エヴァンズ夫人とほかの婦人がたの覲見は翌日になっているとのことでした。陛下は、「召見の間」がちゃんとなっているかどうか見ておく方が大切だと仰せになりました。陛下はおっしゃいました。

「宮中に唯一枚だけあるあの絨緞を広間に敷きなさい。私は絨緞はどうも好きじゃないのですが、仕方がありません」。

袞龍の服に百八個の真珠の首飾りも

私たちの仕事が終りますと、太后陛下は私たちに婦人がたの覲見（きんけん）の際の服装について御訓示をお始めになりました。陛下は私におっしゃいました。

「あなたは明日は宝座に来るには及びません。明日来るのは殿方だけですから、私は外務部（ワイウープ）（外務省）から大臣をひとり連れて来ましょう。私はあなたにあまりいろいろな見知らぬ男のひとと話させたくはありません。満洲の慣習（ならわし）ではありませんからね。今度の人たちはみな初めて会う人たちです。米国に帰ってから、みんなにあなたがどんな顔をしていたかなど話して聞かせるかも知れませんからね」。

同時に、太后陛下は、殿方の覲見のために、明日は黄色の龍袍を持って参るようにと御命令になりました。こういう場合には正服を着なければならないと、陛下はおっしゃいました。この正服は黄繻子で出来ていて、金の龍を刺繍してありました。陛下は百八顆の真珠から成る首飾り（朝珠）（チャオチュ）をお掛けになりますが、それもこの正装の一部になっているのです。陛下は「私はこの正服を着るのは好きじゃありません。綺麗でないのですが、どうも着なくてはならないようですね」とおっしゃいました。陛下は私たち一同には「皆は特別の衣裳をつけるには及びません」と仰せになりました。

翌朝、陛下は早く御起床になって、いつもよりお忙しくていらっしゃいました。どうも私には、観見がある時にはきっといろんな面倒が起こるように思われます。なにかがきっとうまく行かなくって、陛下を怒らせ申すのです。陛下がおっしゃるには、

「私は優しく見せよう、柔和にしていよう、と思っているのに、この連中はいつも私を怒らすのですよ。あの米国の提督はきっと国に帰ってから、米国の人間に私のことを言い触らすことと思いますから、私はあの人に悪い印象を与えたくはないのです」。

陛下はお髪(ぐし)をおあげになるのに二時間近くもおかかりになりました。それがすんだ時にはいつもの朝の召見には余り遅くなっておしまいでした。それで、その方は外国人たちが退去してから後で開こうと発案なさいました。陛下は袞龍(こんりゅう)の袍を召されて御自分の姿を鏡に映して御覧になり、自分はどうも好かないとおっしゃって、私に、どうだろう、外国人が見て正服だとわかるだろうかしらとお尋ねになりました。「私は黄色い服を着るとあまり見っともなくなってね。私の顔が袍(ローブ)と同じ色に見えるようになるもの」と陛下はおっしゃいました。私は、ただ私的な謁見なのでございますから、よし陛下が別の服装をお望みになられましても、問題はいささかもございますまい、と申しあげてみました。陛下がお喜びになったように拝されましたので、私はもしかしたら正当でない進言をしたのではないかと気になりました。しかし何にしても私は忙しいので、気にかけている余裕はないのでした。太后陛下は別の袍を持って来るようにとお命じになって、あれこれとごらんになった末に、碧緑の繻子の地に一面に「壽(ショウ)」(長生)という字を宝石や真珠で覆って繍(ぬ)い出したのをお選びになりまし

た。陛下はそれを着て御覧になり、似合っているとおっしゃって、私に、宝玉室に行って、陛下のお髪に合う花を持って来るようにとお吩咐けになりました。髪飾りの一方には「壽」という字が、一方には蝙蝠がありました。(6)（蝙蝠は支那では吉兆と考えられています）。

米国の提督と公使が太后に拝謁

もちろん、陛下のお鞋から手巾からほかの何から何まで同じような刺繍があるのでした。陛下は着付けをすまされると、微笑まれながら、おっしゃいました。

「これですっかりちゃんとして見えます。私たちは召見の間に行って、あの人たちの来るのを待っている方がいいでしょう。だがまだ双六をやる暇がありますね」。

それから私たち一同におっしゃいました。

「皆の者は覲見の間、囲屏の蔭にいなさい。あなたがたが見ることは差支えないが、見られないようにして下さいよ」。

太監に地図を卓の上にひろげさせ、将に双六を始めようとしました時、高位の太監の一人が広間に入って来て、跪いて、米国の提督が米国公使を帯同して宮門に到着致しました――一行はすべて十人乃至二十人ですと申しあげました。太后陛下は笑いながら私におっしゃるに「私はただ米国公使と提督とそれから幕僚一両名ぐらいだろうと思っていました。ほかの人たちというのは一体どういう連中なのでしょう。だが構いはしません。何にしても会うことにしましょう」。私どもは陛下が壇上の宝座にお登りになるのをお助けし、陛下のお召物を直し、陛下に御挨拶の御言葉を記した紙をお渡ししました。それから私どもは皇后様と囲屏の蔭に参りました。まったく静粛で、どこにも音ひとつしないので、訪問者が中庭の石畳を歩いて来る靴の音が聞えたくらいでした。囲屏の蔭から覗いて見ますと、親王がたが数方、この人々を案内して広間の階段を登っていらっしゃるのが見えました。提督と米国公使が入って来て、一列になって立ちました。二人は太后陛下に三度お辞儀をしました。皇帝陛下も宝座につかれ、太后陛下の左手に腰をかけていらっしゃいました。皇帝陛下の宝座はひどく小さくて、まあ普通の椅子ぐらいしかありませんでした。太后陛下の御挨拶は簡単で、提督を支那に喜んで迎えるというだけのものでした。二人はそれから壇に登って、両陛下から握手を賜りました。一方の段から登って、もう一方の段から降りるのでした。慶親王が二人を別の御殿に連れておいでになりここで午餐を賜り、これで覲見は終りました。非常に簡単で形式的でした。

覲見が終った後で太后陛下は、囲屏の蔭で私たちが笑ったのを耳にされたが、あの人々はそのことを言い触らすであろう、自分はそういうことは全く好まないと仰せになりました。私は笑ったのは自分ではございませんと申しあげました。陛下がおっしゃるには、

「今度殿方の覲見がある時には、あなたたちは全然召見の間に来るに及びません。もちろん、朝の召見で私が自分の臣下に会う時は別ですが」。

「明日は一番綺麗な服を着なさい」

太后陛下はその午後はお寝間にいらっしゃいました。この人々が去るまで待っていて彼らが何と言ったか聞きたいとの思召しだったのでした。二時間後に慶親王が入っていらっしゃって、一行は午餐をとり、太后陛下に拝謁したのを非常な喜びとして、退出致しましたと報告なさいました。私はここで、提督が左の宮門から入ったということについて説明いたしておかねばなりません。中央の門はただ陛下がたの御用にのみ充てられています。唯一の例外というのは即ち信任状を奉呈する人の場合だけです。その時は中央の門から入ります。提督は入った時と同じ門から出たのでした。太后陛下は慶親王に一行に御殿のまわりを見せてやったかどうか（これは万寿山のことでした）、一行はそれをどう思ったかなどと御下問になりました。それからまた彼らは何か言ったか、彼らは気に入ったかどうかなど。陛下は慶親王に「あなたはもう退ってよろしい。そして明日の婦人がたの覲見の必要な仕度をしてください」と仰せになりました。

　その晩、太后陛下が私たちにおっしゃるには、

「みんな明日は同じなりをしなければなりません。一番綺麗な服を着なさい、今度宮中に来る外国の婦人たちはもう二度と私たちを見ないでしょうから、今、私たちが持っているものを見せてやらなければ、またと機会はありませんよ」

　陛下は皇后様も含めて私たち一同に、暗青色の衣裳をつけるように、皇帝の御妃も同様だと御命令になりました。陛下が私におっしゃるには、

「あの婦人たちが瑾妃をだれだと尋ねたら、あなたが説明してあげなさいね、だが訊かれな

かったら、あなたは全然瑾妃を紹介しないで欲しいものです。私はひどく気を使わなければならないのです。こういう宮中の連中はいろいろな人を見るのに慣れていないものだから、行儀が良くないかも知れませんが、外国人は笑うことでしょうね」。

それから陛下はまた私たち一同に向って「婦人がたが参内される時は私はいつも贈物をあげていましたが、この前の覲見の際にはなんにもやりませんでしたから、今度はやることにしようかどうしようか見当がつきません」。私に向って、陛下は仰せになりました。

「要る場合があるかも知れませんから、あなたは、玉を幾つか用意しておいてください。それを綺麗な盒に入れて、いつでも出せるようにしていてください。私が言うまでは持って来るのではありませんよ」。

そして「もう話はこれですみましたから、みな退って休んでよろしい」とおっしゃいました。私は自分の部屋に退れるのを何より嬉しく思いました。

「もっと紅をつけていらっしゃい」

翌朝は万事が非常にうまく行って、何の面倒もありませんでした。太后陛下は充分御満足になりました。それというのもみんなが非常に気をつけて仕度したからです。陛下は私に「あなたは顔にあまり紅をつけませんね。人が見ると未亡人だと思うかも知れませんよ。習慣なのですから、唇にも紅を塗らないといけません。まだ今は用がないから、部屋に退って、もっと紅をつけていらっしゃい」とおっしゃいました。それで私は自分の部屋に帰って、ほかの者とちょうど同じぐらいに紅を塗りましたが、あまりに変った自分の顔を見て噴き出さずにはいられませんでした。やがてまた陛下のお部屋に参りますと、「今度はちゃんと見えます。もし白粉が高いと思うなら、少し買ってあげましょうか」、陛下はこう笑いながらおっしゃいました。陛下はいつも私をからかうのがお好きでした。

太后陛下のお化粧がおすみになった頃に、宮眷の一人が何着もの袍を持って来て陛下に一着を選んでいただくことになりました。陛下はその日は暗青色のを着ようとおっしゃいました。二三十着もの袍をお調べになりましたが、お気に召すのがありませんでしたので、もっと持って来るようにお吩咐けになりました。とうとう陛下は百匹の蝶々を刺繍した青い袍をお選びになって、紫の袖なし胴衣（砍肩）をお羽織りになりましたが、それにも蝶の刺繍がありました。この袍は裾に真珠の総がついていました。陛下は一番大きな真珠をおつけになりましたが、その一つはほとんど卵ほどの大きさで、陛下のお気に入りの宝玉でした。これをおつけになるのは特別の場合に限られているのでした。

髪飾りの左右には二つの玉の蝶々をおつけになりました。鐲と指環もみな蝶の模様で、じっさい全部が合うようになっていました。陛下は華やかな宝玉の間にいつもなにか瑞々しい花をおつけになるのでした。白い素馨花が陛下のお気に入りの花でした。皇后様も宮眷たちも太后陛下から特別の思召しで御下賜にならない限りは新鮮な花をつけることは許されないのでした。真珠だとか玉だとかは佩びることができましたが、新鮮な花は御自分のだと陛下はおっしゃるのでした。陛下のお考えでは、私たちは若すぎるので新鮮な花をつければ、花の方が負けてしまうというのでした。陛下のお着付けがすむと、私たちは召見の間に入りました。

陛下は独り遊びをやりたいから、骨牌（カルタ）を持ってくるようにとお吩咐（いいつ）けになりました。陛下は独り遊びをおやりになりながらも、しじゅう話をつづけられ、私たちはみな米国の婦人がたに対して非常に上品に行儀正しくして、方々を案内してやらねばいけない、とおっしゃいました。陛下は「もう私たちは、すっかり模様替えをしてしまったから、ちっとも構いませんよ」とおっしゃって、そして、

「私はひとりで笑いたくなります。何もかも模様替えするなんてなんのためでしょう？　あの人たちに私たちがいつもこういう風だということを信じさせるためでしょう。でもそのうちにいつか、あの人たちがなにかあなたに質問したら、ほんとうはそうでないので、私たちはあなたたちをちょっと驚かせてやるために、召見ごとにあらゆる物を替えるのだとはっきり言っておやんなさい、あなたはきっといつか話してやらなければいけませんよ。そうしないと誰もちっとも気がつかないし、それでは苦労した甲斐がなくなるのですものね」。

婦人がたのための私的謁見でしたので、太后陛下は大宝座をお用いにならずに、「召見の間」の左手にある小宝座にお坐りになりました。毎朝、大臣たちを引見なさる場所です。皇帝陛下は立っていらっしゃいました。

米国公使夫人や士官夫人ら九名を謁見

一人の太監が入って来て、前日と同じように、婦人がたが宮門に到着されました、総数九名にございますと奏上いたしました。陛下は数名の宮眷(じょかん)をお遣わしになって、中庭で一行を迎え、「召見の間」に案内して来させになりました。宮眷(じょかん)たちは一行を案内して来ました。私は太后陛下のお椅子の右側に立っていましたので、この人たちが階段を登って来るのが見えました。陛下は小声で「どれがエヴァンズ夫人ですか？」とお尋ねになりました。私はまだこの婦人に会ったことがありませんので、私にはわかりかねますとお答えいたしましたが、彼らが近づいた時、米国公使夫人と並んで歩いて来る婦人が目につきましたので、これがエヴァンズ夫人に違いないときめて、陛下にそう申しあげました。この人たちが一層近づきました時太后陛下はおっしゃいました。

「またあの宣教師の女がコンガー夫人について来ましたよ。あの女はきっと私を見るのが好きなんですよ。いつでも来るんですものね。ひとつ、あの女にいつもお目にかかって非常に嬉しいと言ってやって、私の言う意味がわかるかどうかためしてみようかしら」。

コンガー夫人は太后陛下と握手して、エヴァンズ夫人をはじめこの米国士官の夫人がたを紹介申しあげました。私は太后陛下をじっとお見つめしていましたが、陛下はいと優雅に且つ柔和にあらせられ、まことに気持よい微笑を浮べておられるのが拝されましたが、これは陛下の日常とはあまりにちがったお様子でした。陛下はこの婦人たちに、お会いして嬉しいと仰せになりました。太后陛下は太監に命じて婦人がたに椅子を持って来させ、同時に別の太監に茶を運ぶように仰せになりました。太后陛下はエヴァンズ夫人に、支那が気に入りましたか、北京をどうお考えですか、どのぐらい御滞在になりましたか、いつまで御滞在の御予定ですか、どこにお住まいですかなど御下問になります。私は太后陛下の御質問にはすっかり慣れていますので、陛下がなにをお尋ねになるおつもりか正確にわかりました。コンガー夫人は自分の通訳に、久しく陛下にお目通り申しあげませんでしたが、御健康はいかがですか、とお伺いするように申しますと、太后陛下は私におっしゃいました。

「私は至極達者です、夫人に会って嬉しい、とコンガー夫人に伝えて下さい。私がもっと再々謁見を行えないのは残念です、そうでなければ、もっと夫人に会えるのですがと」。

それから陛下はつづけて「大公主（陛下の養女——恭親王(クン)[7]の姫）が午餐のお相手を致します」と仰しゃり、これで謁見は終りました。

午餐は陛下の宮殿の奥（停雲軒(ヤンユンシエン)——雲が休むために集る場所）で供されました。この部屋は茶菓などを供する宴会場として特別の設備がしてありました。私はこの午餐の卓を仕度するのに二時間かかりました。太后陛下は、白い舶来の卓布(テーブル・クロス)の方が清潔に見えるから、それを使用するようにと御命令になりました。お庭番の太監が食卓を新しい花で飾りました。席の位置については太后陛下がお指図になりました。陛下がおっしゃるには「エヴァンズ夫人は主賓です。コンガー夫人は米国公使の夫人ですが、どちらかと言えばこちらの人ですから、エヴァンズ夫人を上席にしなければなりませんよ」。陛下はまた私におっしゃって、各人の席をそれぞれの位階に遵って配置させになりました。大公主と珣(シュン)公主（太后の御姪で皇后様の御妹君にあたる方）が主人役で、向い合いにお坐りになることと定まりました。私たちは黄金の菜単ばさみや、杏仁や西瓜の種子（瓜子）が入った小さな金の碟を並べました。ほかの器はすべて箸も含めて銀器でした。太后陛下は、洋式のナイフとフォークも出すようにと御下命になりました。料理は満洲式に出され、食後の甘味――お菓子や果物――を入れないで、二十四種から成っていました。太后陛下は私たちに、最上のシャンパンだけを出すようにとお指図なさいました。陛下は「外国の婦人がお酒を好きなことは知っていますよ」とおっしゃいました。

米国の閨秀画家に太后を描かせたい

この婦人たちと会うのをほんとうに嬉しがっていたのは多分、私ひとりだったでしょう。私はほかの宮眷たちより嬉しく思いました。その理由というのは、太后陛下は宮眷たちがいかに振舞うべきかについて、あまり厳しく御訓戒になりましたので、宮眷たちは外国人の覲見という言葉を聞いただけでも厭になるような仕儀となってしまったからです。私たちが食事をしていますと、一人の太監が入って来まして、私に、太后陛下が御自分のお居間の方で待っていらっしゃるから、午餐が終ったら一行をそこに案内するようにと申しました。それで、食事がすんでから、私たちが陛下の御殿に参入いたしますと、陛下はそこで待っておいででした。陛下はお起ちになって、エヴァンズ夫人に、なにかお口に合うものがありましたかとお尋ねになりました。――それは料理があまり良くなかったという意味です。（人をもてなす時はかならず料理を卑下するのが支那の習慣です）。陛下は、エヴァンズ夫人が私たちの生活ぶりについて、いくらかでも概念を得られるように、自分の私室を御覧に入れたいと仰せになって、夫人を陛下のお寝間の一つに連れておいでになりました。陛下がエヴァンズ夫人とコンガー夫人に腰をおろすようおすすめになりますと、いつものように太監がお茶を持って参りました。太后陛下はエヴァンズ夫人に、しばらく北京に滞在して、様々の寺院に参詣してくださるようにとおっしゃいました。陛下はおっしゃいました。

「私どもの国はずいぶん古いのですが、アメリカのようにあんな立派な建物はありません。たぶん、あなたがたは万事が奇妙だとお思いのことと存じます。私はもうどうも年をとりすぎました。そうでなければ世界じゅう旅行して廻りたいのですけれど。私はいろいろな国のことを本で読みましたが、もちろん、いろいろな土地に行って自分で見物するに越したことはありません。でも、はっきりしたことはいえませんが、私もそのうちには結局出かけることができるようになるかも知れませんけれど、自分の国を去るのは恐いと思いますね。帰って来るまでに、もう場所がわからなくなりやしないか、などと心配になりましてね。ここでは何でも私だよりみたいなのですの。皇帝はまるでお若いし」。

陛下はそれから私の方をお振りかえりになって、この婦人がたを（この万寿山の）いろいろな宮殿に案内して見物させてあげるよう、なお有名な龍王廟に参詣するようにと御吩咐けになりました。龍王廟と申すのはこの夏の離宮（万寿山）の湖（昆明湖）の中央の小島にあるのです。コンガー夫人は陛下になにかお願いがある由で、あの宣教師の婦人に進み出るようにと申しました。コンガー夫人がこの女と話している間、太后陛下はふたりが何を話しているのか知りたいと思召して、すこし苛だたれ、私にお尋ねになりました。婦人たちの話と太后陛下のお言葉の両方を同時に聴くのは、ずいぶん困難なことでした。聞えた唯一の言葉は「画像」ということで、それであとのことは見当がつきました。太后陛下にお話しする暇がないうちに、この宣教師の婦人が申しますには、

「コンガー夫人は、太后陛下の御画像を米国の閨秀画家カール嬢に描かせて戴くようにお許しを願いたいという特別の目的を以ってあがったのでございます。カール嬢は、支那の皇太后陛下がいかにお美しき婦人にあらせられるか、その幾分にても米国人にわからせたいというので、陛下の御画像をセント・ルイスの博覧会に出展したい希望でございます」。

カール嬢は、長年にわたって芝罘（チーフー）の海関に税務官を務めていたF・カール氏の妹でした。

肖像画は死後にのみ描かれるもの

太后陛下は、この婦人がお話し申しあげている間、非常に注意して聴いておられましたのでこれを聞いて吃驚なすった模様でした。陛下は、はっきり解らないと仰しゃることは好まれないので、私に向かれて――前に打合わせておいた通り――通訳せよという合図をなさいました。けれども、私は直ぐには通訳申しあげませんでした。というのはコンガー夫人がこの友人の宣教師に、太后陛下がはっきりお解りにならないなら、もう一度請願をくりかえすようにと言ったからです。陛下はすると私におっしゃいました。

「私にはこのかたの言葉がよく解らないのです。多分あなたの方がうまく話してくれること

と思います」。

それで私は一部始終を説明申しあげましたが、陛下はこれまで一度もお写真さえお撮らせになったことがありませんので、画像がどういうものか御存知あるまいということが私にはわかっていました。

私がここで説明申しあげねばならないことは、支那では画像は、死後にのみ描かれるもので、後代の者が死んだ人を拝むために、死人の面影を偲ぶよすがにするにすぎないということです。それでこの請願をお知りになった時には、太后陛下はどうやらぞっとなさったように拝されました。私は陛下がこうした外国の婦人の前で無智の程をお示しになることを望みませんでしたので、陛下のお袖を引いて、後ほど詳しく説明致しますと申しあげました。陛下は「ここでも、すこし説明してくれるように」とお答えになります。これは宮廷用語で仰せになりましたので、普通の支那語と少し違っていますから、来客にはわかりませんでした。こういう風にして会話のあらましを御理解になれたので、陛下は夫人に親切な思いやりのほどをお謝しになり、後で返事をしましょうとお約束になりました。陛下は私におっしゃいました。

「私は何事もひとりでは決められません。夫人も多分察しているように、私は重大な性質の事柄は、なんでも決める前に大臣と相談しなければならないのですから、とコンガー夫人に話してください。それから、私はなにごとによらず、人民に自分の行動を批判させるような機会を与えないように、ごく慎重にしなければならない。祖先の規(おきて)や習慣(ならわし)を固く守らなければならないのだ、とそう夫人に話してください」。

陛下はその問題についてはこの場ではこれ以上の議論をお好みにならぬ模様に見受けられたのでした。

太后が会話に飽きると合図を送る

ちょうどその時、宮殿監督が入って来て、跪き、御婦人がたが湖を渡って龍王廟を御見物になるための舫の用意が出来ましてございます、と奏上しました。太監の方でこの行為に出たのは、太后陛下が会話にお飽きになって、話を変えたい思召しであるという意味の合図を宮眷の一人から受け取ったからなのでした。外国人の観見がとり行われる時はどんな場合でも、宮眷の一人がかならず前もって吩咐けられていて、太后陛下の御様子を窺い、陛下がなにか特殊の論題について御不快であらせられるとか、お飽きになったとかいうような御様子を認めると、この宮眷が宮殿監督に合図を伝えます。すると宮殿監督の方では上に申しあげたようにして会話に割りこみ、こうして気まずくならぬようにその場を救うことになっていることは説明申しあげておかねばなりません。そういう次第で、太后陛下はこの婦人がたにお別れの御挨拶をお述べになりました。これはこの婦人たちがお別れを申しあげに帰って来ねばならないとすれば遅くなりすぎるだろうし、それにこの婦人たちに諸処の景色を見る暇を沢山お与えになろうという思召しからなのでした。

婦人たちはそれから、前に申しあげたような、帝室用御船（龍舸）と呼ばれている太后陛下の遊覧船に乗って、廟に参詣しました。この廟は小さい岩の頂に建てられています。この岩のまん中には、天然の洞窟がありますが、この洞窟のなかには人間は一度も住んだことがないものと一般に想像されています。太后陛下は、この洞窟は龍王の棲処(すみか)だという俗信を信じておいでです——龍王廟という名はこの俗信から来たのです。

(1) 湖北省広済県内(現在は武穴市)の鎮(商業地)。
(2) 清末の大政治家。同治二年進士となり、諸官を歴任し、光緒四年頃より広東に水陸師学堂を創立し、礦務局を開いたのをはじめとして、西洋の文物を輸入して富国強兵に努めた。同十年両広総督となり、漢陽に製鉄所を設け産業を奨励した。徳齢の父裕庚はこの頃、知府として彼の下に在り、これを輔けたもののようである。
(3) 漢字は不明。麻城ならば同じ湖北省でも東北にあり、宜昌の近くというのは当たらない。
(4) 宣宗の第五子惇親王奕誴の第二子載漪と第三子載瀾。兄は光緒二十年端郡王に封ぜられ、弟は同十五年以来輔国公の爵を賜う。ともに拳匪の煽動者として国を誤り、乱後、新疆に流された。
(5) 現在の北海と中南海。紫禁城の旧西苑の地。
(6) 蝠は福に通ずる故である。
(7) 恭親王家は宣宗第六子奕訢に創まる。この時の恭親王はその孫溥偉。大公主と称せられるのは前述の如くその叔母で、西太后の養女となった栄寿固倫公主。

第十三章　西太后の画像

「毎日なん時間も坐るのは我慢できない」

龍王廟にしばらくいた後で、私たちは宮殿に帰りました。そして婦人がたが別れの挨拶を述べて、宮門まで轎(かご)に乗って行きますと、そこにはこの人たち自身の轎が待っていました。私はそれから太后陛下にいつものように、訪問者がなんと言ったか、受けた接待に満足の意を表したかどうかを御報告に参りました。太后陛下のおっしゃるには、

「私はエヴァンズ夫人が気に入りました。夫人は非常に良い女(ひと)だと思います。あの方の態度は、これまで私が会ったほかの米国の婦人たちとまるで違っているように見えました。私は礼儀正しい人に会うのが好きです」。

それから太后陛下の画像の問題に触れられて、

「いったい、どうしてコンガー夫人はこんなことを思い付いたのでしょうね。ところでいよいよ画像を描くというのは実際どんなことか説明してください」。

私が、陛下は毎日なん時間かお描かせになるためにお坐りにならねばと御説明申しあげると、陛下は興奮されて、それはとても終るまで我慢ができないだろうと思われたようでした。その坐っている間になにをしなければならないのだとお尋ねになりますので、私は、陛

下は画像のために姿勢(ポーズ)をおとりになるだけで、その間ずっと一つの姿勢で坐っていらっしゃればよろしいのですと御説明申しあげました。陛下は「その画像がしあがるまでには私はお婆さんになってしまうでしょう」とおっしゃいました。私は陛下に、私もパリにいた間に、このコンガー夫人が陛下の画像を拝写させていただくように申し出たのと同じ画家（即ちカール嬢）に私自身の肖像を描いてもらったことがございますと申しあげました。すると陛下はすぐに、それを検べて、どんなものか見たいから私の肖像を持って来るようにと仰せになりましたので、私はその場で、傍に立っていた一人の太監に私の家に行って、それを持って来るようにといいつけました。陛下は「画像を描かせるためにはなぜ私が坐らなければならないのか解りませんね。誰かほかの者が代りにやれないものですか」とおっしゃいます。私は、あの人たちが描きたいと申すのは陛下御自身の肖像で、ほかの誰のでもないのでございますから、陛下御自身がお坐りになる必要があることと存じますと御説明申しあげました。陛下はすると、坐る時はいつも同じ衣裳をつけるのか、同じ宝玉や装飾を用いる必要があるのかとお訊(き)きになります。いつもそうなさる必要がございますでしょうと私はお答えいたしました。太后陛下はすると、支那では画家は描くべき題材を一度しか見る必要がない、それからすぐに取りかかり、非常な短時間に画像をしあげてしまうのだから、ほんとうに一流の外国の画家なら同じようにすることができるはずだ、と御説明になりました。もちろん私は、外国の肖像画法と支那のとの相違を御説明申しあげて、陛下が御覧になれば、その相違がおわかりになって、そんなに何べんも坐る理由も、納得になることと存じますと申しあげました。陛下は「いったいこの閨秀画家というのはどんなひとなのでしょうね。支那語を話しますか？」とおっしゃいます。私は「カール嬢をたいそうよく存じています、大変上品な婦人でございますが、支那語は話せません」と申しあげました。陛下は「その兄が海関にその様に長く勤務していたとすると、この女が支那語が話せないというのはどうしたことでしょう？」とおっしゃいます。私は、カール嬢は支那からは永くはなれておりました、じっさい支那にいたのは皆合わせても非常に短い間だけで、仕事の多くはヨーロッパやアメリカでしておりますと申しあげました。

画家には気付かせずに囚人として扱う

太后陛下のおっしゃるには、
「この女が支那語が話せないというのは嬉しいことです。この画像を描くについて唯一つの難点というのは、外国人をずっとこの宮殿に置いておかねばならないということです。ここの人間のように噂好きでは、私が誰にも知られたくないと思っていることでも、この女に話してやるかも知れませんからね」。

私は、それは不可能でございましょう、カール嬢は全然支那語を解しませんし、宮中の者は誰ひとり、私ども（母と妹と私）を除いては英語を解しないのですからと申しあげました。陛下はお答えになって「その点はあまり信頼しちゃいけませんよ。宮中でしばらく暮せば、すぐお互いに解し合うようになるでしょうからね」。それからお話を続けられて「それはそうとして、この画像が仕上がるまでにはどのくらいかかることでしょう?」。それは全く陛下が幾度お坐りになるか、そして一度に何時間お坐りになるかによりますでしょうと私は申しあげました。私は陛下があまり面倒だとお考えになりはしないかと思いましたので、どのくらいかかるかを正確にお話し申しあげたくありませんでしたから、画家が参りましたらどんどんやって、画像をできるだけ早く仕上げるように申し聞かせましょう、と申しあげました。

陛下は仰せになりました。

「どうもコンガー夫人の願いは、うまく断れないように思いますね。もちろん、あなたも知ってのように、私は大臣たちと相談しなければならないと夫人に言っておきましたが、それは、ただその問題を考えてみる暇が欲しかったからなのです。もしあなたがこの閨秀画家のことはすっかり知っていて、この宮殿に来てもすこしも差支えないと思うのでしたら、もちろん来ても構わないわけですから、慶(チン)親王に言ってコンガー夫人にその趣(おもむ)きに答えさせるようにしましょう。するとまずなによりも、これからそれをどういう風にするかを相談しなければなりませんね。だって外国の婦人をこの宮中に住まわせるということは全然問題になりませんからね。原則としては、私はいつも夏はこの万寿山で暮すことになっていますが、北京からずいぶん離れていますから、その女(ひと)が毎日この宮殿に往復することは、距離の点から言って、とても出来ようとは思えません。すると、その女(ひと)をいったいどこに宿(と)めましょう?誰かがしょっちゅうこの女(ひと)を見張っていなければなりますまい。これはずいぶん難しい問題で、私もどう決めたらよいかほとほと当惑します。どう、あなたがこの女の番をすることにしては？　あなたには、この宮殿の誰であれこの女に話をする機会を与えないような風にうまくやることができると思いますか？　よしんば昼の間はそれができても、いったい誰が夜の間もいてこの女を見張っていようというのでしょう？」。

陛下は相当しばらくの間、そのことを考え廻らされて、部屋をあちこち歩きまわっていらっしゃいました。やがて陛下はにこっとお笑いになっておっしゃいました。

「わかりました。私たちはこの女にそうと気付かせずに囚人として取扱うことにしましょう。だが、この件で私に代ってやるのは、まったく、あなたのお母さんと妹さんとあなた次第なのですがね。あなたがたは、めいめい自分の役割を非常に慎重にやらなければなりません。私も自分の役をうまくやります。私は醇親王（光緒皇帝の弟君。注3参照）の宮園をカール嬢がここに滞在する間の宿所に仕度させる命令を出しましょう」。

この宮園は太后陛下の御殿のすぐ近くにあって、馬車で十分ぐらいでした。離宮の域内でなくて、夏の離宮（万寿山）の外にある全然別個の宮殿なのでした。

皇帝が画家と話をする機会を与えるな

太后陛下は話を続けられ、

「さて、あなたがたはこの女と毎朝一緒に来るし、夜も毎晩一緒に帰って泊らなければなりません。これがこの困難を打開する一番安全な策だと私は思いますが、この女が受け取ったり出したりする通信一切については、充分注意してください。それについては、ただあなたに余分の仕事が非常に多くなることだけれど、あなたも知ってのように、私はこういうような事についてはごく几帳面でしょう。そして結局はその方がずっと手数が省けるのです。もう一つ、あなたに非常に注意してもらわなければならないことは、カール嬢に皇帝と話をする機会を与えないように看視することです。なぜ私がこう言うのかといいますと、あなたも知っているように、皇帝は人見知りする質ですから、この女の気持を悪くさせるようなことを言い出しやしないかと思うからなのですよ。私は画像を描かせるために坐る間の附添いとして四人の太監を特別に任命しましょう。そうすれば、なにか必要な場合にもこれらの者が手近にいますからね」。

太后陛下がそれからおっしゃるには、

「あなたが私の袖を引っ張った時にコンガー夫人があなたを見ていたのに気付きましたよ。なににしても、あなたは気にかける必要はありません。夫人には思いたいように思わせておくがよろしい。コンガー夫人には見当がつかないにしろ、私にはあなたの意向がわかったのですから、それで充分なのです」。

たぶんコンガー夫人は私が陛下にこの請願をお断りになるようにとおすすめしたかったのだと考えたでしょう、と私は申しあげましたが、陛下は「それが何の関係があります？　もしあなた自身がこの画家のことを知っているのでなかったら、私はどうあっても承諾しなかったでしょう。私が気にかけているのはこの画像を描くということではなくて、重大な結果になりはしないかという点なのです」。

　翌朝、私はコンガー夫人から、何によらずカール嬢を太后陛下に悪く思わせないようにしていただきたいと頼んで来た手紙を受け取りました。私がこれを太后陛下に翻訳して差上げますと、陛下はひどくお怒りになりました。陛下はおっしゃいました。

「なにびとにしろ、あなたにこんな調子で手紙を書く権利はないはずです。なんだって夫人は、あなたがカール嬢のことをなにか悪く言うだろうなど、ほのめかして来ることがあるのです？　あなたが私の袖を引っ張った時、夫人が見ていたと私は言ったでしょう？　あなたがその手紙に返事を出す時には、思ったとおり何でも言ってやってかまいませんが、夫人が手紙で言って来たのと同じ調子で答えてやりなさい。いや、もっとうまく言ってやりなさいよ。太后の心を動かそうとするなどというのは、この国の宮眷（じょかん）の習慣にはないと手紙ではっきり教えてやりなさい。それから附け加えて、あなたはどんなことにしろ誰かの悪口を言うほど下等ではないということを言ってやるのですね。もし、あなたがそう言ってやるのを好まないなら、ただカール嬢はあなたの個人的な友だちだから、あの人の悪口をなにか言おうなどと思わないことは確かだとでも言っておやりなさい」。

　私はそれでコンガー夫人の手紙に対しては、できるだけ形式的にして、普通のような風に返事を書いたのでした。

「こんな雑な仕事は見たことがない」

太后陛下はそれから午後じゅうというもの、画像のことばかり話していらっしゃいました。やがて陛下のおっしゃるには「コンガー夫人はカール嬢がこの宮殿に滞在中の相手としてあの宣教師を寄越さなければよいがと思います。もしそうするようだったら、私は絶対に描かせるのを断ります」。翌朝、太監が私の肖像を持って参りました。私が、陛下の御覧に入れないうちに、宮廷じゅうの者が十分に観てしまいました。ある者は、私に非常によく似ているという意見でしたが、また、その絵はひどく拙(まず)いと考えた者もありました。肖像が参りましたと太后陛下に申しあげますと、さっそく陛下の寝間に持って参るようにと御命令になりました。陛下はしばらく非常に綿密にお調べになり、好奇心のあまりに絵に触ってまで御覧になりました。やがてぷっと笑い出されておっしゃるには「なんてこれは奇妙な絵なんでしょう、まるで油で描いたみたいじゃありませんか」(もちろん、それは油画だったのです)。

「こんな雑な仕事は生れてからまだ見たことがありません。絵自体は驚くほどあなたに似ています、そしてこの絵に出ているような表情は支那の画家の一人としてつかめないことは、私も言うのに躊躇しませんがね。あなたがこの絵の中で着ているのはなんて奇妙な衣裳でしょう。なぜ腕や頸をすっかり裸にしているのです? 私も外国の婦人は袖も襟もない衣裳をつけるという話を聞いていましたが、それがここにあなたが着ているようなこんなに下品な見っともないものだとは思いませんでした。あなたがどうしてこんな真似ができたか私には想像もつきません。私はあなたがこんな風に自分の身体を露わすのは恥しかったろうと思うほかはありません。もうまたとこんな衣裳をつけないように頼みますよ。ほんとに魂消ました。これはじっさい、また何と奇妙な文明なのでしょうね。これは特別な場合にだけ着るのですか、それともどんな時にも、殿方が前におられる時にも着るのですか？」。

私は陛下に御説明申しあげて、それは婦人用の普通の夜会服で、晩餐会とか、舞踏会とか、歓迎会とかに着るものですと申しあげました。陛下はお笑いになって、叫ぶように、「聞けば聞くほどひどいことです、外国では万事が後もどりして行くようですね。支那では殿方と一緒の時には私たち女は手首さえ出しはしないのに、外国人はこの事ではまるで異った考えを持っているようですね。光緒皇帝はいつも変法（改革）のことを考えていらっしゃるけれど、これがその見本だとすると、私たちは今のままに留まっていた方がずっといいですね。どうです、あなたは外国の習慣についての意見をまだ変えませんか？　私たちの習慣の方がずっと上品だとは思いませんか？」。

陛下御自身のお考えがこう傾いていては、もちろん私も「はい」と申しあげざるを得ませんでした。陛下はまた私の肖像を御検討になって、おっしゃるには「あなたの顔の一方が白く描いてあるのに他の半面は黒くしてあるのはどういうわけですか？　これは自然ではありませんね――あなたの顔は黒くないのだから。あなたの頸も半分黒く描いてありますね。どうしてです？」。私は、それは単に陰影をつけたので、画家が自分の腰かけている位置から私を見たとおり正確に描いたものでございますと説明申しあげました。すると太后陛下は御下問になって、「この閨秀画家は私の絵も、黒く見えるように描くと思いますか？　これは米国に出品するのですから、そこにいる人たちに、私の顔の半分は白くて半分は黒いなどと考えさせたくはありません」。私は陛下にほんとのことを申しあげて、陛下の御画像もきっとおそらく私のと同じように描かれるに違いないと申しあげたくありませんでしたので、陛下がどういう風に描かせたい思召しかを、はっきりとこの画家に申しつけましょうとお約束申しあげたことでした。

凶日に始めたくないと暦を調べる

私は陛下に、この画家はまだ上海におりますが、コンガー夫人は画家に、必要な準備をするために北京に上京するよう、既に手紙を出しましたと申しあげました。一週間後に私はカール嬢から、直ちに北京に上京するつもりですが、太后陛下がこの画像を描く御許可を賜われば有難く存じますという趣きの手紙を受け取りました。太后陛下にその手紙を翻訳して差上げますと、陛下は「あなたがこの婦人を個人的に知っていることを私は非常に喜ばしく思います。そのために私はずっと楽になります。あなたも知っているとおり、私はカール嬢には話してもよいと思うけれど、コンガー夫人には知らせたくないことがあるかも知れません。私の言うのは、例えば、私がカール嬢には言わなければならないことがあるかも知れないが、それをコンガー夫人に聞かせると、夫人は、私が非常に機嫌の取りにくい女だという風な印象を懐くでしょうからね。あなたは私の言うことがわかるでしょう。この婦人はあなたの友人ですから、あなたはもちろん、この婦人の気持を悪くさせないような風にいろいろな事を言うことができますね。それで私がまた繰り返してあなたに言うことは、この婦人がもしあなた自身の個人的な知合でなかったなら、今度のことは全く私たちの習慣に反することなのだから、全然この婦人をここに寄せつけなかったろうということです」と仰せになりました。

閏五月の三日のこと、慶親王は太后陛下に、例の画家はすでに北京に到着致し、コンガー夫人のもとに滞在中でございますが、画像に着手するについて太后陛下の御意を伺いたいとのことでございますと奏上なさいました。ここで私が説明申しあげねばならないことは、支那の歳は一年の月の数が一定でないということです。例を挙げますと、ある年は普通どおり十二ヵ月ですが、その翌年は十三ヵ月のことがあります。その時は次の二年間は十二ヵ月しかなくて、その翌年に十三ヵ月になるという具合に行きます。この画家が来ると言って来た時は、この支那の歳は十三ヵ月ある年で、年のうちに五月が二回あったのです。慶親王が太后陛下に、カール嬢が仕事を始めるべき日を御指定くださるようにとお願いになりますと、陛下は「私の返事は明日この婦人にすることにします。この画像を凶日に始めたくはないから、第一に暦を引いて見なければなりません」と仰せになりました。そういうわけで、翌日、陛下はいつもの朝の召見の後で、相当ながらくこの暦を調べていらっしゃいました。やがて陛下は私に向って「私の暦によると、次の吉日はあと十日ほどのあいだはありませんね」とおっしゃって、私にも自分で調べて見るようにと、暦をお渡しになりました。結局、陛下は閏五月の二十日を、仕事を始めるのに一番の吉日として選び出しになりました。次には正確な時刻を定めるために再びその暦をお引きにならなければなりませんでしたが、ついに夕方の七時にお定めになりました。陛下がこうおっしゃった時には私は非常に心配いたしました。だってその時までにはまるで暗くなってしまうだろうと思われたからです。そこで私は太后陛下に、その時刻ならカール嬢は仕事をすることが出来ませんでしょうということを、私として及ぶかぎりうまく説明申しあげました。太后陛下には「だが、ここには電灯があるじゃありませんか。それできっと充分な光線がとれるでしょう」との御返事でした。それで私は人工の光線を用いては、昼間に描くような良い結果を得ることはできない、ということを御説明申しあげねばなりませんでした。カール嬢はきっと電灯の光で描くことは拒絶するだろうと思われましたので、私が陛下にこの時刻を変えていただこうと切望した次第は皆様にもおわかりのことでしょう。

肖像より写真の方がずっと好く出来ている

陛下はお答えになって「なんて面倒なんでしょう。私は自分ならどんな明りでだって絵を描くことができますから、あの女(ひと)も同じようにすることができるはずです」。いろいろ御相談申しあげた後に、結局閏五月二十日の午前十時をこの画像を描き始めるべき時刻と決定いたしましたが、万事解決した時には私はずいぶん重荷をおろした気がしたということは、皆様にも請合って申せることです。あの太監が私の肖像を持って来た時に、彼はまた私がパリにいた間に撮った写真も数枚持って来てしまいましたが、私は太后陛下がこの画像を描かせる代りに、ずっと速くて、毎日坐る苦労が省けるから、写真も写そうと決心なさりはしないかと思いましたので、この写真は陛下にお見せしないことに決めていました。けれども翌日の朝、太后陛下は私の寝室の前の廊簷(ベランダ)をお通りすがりになった時に、私の部屋にお立ち寄りになってちょっと見わたし、陛下がこの部屋をおきめになったのだから、私がすべてを清潔に、きちんと整頓しているか御覧になりました。陛下が私自身の部屋にいらしったのは、これが初めてですし、陛下が御自分の宮眷(じょかん)の部屋にいらっしゃるのは大変珍しいことなので、私は当然非常に困ってしまいました。陛下をお立たせ申しあげておくわけにはゆきませんし、支那の習慣では皇帝と皇后両陛下は御自分用の特別のお椅子にしか腰をおろされぬことになっていまして、陛下がたのお出ましの時にはいつでもお供がその椅子を持って行くのですから、私は自分の椅子の陛下のどれかにお坐り願うわけにも行かないのでした。それで、陛下御自身の椅子を持って来るようにとの命令を出そうとしかけましたら、陛下は私をお止めになって「部屋にある椅子の一つに坐って、あなたに好運が来るようにしてあげましょう」とおっしゃいました。そこで陛下は安楽椅子に腰をおろしになりました。太監が陛下のお茶を運んで参りましたので、私は太監にお給仕させないで、私自身で陛下に差上げました。これはもちろん宮廷の礼法ですし、それからまた、尊敬を表すしるしでもありました。

陛下はお茶がおすみになると、起ちあがられて、部屋を歩き廻られ、あらゆる物をお検(しら)べになり、私の箪笥の抽斗(ひきだし)や盒(はこ)をのこらずお開けになって、私がきちんと自分の物を始末しているかどうか御覧になるのでした。ふと、部屋の一隅に目をおやりになると、陛下は「あそこの卓の上にある絵はなに」と叫ばれて、それを検べるためにそちらに歩いて行かれました。陛下はそれをお取り上げになるや否や、とても驚かれて叫声をあげられ、「まあこれはみんなあなた自身の写真じゃありませんか、あなたが描かせた絵よりずっと好く出来ています。この方がずっとあなたに似ていますよ。なんであなたは前にこれを見せてくれなかったのです?」。どう御返事申しあげてよいかわからないでいますと、陛下は私が御質問でひどく困っているのを御覧になって、直ぐとなにか別の話をお始めになりました。私たちの誰もが陛下の御質問にまるで用意ができていないことをお見取りの時には、陛下はよくこういう風になさるのですが、そのうちに、私たちが直ぐ答ができるようになっているとお考えになった頃、かならずまたその話を始められるのでした。

しばらく写真をお検べになった後で(余談ですが、この写真はすべて洋装で写っていました)、太后陛下のおっしゃるには、

「なるほど、これはいい写真ですね、あなたが描かせた肖像よりずっといい。それでも私は約束をしてしまったのですから、やっぱりそれは守らなければと思います。けれども、私が写真を撮らせたとしても、画像を描くのにはなんの関係もありはしません。ただ一つの困難というのは、普通の商売にしている写真屋をこの宮中に連れて来られないことです。それはどうもふさわしい事ではありませんからね」

「召見に行く写真を一枚撮って」と

私の母はそこで太后陛下に、もし陛下が御自分のお写真をお撮らせになりたい思召しであらせられるなら、私の兄の一人がかなり長らく写真術を研究していましたから、必要なことは何でもできることと思いますと御説明申しあげました。

私には当時、太后陛下に任官して宮廷に勤めている兄が二人(1)あったことを申しあげておきたいと思います。一人は万寿山の離宮の電気装置すべての管理をしていましたし、もう一人は、太后陛下御乗用の蒸気艇(2)を管理していました。

慣例によって、満洲人の官員の子弟はすべて二三年の間、宮廷である位置につくことになっていました。彼らは宮城の域内を歩き廻ることは完全に自由で、太后陛下に毎日お目通りするのでした。陛下はいつもこうした若者に対し非常に御親切で、まるで慈母のようにうち解けてお話しなさるのでした。こうした若者たちは毎朝非常に早く宮殿に伺候しなければなりません。しかし夜はすべて如何なる男も宮中に留まることを許されませんから彼らはその日の勤務が終ると退出しなければならないのです。

太后陛下には私の母の言葉をお聞きになりますと、非常にお驚きになって、なぜ私の兄が写真術を習得していたと言ってくれなかったのかとお尋ねになりました。母はお答え申しあげて、太后陛下が写真をお撮らせになりたい思召しだとは夢にも存じ上げませんでしたので、自分からこういう事を申し出なかったのでございますと申しあげました。太后陛下はお笑いになって「私はなんでも新しいことはやって見たいと思っているのですから、なんでも好きなことを申し出ていいのですよ。それに特に外の人にはそのことはなんにも知れないのですから」とおっしゃいました。陛下は直ぐ私の兄を呼びにやるように命令をお出しになりました。兄が参りますと、太后陛下はこれに向われて「あなたは写真師だと聞きました。私はあなたにしてもらいたいことがあります」と仰せになりました。兄は、陛下が話しかけておられる間、宮廷の習慣にしたがって、跪（ひざまず）いていました。誰でも、宮眷（じょかん）は別として、太后陛下が自分にお申しつけになっている時は、跪かなければならないのでした。皇帝陛下御自身さえもこの規則にはお洩れになりませんでした。もちろん宮眷（じょかん）は絶えず供奉していて、太后陛下からしじゅうお申しつけを蒙っているのですから、跪かないでもいいと許されていました。そしてそれは時間の莫大な浪費だからというので、私たちはそうすべからずという陛下の御命令だったのです。

太后陛下は私の兄に、いつ来て写真を撮ってもらえるか、どういう天気が必要なのかとお尋ねになりました。兄は、その晩すぐ北京に帰って、自分の写真機を持って参ります、天気はこの撮影に影響しないでしょうから、陛下のお望みの時にいつなりとお写真を撮ることができますと申しあげました。それで太后陛下は御自分のお写真を翌日の午後お撮らせになることにお決めになりました。陛下は「私はまず何より先に私の轎（かご）に乗って召見に行くところを一枚撮って欲しいと思います。ほかのは後でいずれ撮れるでしょう」とおっしゃいました。陛下はそれから私の兄に、どのぐらいの間姿勢を取っていなければならないかとお尋ねになって、たった数秒で充分だとお聞きになって吃驚（びっくり）なさいました。

写真機を覗き「お前は逆立しているのかえ」

次に陛下はそれを仕上げるのにどのぐらいかかるか、自分もそれを見たいからと御下問になりました。私の兄は、朝に撮影すれば、その日の午後遅く出来あがりますとお答え申しあげました。陛下はそれは嬉しいとおっしゃって、私の兄がその現像をやるのを見ていたいという御希望をお洩らしになりました。陛下は兄に、宮城内のどの部屋でもその仕事に充てて構わないとおっしゃって一人の太監にそれに必要な準備をするように御下命になりました。

翌日はうららかな日でした。八時に兄は数台の写真機を携えて中庭でお待ちしていました。陛下は中庭にお出ましになって、写真機を一台一台お検べになりました。「あなたがこんな物で人の絵が撮れるとは、なんと奇妙なんだろう」と陛下はおっしゃいました。写真を撮影する方法の説明をつぶさにお聴取りになった後、陛下は太監の一人にお吩咐けになって写真機の前に立たせ、どんな風に見えるか、焦点を合せるガラスを通して覗いて見ようとなさいました。陛下は「お前の頭がさかさまになっているのはどうしてだろう。お前は逆立しているのかえ、足で立っているのかえ？」とお叫びになりました。それで私たちは、写真を撮影した時はそんな風に見えないということを説明申しあげました。陛下は御自身の観察の結果を喜ばれて、これは驚くべきものだと仰せになりました。ついに陛下は私の姿もこのガラスを通して眺めて見たいからと、私にそこに行って立つようにとお吩咐けになりました。陛下はそれから私と位置を替えられ、私がガラスを通して覗いて、陛下のなさることがわかるかどうか見たいと望まれました。陛下が写真機の前でお手をお振りになりましたので、私はそう申しあげますと、陛下はお喜びになりました。

それから陛下は轎にお入りになって、舁ぎ手に進めとお命じになりました。私の兄は、陛下が写真機の前を御通過になった際に、鹵簿（天子の行列の意）中の陛下のお写真も一枚撮りました。陛下は写真機の前を御通過になってから、私の兄に「あなたは写真を撮ったの？」とお尋ねになりました。私の兄が、お撮りいたしましたとお答えしますと、太后陛下のおっしゃるには「なんだってそう言ってくれなかったのですか？　私はあまり真面目すぎた顔をしていました。今度あなたが一枚撮る時には、そう知らせてください。私は晴々と見えるようにしますから」。

私には、陛下がひどくお喜びになっておられることがわかりました。私どもは召見の間の囲屛のうしろにいましたけれど、陛下は、もっと写真を撮らせようと思われて、召見を早くすませたいと焦れておられるようにお見受けしました。その時の召見はすむまでにたった二十分ほどしか掛りませんでしたが、これは非常に珍しいことでした。

人々が退出いたしましてから、私たちが囲屛のうしろから出ますと、陛下は「さあ行って、天気のよいうちにもっと写真を撮りましょう」とおっしゃいました。そこで陛下は「召見の間」の中庭にいらっしゃると、私の兄は写真機を用意していて、もう一枚写真をお撮りいたしました。陛下は自分が宝座に坐っているところを、あたかも召見を賜っている時とそっくりに、撮らせたいと仰せになりました。私たちが中庭にあらゆる物を用意するのは数分しか掛りませんでした。囲屏(ついたて)を宝座のうしろに置き、足台も陛下のために用意して置かれました。それから陛下は宮眷(じょかん)の一人に、行って陛下のために数着の袍を選んで持って来るようにとお吩咐け(いいつけ)になりました。同時に私は出かけて行き、陛下のお気に入りの宝玉をいくつか持って参りました。

太后が見学できるよう暗室に椅子を

陛下はエヴァンズ提督と同夫人とに拝謁を賜った時の召見にお召しになった二着の袍と、それからこのそれぞれの折につけられたのと同じ宝玉を持って参るようにとの御命令でした。次に陛下はそれぞれの衣裳で一枚ずつ、即ち以上の服装で二枚の写真をお撮らせになりました。次に陛下はなんの刺繍もない無地の袍を着て一枚撮って欲しいとおっしゃいました。陛下は私の兄にこれまで撮った写真を仕上げにゆくように、それがどんなものだか早く見たくて堪らぬから、と御命令になりました。陛下は私の兄に「ちょっと待ってください、私もあなたと一緒に行って、あなたがあれをどういう風にやるのか見たいと思いますから」とおっしゃいました。もちろん、私はこれまで太后陛下に、写真現像の方法だとか暗室だとかを説明申しあげることを必要とは考えていませんでしたので、ここにおいて私の及ぶかぎり、写真についての委細を説明申しあげたことでした。太后陛下は「そんなことは構いません。部屋がどんな様なものでも構いませんから、私はその部屋に行って見たいのです」とお答えになりました。それで私ども一同は、私の兄が写真を製作するのを見るために暗室に席を移しました。私どもは太后陛下が腰をおかけになれるようにお椅子を置きました。陛下は私の兄に「あなたは私がここにいるということを忘れて、いつもと全く同じに自分の仕事をやって行かなければいけません」とおっしゃいました。陛下はしばらくじっと見つめておいででしたが、乾板がこんなに速かに現像されて行くのを御覧になった時は非常にお喜びになりました。私の兄は乾板を赤灯の光にかざして、陛下にはっきり見えるようにして差上げました。陛下はおっしゃいました。

「あまりはっきりしていませんね。それが自分に違いないということはわかりますが、なんだって私の顔や手がこんなに黒いんでしょう」。

私どもは写真が紙に印画された時には、この黒い部分が雪のように白くなり、白い部分が黒くなりますと、説明申しあげました。陛下のおっしゃるには「なるほど、老来学をなすに遅からずというがほんとうですね。これはじっさい私には新しい物です。私は自分の写真を撮らせようと言い出したことを後悔しません。ただ私の願うことはあの画像を描くのもこれと同じように面白くあってくれるといいのですが」。陛下は私の兄に「私が午後の昼寝をすますまでこの写真を仕上げてはなりませんよ。私はあなたの仕事を見たいのですからね」とおっしゃいました。陛下は三時半ごろお目醒めになりましたが、いつもの御習慣のようには、身じまいにあまり時間をお取りになりませんでした。陛下はそれから直ぐ私の兄が印画紙をはじめすべての用意をしておいたところに、お出むきになりました。兄はそれから陛下に印画の行われる次第を御覧に入れました。丁度夏季のことでしたから、光線は充分でしたし、まだ午後の四時なので陽はなお高くかかっていました。太后陛下は兄が焼付をしている間、二時間も見ていらしって一枚一枚の写真がすっかり明瞭に出て来るのを御覧になって、お喜びになるのでした。陛下は最初の写真を手にお持ちになったままあまり長く他のを検べておられましたので、また最初のを御覧になってみると、まるで黒く変ってしまったのにお気付きになりました。陛下にはこれはまったく見当が付かれませんでしたので、「これはどうして黒くなってしまったのでしょう、運の悪いしらせじゃありません？」。私どもは陛下に、焼付の後では洗わなければなりません。そうしないと、この写真が変ったように強い光のために、像が消えてしまうのですと御説明申しあげました。「どうもたいへん面白いものですね。それになんていろいろな仕事があるのでしょう」と陛下はおっしゃいました。

慈悲の女神「観音」に扮して一枚撮ろう

焼付のプロセスがすみますと、私の兄は、普通のように、印画を化学薬液に浸し、最後にそれを清水で洗いました。陛下は像がいかにも明瞭に現われて来るのを御覧になった時にはさらに驚かれて、「なんて素晴らしいのでしょう。なんでもがまるで実際とそっくりです」と叫び声をあげられたほどでした。写真がとうとう完成しますと、陛下はそれを全部御自分の部屋に持って行かれ、小さな宝座に腰をおろされて、長い間それをじっと見つめておいででした。陛下はさっき撮った写真と御自分の姿を比べるために鏡に映して御覧になったほどでした。

西太后と側近たち　湖上にボートを浮かべて

この間私の兄は中庭に立ちつづけて太后陛下の次の御命令を待っていたのでした。とつぜん陛下はこのことを思い出されて、おっしゃいました。「ああ、私はあなたの兄さんのことをすっかり忘れていました。気の毒にあの男は私の次の望みを聞こうというので、まだ立ったまま待っているに違いありません。あなたが行って言って下さい――いや私が行って自分で話してやった方がいいでしょう。一日じゅうよく働いたのだから、嬉しくさせるようなことをなにか言ってやりたいと思います」。

陛下は私の兄にあの写真を各々十枚ずつ複写するように御命令になって、兄が翌日も仕事を続けられるよう、写真機はみな宮中に置いて行くようにとおっしゃいました。

続く十日間は雨が晴れ間なく降りつづいて、天気がよくなるまではなんにも写真を撮ることができませんでしたので、太后陛下はひどく焦れていらっしゃいました。太后陛下は「玉座の間」で二三枚お撮らせになりたいという思召しでしたが、この部屋は上の窓に厚い紙を貼りつけてありますので、光線が入るのは下の窓だけでしたから、暗すぎました。兄は数回やってみましたが、良い写真が撮れませんでした。

この霖雨の間、宮廷は海の離宮に移りました。皇帝陛下が社稷壇（しゃしょくだん）で犠牲の祀を行われることになったからです。これは毎年行われる祭祀で、ほかのすべての年中行事と同じ格で挙行されます。雨なものですから、太后陛下は夏の離宮（万寿山）の西岸に舫（ボート）を持って来て着けるように御命令になりました。太后陛下は宮廷に召し具して、舫（ボート）にお乗りになり、北京城の西直門（シーチーメン）に進まれ、最後の橋に着いたところで、舫（ボート）からお降りになりました。轎（かご）が待っていましたので、私たちはそれに乗って海の離宮の門に参りました。そこで私たちはまた舫（ボート）に乗り、一哩（マイル）（約一・六キロ）ばかりの距離を、湖を渡って行ったのでした。湖を渡しながら、太后陛下は丁度満開の沢山の蓮の花にお眼を留めさせられて、おっしゃるには、

「私たちはここに少なくとも三日は

観音に扮した西太后　右は李蓮英、左は崔玉貴

滞在することになりますが、私はこの湖の上で屋根のない舫に乗っているところを二三枚写真に撮って貰おうと思いますから、お天気が晴れてくれればと思います。私はもう一つうまい考えがあるのです。それは、私が「観音」（慈悲の女神）に扮して一枚撮って貰おうと思うことです。二人の太監が侍童の扮装をします。入用な袍は先だってから作ってあって、私はときどき着て見たのですよ。私がなにかで怒るとか、心配があるとかした時は、「慈悲の女神」の扮装をすると、自分の気持を鎮める助けになるので、私はその役を演ずるのです。ほんとうに、その扮装をすると私は慈悲の権化と仰がれていることを思い出させられるので、非常に私のためになるのです。だから私自身がこの衣裳をつけた写真を撮らせれば、こうありたいと思う自分の姿をいつも見ておれることになりますからね」。

太監はすべて画家に口をきくことを禁止

私たちが宮廷に着いた頃には雨は止んでいました。私たちは、地面がまだ泥々(どろどろ)でしたけれど、陛下のお寝間まで歩いて参りました。太后陛下のお癖の一つは雨中に出てお歩き廻りになりたがられることでした。雨がひどく激しい時でなければ雨傘さえ御使用になりませんでした。太監はいつも私たちの雨傘を持って歩いていましたが、太后陛下が御自分の雨傘を御使用にならない以上、もちろん私たちが自分のを使うことは到底できないことでした。同じことはあらゆる例にあてはまります。太后陛下がお歩きになりたい思召しなら、私たちも歩かなければなりません。そしてもし陛下が轎(かご)に乗ろうと決心されれば、私たちも轎に入って、やっぱり乗らなければならないのでした。この規則の唯一の例外と申しますのは、太后陛下が歩行にお倦（あ）きになり、休息のために床几（しょうぎ）をお吩咐（いいつ）けの時です。私たちは陛下の御前では腰をかけることは許されず、しじゅう立っていなければならないのです。太后陛下は紫禁城のなかの御殿よりも、海の離宮のほうがお好きでした。それはずっと綺麗で、陛下の御機嫌を好くする効果がありました。

　私たちはみなこの旅でひどく疲れていましたので、太后陛下はその日は一同に早くから退（さが）ってよいと御命令になって、明日晴れている場合は、前に言ったあの写真を撮って貰うと仰せになりました。けれども、太后陛下のひどくがっかりなさったことには、次の三日間というものは雨は止み間なく降り続きましたので、御滞在を数日お延ばしになることに決りました。私たちの滞在の最後の日には、雨はすっかり霽（は）れあがって、写真を撮ることができましたので、それがすむと私たち一同は夏の離宮（万寿山）に帰りました。

　私たちが、夏の離宮にもどりました翌日、太后陛下は、あの閨秀画家（カール嬢）を迎える謁見のためにいろいろ準備した方がよいと仰せになりました。陛下は宮殿監督に申しつけられて、他の太監はすべてカール嬢に口をきくことを禁ずる、ただしその場の必要に遵って礼儀正しく応対するだけでよろしい、との御命令をお出しになりました。私たち宮眷（じょかん）も同様な御命令を受けました。それからまた、私たちはカール嬢がいる前では太后陛下にお話を申しあげてはならぬとのことでした。皇帝陛下も同様な御指図をお受けになりました。太后陛下は醇（チュン）親王[3]の宮園を用意させるように御下命になりました。

それから陛下は私どもにおっしゃるには「この閨秀画家の番は、あなたがた三人に頼みますよ。食膳は外務部(ワイウーブ)の方から供させるように、私はすでに命令を出してあります。私が気になる唯一のことは、ここにはカール嬢の食べるような西洋料理がないことです」。陛下は、カール嬢がなにか料理する場合のために、醇王府に私たちの焜炉も持って行かせなさいと御命令になりました。「毎朝この婦人を宮中に連れて来て、夜は連れて帰り、その上に一日じゅうこの婦人を見張っていなければならぬというのは、ずいぶん辛いことだろうと私も承知していますが、あなたはべつに気にかけないことと思います。これはみんな私のためにしてくれるのですからね」と陛下はおっしゃいました。しばらくして陛下はにっこり微笑(ほほえ)まれて、おっしゃるには「まあ私としたことが何と我儘(わがまま)だろう。私はあなたがたに吩咐(いいつ)けて、あなたがたの物は一切ここに持って来させておきましたが、あなたがたのお父さんはどうなっているのだろう？　一番好いことは、お父さんにも来てもらって、同じ場所に住むことですね。田舎の空気はあの人の身体にいいことでしょう」。私たちは叩頭(コウトウ)して太后陛下にお礼を申しあげました。というのは、これは特別の御優遇で、いかなる役人にあれ何にあれ、いままだかつて醇王府に住むのを許されたものは、ほかになかったからです。私どもはみなとても嬉しく思いました。――これからは、父に毎日会えるのですもの。これまで私どもは一月に一ぺんぐらいしか父に会えませんでしたし、その折でも特別の賜暇を願わなければならないのでした。

見張っていることを気付かせないように

翌日、太后陛下は私どもを醇王府に遣わされて、カール嬢の滞在のために必要な準備万端をととのえさせられました。

この醇親王の宮殿は素晴らしいところでした。小さな家屋はみなそれぞれ全く別々に建てられ、普通の習慣のように一つの大きな建物になっていません。庭には小さな湖があって、美しい小径を歩いて行けるようになっています。太后の夏の離宮とそっくりですが、もちろん規模はずっと小さいものでした。私たちはこういう小さな家、否、亭の一つを選んでカール嬢の滞在の間の使用に充て、嬢をできるだけ居心地よくするために、上品に飾りつけました。私たちは自身はいつでも手近におれるように、同時にカール嬢を充分見張っておれるように、カール嬢の隣の家に住むことと致しました。私たちはその晩、夏の離宮に帰って参り、太后陛下に万事をどういう風にととのえたかを、そのまま申しあげました。陛下は「あなたがた皆が、非常に気を付けて、この婦人に見張っていることを気付かせないようにして下さいよ」とおっしゃいました。陛下がこのお指図をカール嬢の到着の数日前にも繰り返されたところから見ても、この点についてはひどく気にかけておいでのようにお見受けしました。

私はこの謁見の前日が来た時にはとてもほっとしたような気がしました。万事がやっと太后陛下の御満足が行くようにととのえられました。陛下は休息して翌朝顔色よく見せたいからとおっしゃって、その晩は私どもにも早く退るように御命令になりました。その朝が来ますと、私たちはカール嬢の到着までに仕度できるように、あらゆることを、いつもの朝の召見までに、急いですませました。

私がいつものように囲屏（ついたて）の蔭に立っていますと、一人の太監が来て、私に、コンガー夫人と画家ともう一人の婦人とが到着したことを告げました。その時までに召見は終りかけていました。宮殿監督が入って来て、陛下に、外国の婦人がたが到着されて、別の部屋で待っておりますと申しあげました。陛下は私に「私は中庭に行って、そこで会いたいと思うのですが」とおっしゃいました。もちろん、すべて私的の謁見に際しては、太后陛下は「玉座の間」で人々に謁を賜わるのでしたが、カール嬢はどちらかというと賓客でしたから、いつもの正式の謁見の公式に従ってやる必要はあるまいと考えられたのでした。

階段を降りて行くと、婦人たちが中庭の門を入って来るのが見えました。太后陛下にカール嬢を指してお教えしますと、陛下が非常に鋭い眼でカール嬢を御覧になるのに気がつきました。私たちが中庭に着くと、コンガー夫人が進み出て、太后陛下に御挨拶申しあげ、それからカール嬢を紹介いたしました。太后陛下のカール嬢に対する第一印象はおよろしく拝せられました。それはカール嬢が非常に晴やかな微笑を浮べていたからです。太后陛下はいつでも晴やかな微笑を見るのを好まれるので、私に低い調子で「あの人はとても明るい人らしいですね」と声をお上げになりましたので、私は、陛下がそうお考えになられて非常に嬉しく存じますとお答え申しあげました。私はカール嬢が太后陛下にお与えする印象についてひどく気にかけていたからでした。太后陛下は、カール嬢と私が互いに挨拶を交わすのを見守っていらっしゃいましたが、陛下が満足されたことが私にもわかりました。陛下は後で私に、カール嬢が私にまた会えたのを非常に喜んでいるのが陛下にも認められたとお話しになって「これならずいぶん楽にこの女(ひと)を扱える、と思ったのです」と仰せになりました。

玉の鐲と護指をつけ髪飾りに玉の蝶を

太后陛下がそれから御自分の御殿にいらしったので、一同もお供しました。私たちが着きますと、カール嬢は私に自分の画布(カンバス)を持って来たことを申しました。これは縦六呎(フィート)横四呎の布でした。私はカール嬢にすこし以前に、太后陛下は画像があまり小さければお断りになるだろう、陛下は等身大のをお好みであると言ってやったのでした。太后陛下は画布(カンバス)を御覧になったとき、それでも充分な大きさでないと思召したようで、ひどく御失望の模様に見受けられました。私たちはカール嬢のために卓の仕度をしました。太后陛下はカール嬢に描くのに都合の良い位置を選ぶようにとおっしゃいました。窓が非常に低いので床近くの低いところのほかは光線がほんのわずかしか射しませんので、カール嬢が好い位置を選ぶのには非常に困るだろうということは私にもわかっていました。けれどもとうとうカール嬢は画布(カンバス)を部屋の戸口近くに立てました。太后陛下は、別の袍に着更えたいと思うから、しばらく腰をおろして待っているようにと、コンガー夫人やそのほかの者に仰しゃいました。私は陛下に随(つ)いてお寝間に参りました。陛下がお尋ねになった最初の質問はカール嬢を幾歳(いくつ)と思うかということでした。カール嬢の髪の毛はきわめて明るくて、じっさいほとんど白といっていい位でしたから、陛下は御自分では年齢の見当が付かれなかったのです。私はこれを伺うとあやうくぷっと噴き出すところでしたが、陛下に、カール嬢の髪の毛は生れつき明るい色なのですと申しあげました。太后陛下は、自分も金髪の婦人はしばしば見たことがあるが、白い髪のは、老婆のほかにはひとりも見たことがないとおっしゃいました。「けれども、あの女は非常に上品なひとのようですね。描く画像もうまければよいが」と陛下はおっしゃいました。

陛下は宮眷の一人の方に向かれて、黄色い袍を取って来るようにと仰しゃいました。前にそれを召された時には、黄色がお気に入らなかったのですが、画像には一番向くだろうとお考えになったのでした。陛下は宮眷が持って来た数々の袍のうちから、一面に紫の藤を繍い出したのを一着お選びになりました。御鞋と手巾も共色のでした。陛下はそれに青絹の「壽」(長生)という字を刺繍した領巾をお羽織りになりました。「壽」という字のまん中には一つずつ真珠がついていました。陛下は玉の鐲とそれから玉の護指をおつけになりました。これに加えて、陛下は玉の蝶々と総を髪飾りの一方におつけになり、いつものように、片側には瑞々しい花をお挿しになりました。太后陛下はこの折はまことに美しく見あげられたのでした。

陛下が御自分の部屋から出かけられる時までに、カール嬢は万端の準備をととのえていました。カール嬢は太后陛下がこんな風によそおわれたのを拝見すると、「このお召物を召されると、陛下はなんと御立派でいらっしゃること」と叫声を上げましたが、その言葉を翻訳して差上げますと、陛下は大変お喜びになりました。

「午後の昼寝の間は描かせたくない」

陛下は宝座にお上りになって、画像のために姿勢(ポーズ)をとる用意をなさいました。陛下はただ普通の楽な姿勢でお坐りになって、片手を褥(クッション)におかけになりました。カール嬢は叫びました。

「それは素晴らしい姿勢ですし、それに非常に自然です。なにとぞお動きにならないで」。

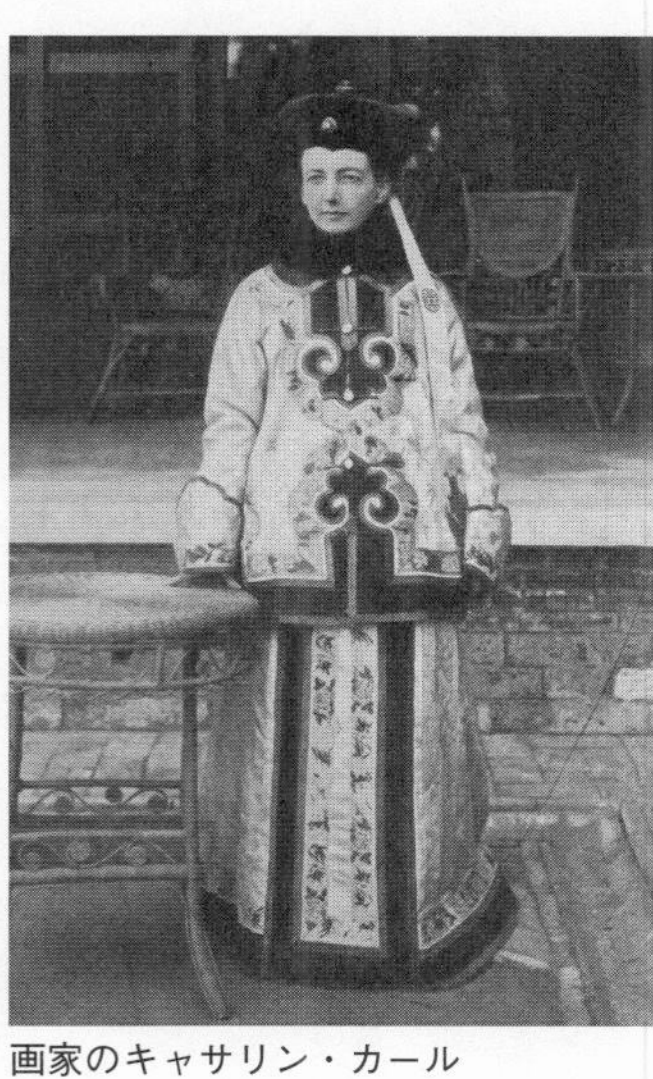

画家のキャサリン・カール

私がカール嬢の申したことをお伝えいたしますと、陛下は、立派に見えるかどうかとお尋ねになり、立派でないなら、姿勢を変えたいとおっしゃいました。陛下はその御姿勢では非常に堂々とお見えになりますと私は保証いたしました。けれども、陛下は皇后様や三四人の宮眷(じょかん)にも意見をお求めになり、そうしてこの人たちはみな口をそろえて陛下はこれ以上お立派に見えることはございませんとお答え申しあげました。だけどこの人たちはじつはカール嬢のやっていることをあまり夢中になって見ていましたので、太后陛下の方を全然見ていなかったのに私は気がついたのでした。

カール嬢が下図を取りにかかりますと、みんなは口をポカンと開けて眺めていました。この人たちは今までどんな事でもこんなに楽々と、こんなに自然に運ばれるものを見たことがなかったのです。皇后様は私に囁いておっしゃるには、「肖像画を描くことについてはなにも存じませんけれども、それでも、あのひとがうまい画家だということは私にもわかりますわ。あのひとは今までなにも私たちの衣服や髪飾りのことを御覧になったこともないのに、そっくりに描いています。ちょっと考えて御覧あそばせ、私たち支那の画家の誰かが外国の婦人を描こうとする段になったら、どんなに目茶なものを作ることでしょう」。

下図が終りますと、太后陛下はお喜びになって、カール嬢がかくも敏速に、かくも正確に描きあげたのは驚くべきことだとお考えになりました。私は説明申しあげて、これは下図で、カール嬢が描き出しましたら、陛下もすぐ相違がおわかりになることでしょうと申しあげました。太后陛下は私に、カール嬢が疲れて休息したがってはいないかたずねて見なさい、なおまた、陛下は終日非常にお忙しいので、毎日数分ぐらいしか坐って上げられないだろうということを申し伝えるようにとおっしゃいました。私たちはそれから、カール嬢をコンガー夫人と共に午餐に案内し、午餐がすむと太后陛下のお供をして戯場に参りました。

コンガー夫人が退出してから、私はカール嬢を私の部屋に連れて来て休息させました。私たちがそこに着くや否や、太后陛下は太監を遣わされて私をお寝間にお呼びになりました。私太后陛下のおっしゃるには「私はあの婦人が私の午後の昼寝の間にも描かせるようなことはさせたくありません。あの婦人もその時間には休息してよろしい。私が起きたら直ぐあなたはあの婦人をここに描かせに連れておいでなさい。前に思っていたよりも、よく行きそうなので嬉しく思います」。私はそれでカール嬢に、この点に関する太后陛下の思召しをお伝えして、陛下が御休息をすまされた後で、あなたが御希望なら、ちょっとの間描いてもよろしいと申しました。カール嬢は太后陛下にとても興味を持ってしまいましたのですこしも休みたくはございません、直ぐに絵の方を続けたいと存じますと申すのでした。もちろん、私は、カール嬢を吃驚(びっくり)させてはいけないと思いましたので、最初の日にはなにも話したくなかったものですから、これが太后陛下からの御命令だということは申しませんでした。いろいろと策略をめぐらした後で、やっと私はカール嬢の気持を損じさせないで、直ちに絵を続けるという考えをよさせることができました。

太后以外は立って食べる野蛮人と思わせたくない

太監がちょうど私たちが入っていた部屋のなかで太后陛下の晩餐の膳部を仕度している間に、私はカール嬢を廊簷(ベランダ)に連れ出しました。皇后様がひっきりなしにカール嬢に話しかけになって引留められましたので、私は通訳の御役目をいたしました。ほどなく太監の一人がやって来て、太后陛下は晩餐を終えられましたから、私たちにどうぞ来て晩餐をしたためて下さるようにと告げました。部屋に入って見ますと、椅子が並べてありますので、私はひどく驚きました。太后陛下のほかは、誰でも立ったままで食事をすることになっていて、こんなことは前になかったからです。皇后様もひどく驚かれて、私になにかこれについて御存知かとお尋ねになりました。たぶんカール嬢がここにいるためでしょうと私は申しあげましたが、皇后様は、そうするような御下命がないのに勝手に腰かけることを怖れられて、あちらに行って、太后陛下にお伺いしてみましょうとおっしゃいました。太后陛下は声をひそめて私におっしゃいました。

「私は、カール嬢に、私たちが野蛮人で、皇后様や宮眷(じょかん)たちをあんな風に扱うと思わせたくないのです。もちろん、あの婦人は私たちの宮中の作法を知らないのですから間違った印象を起こすかも知れません。だからあなたたちは、わざわざ私にお礼を言いに来ないで腰をかければよろしい。ですがまるで毎日腰かけて晩餐をとる習慣だったというように、自然にやってくださいよ」。

太后陛下はお手をお洗いになると、私たちの卓の方にお越しになりました。もちろん私たちはすべて起立いたしました。太后陛下は私を通じてカール嬢に、料理が気に入ったかどうか御下問になりました。そしてカール嬢が自分の国の料理より気に入ったと御返答申しあげた時にはお喜びになりました。これで陛下の御懸念もなくなったのです。

晩餐がすみますと、私はカール嬢に、太后陛下にお別れの御挨拶を申しあげるようにと申しました。私どもは太后陛下とそれから皇后様にも御挨拶し、宮眷(じょかん)たちにお寝みあそばせを申しました。それから私どもはカール嬢を醇王府に連れて行きました。馬車で十分ほどかかりました。私どもはカール嬢をその寝間に案内し、そして嬢を残して部屋に帰り、ゆっくりと夜の休息を楽しんだのでした。

翌朝、私どもはカール嬢を連れて宮中に参内し、朝の召見の間にそこに着きました。もちろんカール嬢は外国人ですから「玉座の間」に入れませんでしたので、私たちは「召見の

西太后画像　カールが描いた肖像画。アメリカのスミソニアン博物館アーサー・M・サックラー・ギャラリー蔵

間」(仁寿殿(レンショウディエン))の裏の廊簷(ベランダ)に腰をおろして、召見のすむのを待っていました。このために、もちろん、私はいつものように朝見に侍することができなくなり、現代の情勢に接触することができなくなりましたので、非常に失望いたしました。なおまた、宮廷にいる間の私の一つの目的は太后陛下の御興味を西洋の習慣と文明に向けるように努力することにあったのです。私の信ずるところでは、太后は随分こうした事柄に興味を持たれるようになられ、私たちの会話の題目を陛下の大臣たちにもお向けになって、意見を求められるのでした。例えば、私が、フランスで参観した観艦式の折の写真を御覧に入れたことがありましたが、陛下は御感に入られた模様で、是非とも支那でもこういう催しをやれるようにしたいものだと仰せになりました。この件を陛下が大臣たちに諮られると、大臣たちはいつものように責任を回避するような返事をするのでした、即ち「それにはずいぶん時日を要します」。この事からでもおわかりになるように、太后陛下がたとい変法を望まれるにせよ、全くおひとりでは御採用になることはできなくて、大臣たちと御相談なさらねばならないのですが、その大臣たちと来ては、いつも太后陛下に御賛成申しあげながら、必ずその件はしばらく延期いたしましょうと申し出るのでした。

昼寝の後でまた坐ってポーズを

私の宮中における間の経験からいたしますと、みんなが自分に面倒がかかりはしないかと心配して、何でも新しいことを申し出ることを懼(おそ)れているように見受けられたことでした。

西太后画像　カールは４枚の肖像画を描いたといい、これはその１枚とされる。北京・故宮博物院蔵

太后陛下が「召見の間」から出ておいでになりますと、カール嬢は陛下の前に進み出て御手に接吻申しあげました。これには陛下はだいぶ吃驚（びっくり）されたようでしたが、その時にはその気配をお見せになりませんでした。けれども後で私たちきりになった時、陛下は、これは支那の習慣にはないので、なぜカール嬢が、こんなことをしたのかとお尋ねになりました。陛下は当然、それは外国の習慣に相違ないとお考えになったので、それについては何ともおっしゃいませんでした。

太后陛下はそれから歩いて御自分の御殿にいらしって、画像のために衣裳をお更えになりました。麗らかな朝でした。陛下は十分間ばかり姿勢(ポーズ)をおとりになると、くたびれて続けられないと私におっしゃって、カール嬢が絵の方を延ばして差支えないかどうかとお尋ねになりました。私は説明申しあげて、カール嬢はしばらく宮中に滞在することになっていますから、陛下が一日お坐りになるのをお延ばしになっても、その時間にはあまり違いはないでしょうと、私もカール嬢が当然失望することはわかっていましたけれど、そう申しあげました。それでも、私はできるだけ太后陛下の御機嫌をとらねばなりませんでした。そうしなかったら陛下は全部やめてしまわれたことでしょう。カール嬢は、もし太后陛下が御休息なさりたい思召しならば、自分は囲屏(ついたて)や宝座を描いておればよろしいから、後ほど太后陛下のお好きな時にまた姿勢(ポーズ)をとって戴きますと申しました。これは太后陛下のお気に召しました。そして陛下は午後のお昼寝の後でまた坐ることにしようと仰せになりました。太后陛下は、毎日十二時に私の部屋でカール嬢に午餐を出し、私の母と妹と私自身がその相手をするように御命令になりました。宮中の晩餐は通常六時に摂ることになっていますので、カール嬢はその時刻に、太后陛下が御食事を終えられた後で、皇后様や宮眷(じょかん)たちと一緒に晩餐を摂ることにとり決められました。太后陛下はまたシャンパンか、でなければカール嬢の好みのなにか別のお酒を出すようにと御命令になって、外国の婦人が食事と一緒に葡萄酒をとるのが習慣であることを私は知っていますとおっしゃいました。どこから陛下がこの考えを抱かれたか、誰も存じませんでした。私は、きっと陛下は誰かから嘘をお教えられになったのだと思いましたが、この時、違っていると申しあげようとするのは拙策でした。陛下はこうした事については何によらず、御自分が間違っていると言われるのは非常にお嫌いなのでした。それで別の時を待って、話のついでにその問題を持ち出すようにするほかはないのでした。

カール嬢が午後に休息に行った後で、太后陛下は私を呼ばれて、いつもの質問をなさいました。即ち、カール嬢はなんと言ったかなど。陛下は特に、カール嬢が陛下をどう考えたかをお知りになりたいようでしたので、私が、カール嬢は陛下がまことにお美しく、まるでお若く拝されると申しましたと奏上しますと、陛下は「ああ、そうでしょうとも、もちろんあなたにはそう言うにきまっています」とおっしゃいました。けれども、私が、カール嬢はこの意見をべつに尋ねられもしないのに申したのですと誓って申しあげますと、陛下は、まんざらそのお世辞がお気に召さなくもないという御様子をはっきり示されたのでした。

太后の代りに御袍と宝玉をつける

突然、太后陛下は仰せになりました。

「私は考えていたのですが、もしカール嬢が、私がしじゅう姿勢(ポーズ)をとっていなくても、囲屏(ついたて)や宝座が描けるなら、きっと私の衣裳や宝玉なども描けるはずじゃありませんか」。

私は陛下に、なにびともカール嬢が適当な効果を出せるようにこうした品をつけることはできませんから、それは全く不可能でございましょうと申しあげました。私の驚いたことには、陛下の御返事は「なに、そんなことはわけはありません。あなたが私の代りにあれをつければよいのです」というのでした。私はどう申しあげてよいかと困り切ってしまいましたが、多分カール嬢はそういう処置を好まないことでしょうと陛下に申しあげて、この難局を切り抜けようと思ったのでした。しかし太后陛下は、陛下のお顔を描く時が来れば御自身が姿勢（ポーズ）をとられるから、カール嬢の方では別に反対する理由がないとお考えでした。それで私はその件をできるだけ手柔らかにカール嬢に伝えました。そしてついに、太后陛下がお疲れになって御自身で姿勢（ポーズ）をとられない時は、いつでも私が陛下の御袍と宝玉をよそおうことにとり決められました。西太后の画像はこういう風にして描かれたのでした。そして陛下のお顔の表情をカール嬢がとるに要した数時間だけを除いては、この画像が完成するまで、毎日午前に二時間、午後にもまた二時間ずつ、私が姿勢（ポーズ）をとらなければなりませんでした。

（1）勛齢、馨齢。
（2）現在も万寿山にあり。日本より贈りたるもの。
（3）醇親王家は宣宗（道光帝）の子奕譞に始まる。この時は満州国皇帝陛下の御父君載灃の代であった。原文は Chung とあるも醇ならば Chun。

第十四章　光緒皇帝の万寿節

病父が姉妹への仁慈を跪いて謝す

四ヵ月の賜暇も尽きましたので、私の父は六月の朔日に両陛下の引見をお受けすることになりました。父は身体の方はずいぶん恢復しましたが、リューマチにはまだ非常に苦しんでいました。これは「召見の間」の階段を登る時に特に顕著に認められましたので、太后陛下は二人の太監に命じて、私の父を助けさせられました。

父はまず太后陛下に、私の妹と私自身に対する御仁慈を謝し、慣習に遵って、帽子を取って跪き、頭が地面にぶっつかるまでお辞儀申しあげました。この儀礼は、陛下がたより特別の優遇を蒙った役人が必ずとり行うところのものです。

父はそれからまた帽子をかぶり、宝座の前に跪いたままでいました。すると太后陛下は父のパリにおける生活について御下問になり、間に時に触れ、父の功績をお褒めになりました。こうして跪いている姿勢は父を疲れさせるようだと御推察になって、太后陛下は太監の一人に命じて褥を持って来させ、父に使用させられましたが、この褥というのは軍機大臣のみしか使用されないものなので、これまた非常な名誉なのでした。

太后陛下は父に、もう父もずいぶん老年であるから、二度と支那から外に出そうとは思わぬ、それに陛下は私の妹と私とを宮廷に置いておきたい思召しであるが、もし父をどこか外国に出せば、きっと娘たちを同道したいと思うだろうから、そう行かなくなるので、とお話しになりました。陛下は、私たちが長年、支那を離れていたのに、満洲人の習慣にはよく通じているのは嬉しく思うと仰せになりました。私の父はお答えして、娘たちを自国の習慣に遵って育てるべきだというのが自分の願でありましたと申しあげました。

太后陛下はそれから皇帝陛下に向わせられて、なにかおっしゃりたいことはないかとお訊(き)きになりますと、皇帝陛下はそのお答として、父に、フランス語が話せるかと御下問になって、父ができませんというのを聞かれると、それは非常に不思議だとお考えになりました。私の父は説明申しあげて、自分はフランス語を習う暇がございませんでしたし、その上にもう老年なので外国語は覚えられまいと考えましたのでと申しあげました。

皇帝陛下は次に、フランスの支那に対する感情はどうかと御下問になりました。私の父は、清仏両国は今は甚だ友交厚い間柄ですが、拳匪(けんぴ)（義和団）の乱の直後というものは欽差大臣（公使）の任務は甚だ辛い立場にありましたとお答え申しあげました。太后陛下は、あれは不幸な事件でしたが、今は万事円満に解決して喜ばしいと仰せになりました。太后陛下から私の父に、なるべく早く快癒するようにとのお言葉があって、これで引見は終りとなりました。

後で太后陛下は、私の父がフランスから帰ってからひどく老けたように見えるが、また丈夫になるまでは、身体をいたわって、暢気にしていなければいけないとおっしゃいました。

陛下は、父が私の妹と私とに対し陛下がお目をかけられたことに謝意を表したのをお喜びになりました。

七日間続く光緒帝の誕生祝

そのうちに光緒（こうしょ／コワンシュ）皇帝陛下の万寿節（御誕生日）の祝賀の準備が始まりました。それはこの月の二十八日にとり行わせられることになっていました。皇帝の万寿節の実際の日は六月の二十六日でしたが、この日は先帝の御忌辰に当たりますので、祝賀式を挙げることができないために、その代りにいつも二十八日にお祝い申しあげることになっていました。この公けの祝賀式は、その御誕生日の前三日と後四日の七日間続くのでした。この期間、宮廷じゅうが礼服を着用し、いかなる種類の公事も停止になるのです。これは光緒（コワンシュ）皇帝の第三十二回目の御誕辰で、大祝賀式は十年毎にだけ、即ち、第二十回目の御誕辰、第三十回目の御誕辰という風にだけ行われるのでしたから、今度の式はあまり大規模には催されないのでした。けれども、それでも、あらゆる公事の妨げになるには充分でしたから、いつもの朝の召見はこの七日間はとり行われませんでした。太后陛下御自身がこの祝賀の間にも特に礼装をしない唯一人の方で、この式になんら重要な役をなさらないのでした。

　この祝賀がなぜあまり大規模に行われないかというもう一つの理由は、太后陛下が御存命である以上は、満洲の習慣に遵って、太后陛下が皇帝陛下御自身よりも上位にあり、事実、太后陛下がこの国の実際上の主権者で皇帝の方が次位にあるという事実によるのでした。皇帝陛下はこの事実を充分悟っておいででしたので、太后陛下が式の準備を始めるように御命令になりますと、十年目に当たる場合以外は誕辰を祝う必要など全然ないといつも申し出られ、そして非常にしぶしぶと式を行うことに同意なさるのでした。勿論これはどちらかと言えば、皇帝陛下の方で礼儀を重んぜられ、一般の礼式に倣われる処から来るのですが、国民はこの万寿節を慶賀し、当然のこととして習慣に遵って祝ったのでした。この期間には、こういうわけで、御画像を描くことも延期になりました。

二十五日の朝が来ますと、光緒皇帝は袞龍の礼服をお召しになりました。これは黄金の龍を刺繍した黄袍で紅味を帯びた黒色の外掛をお羽織りになります。勿論、皇帝であらせられますから、帽子には普通の頂戴の代りに大きな真珠をおつけになりました。皇帝御一人だけが頂戴の代りにこの特別な真珠をつけることができるということを私は述べておきましょう。皇帝陛下はいつものように太后陛下に「吉祥（お芽出度うございます）」の挨拶をしに来られ、それから太廟に行って祖宗の神位を拝されました。この式がすんでから、皇帝は太后陛下のところに帰って来られ、叩頭の礼をなさいます。支那人はすべて自分の誕生日には尊敬の表示として、両親に叩頭するという規を採用しているのです。皇帝は次に「召見の間」に出御され、そこに集っている大臣百官らの拝賀をお受けになります。この式はとかく可笑しい気持を起こさせます。と申しますのは、数百の人々がみな頭をぴょこぴょこ上下するという光景を呈するからで、特に全部の者が一緒にやろうとしませんから、とても滑稽な見物でした。皇帝御自身さえ噴き出さずにはおられなくなられたほど、それは珍妙な光景なのでした。

皇帝が跪き太后に式のお礼を

式の間に用いられる楽器のことはすこし述べておく価値があります。主楽器というのは硬い木で作られ、径三呎（約九十センチ）ぐらいの平らな底があって、上は地上三呎ぐらいの高さの半円になっています。内部はまったく空虚です。同じ木材で作られた長い棒が撥として用いられ特別に任命された役人が力いっぱいこの鼓をたたくのです。音は書くよりも想像した方が早い程です。これは皇帝が玉座につかれる時を告知する合図として用いられます。上記の楽器のなかに、これも同じ様に硬い木で出来た、等身大の虎の形をして、脊中に二十四の音階のあるのが、中庭に持ち出されていました。この場合には、礼官はこの楽器をうたないで、その脊中の音階をずっと摩るのですが、すると無数の爆竹を同時にうち放したような音を発します。この音は式の間じゅう続けられるので、あの鼓とこの虎の楽器とで、人の耳をつんざくのに充分なのです。この式の間、一人の号令の役の役人が、[1]跪くとか、お辞儀するとか、起立するとか、叩頭するとか等々の場合に、それぞれの命令を叫ぶことになっているのですが、このような物音では、この礼官の発する一語でも聞くことは全く不可能でした。もう一つの楽器は高さ八呎に幅三呎ほどの木製の架になっていました。この架に三本の木の横棒があって、それに純金で出来た十二の鈴が吊してあります。これを木の棒でたたくと、ダルシマー[2]に似なくもないような音が出ます。もちろん、ずっと大きな音です。これが「召見の間」の右手に置いてあります。左手にも同じような楽器が置いてありますが、ただ鈴が白玉を刳り抜いて出来ているのが異っています。この楽器から出る音楽は非常に美しいものです。

この百官の拝賀をお受けになる朝儀が終りますと、皇帝は御自分の宮殿に赴かれます。そこには皇后様（即ち皇帝の正夫人）と瑾妃（皇帝の第二夫人）をはじめ宮眷全部が集まっていまして、叩頭した後で、皇后様に率いられ列席の宮眷一同が皇帝の御前に跪いて、如意を献上いたします。これは笏のようなもので、純粋の玉で出来ているものもあり、木製で玉を嵌めたものもあります。この如意というのは好運の表徴で、これを贈った人に幸福と繁栄をもたらすと考えられているのです。この儀式は、終始、いと妙なる楽器の奏する音楽を伴ってとり行われるのでした。

次に太監の拝賀を皇帝がお受けになることとなり、太監たちは同じ様に皇帝にお祝を申しあげましたが、これには音楽の伴奏はつきませんでした。太監の後には女婢が来て、これで式は全部終りました。皇帝はそれから太后陛下の宮殿に赴かれ、ここで太后陛下の御前に跪き、自分の名誉のために催されたこの式のお礼を言上なさいました。それがすみますと、太后陛下には、宮廷全部の人を随えて、戯場へ芝居を観に赴かれました。

戯場に着くと、私たち一同には太后陛下からお菓子を賜わりましたが、これがこの折の故実です。そしてしばらくの後に太后陛下は午後のお昼寝に引き籠られました。かくて式は終りました。

亡夫の咸豊帝の喪に服す太后

式の二日後に七月は始まりました。七月の七日はもう一つの重要な節会の日でした。牛郎（わし座）と織女（琴座）の二つの星は農業と機織の守護神と考えられていて、伝説によると、昔は夫婦だったということになっています。しかし、喧嘩の果に、二人は別々に住む運命となり、「天の河」によって互いの仲を隔てられることになりました。けれども毎年七月の七日には二人は相逢うことを許され、鵲が二人を会わせるために橋をかけるのだと考えられています。

この式はちょっと特殊なものです。盥数個に水を盛って日の光がその上に落ちるように置きます。すると太后陛下は数本の小さい針をお取りになって、一つの盥に一本ずつお落しになります。針は水に浮んで、盥の底に影を投げます。この影は針の位置に依って、いろいろな形をとりますが、もしその影がある定められた形をとると、その針を投げ入れた人は非常に福があって、利巧であると考えられますし、また一方、針がある別の形を表わせばその人は神々によって無智だと軽蔑されたということになっています(3)。このほかに、太后陛下は香を焚いて、前述の二人の神様に祈りをおあげになりました。

この七月は太后陛下にとっていつもお悲しみの月でした。それは陛下の御夫君の咸豊帝がこの月の十七日に崩御されたので、その忌辰があるからでした。毎年七月十五日は死人の魂を祭る日で、その朝早く、宮廷は犠牲の祭を行うために海の離宮に移るのでした。支那人の俗説では、人が死んでも、その魂は地上にとどまっているのですから、この祭の時に模造の銭（紙銭）を焼くのは、それに表示された金額に相当するだけ逝ける者の魂が利益を得るという信仰によるのです。上に述べた祭の当日、太后陛下は自分に犠牲を献げてくれる人を誰も後に残さないで死んだ不幸な無縁仏のために、祈っておやりになるために数百人の仏僧を遣わされました。この日の晩、太后陛下をはじめ宮眷（じょかん）一同は屋根のない舟に乗って湖（北海）に漕ぎ出し、荷（はす）の花に模したものを灯籠のようにし、中央に蠟燭（ろうそく）を立てて、水面に流します。すると灯籠は浮べる灯明の観を呈しますが、この考えは、この一年間に此世（このよ）を去った新仏の魂が来迎して、自分たちのために用意された祝福を受けられるように、灯明で照らしてやろうというのです。太后陛下は私たちにも、自分で蠟燭に火をつけて荷花灯（かかとう）を水に流すようにとお吩咐（いいつ）けになりました。そうすれば死人の魂が喜ぶだろうとおっしゃるのでした。

太監のうちのある者が太后陛下に、ほんとうにこういう幽霊を見ましたと申しあげましたが、この陳述はそのまま信じられました。陛下御自身はまだ幽霊を御覧になったことはありませんでしたが、陛下はこれは御自身があまりやんごとなき位にあらせられるので、幽霊も陛下を畏怖しているのだと御解釈になっていましたが、御自分のほかの私たち一同にはせいぜい気をつけて、もし何か見たなら陛下に話すようにと御命令になりました。もちろん、私たちにはなんにも見えませんでしたが、多くの宮眷（じょかん）たちはひどく怖がってしまって、なにか超自然的なものを見やしないかと恐れるあまり眼を閉じていたのでした。

太后陛下は御心のかぎりを亡き咸豊（シエンフォン）帝に献げておられましたので、この祥月の間にはいたく悲慟哀悼されるのでした。陛下はほんのちょっとした過ちでもお咎めになるので、どんなにも陛下のお心持を損ねないように、私たちはみな細心の注意を払ったのでした。陛下はほとんど一言も私たちの誰にも話しかけられず、ほとんど絶えず悲哭されるのです。咸豊帝があれほども以前に逝くなられていると思うと、私にはかくまでの御悲嘆の理由がほとんど解しかねるほどでした。宮眷の誰ひとりとして七月じゅうの間、明るい色の袍を着ることを許されませんでした。私たちはすべて暗青色、または深藍色のを着ましたが、太后陛下御自身は、毎日例外なく黒いのを召されていました。陛下の手巾まで黒でした。戯場は通常なら毎月朔日と十五日に開かれるのですが、これも七月じゅうは閉鎖されていました。音楽もありませんでした。そして万事がこよなく厳粛な態度で行われるのでした。じっさい、宮廷全部が深い喪に服していました。

咸豊帝　清朝第９代皇帝。在位1850～1861年

円明園焼討ちで逃亡中に皇帝が遺言を

七月十七日の朝、太后陛下は先帝の神位に参詣され、そこに跪いてだいぶ長い間、哭泣していらっしゃいました。先帝に対して崇敬の意を表わすために、私たちは誰も三日間、肉を食べるのを禁じられました。これは私の宮廷における初めての年だったので、い

つもの華美と騒音の後には、これは私にはひどく奇妙に感じられました。もちろん私にも、これは真実の悲嘆の表示で、なんら上べだけの見せかけではないことがわかっていましたから、太后陛下をはなはだお気の毒に存じ上げました。私は当時陛下のお気に入りでしたから陛下はこの悲しい期間じゅう私をお側近く侍らせておかれました。

皇后様はある日、私に「太后陛下はとてもあなたを気に入っておいでですから、あなたがしばらくお側にいて下さった方が好いと存じますの」と仰せになりました。それで私はそうしたのですが、太后陛下が哭泣を始められる時には私も自分ながらひどく情なくなって、同じく哭泣するのでした。陛下は私が哭泣しているのを御覧になると、直ちにお止めになって、私に哭泣しないでくれとおっしゃいました。私は哭泣するには若すぎるし、なににしても私はまだ真の悲しみというものを知らないのだから、と陛下はおっしゃるのでした。こうした会話の間に、陛下はよく御自分のことをつぶさに私に話してくださるのでした。ある場合に、陛下のお話しになるには、

「あなたも知っているでしょうが、私はまだ若い娘の折からずいぶん辛い生涯を送って来たのですよ。私が両親と一緒にいた頃も、私は可愛がられていませんでしたから、ちっとも幸福ではありませんでした。姉や妹は欲しいものを何でも持っているのに、私は殆ど全く放っておかれていました。初めて宮中にあがった時には、私はその時分は美人と思われていたものですから、多くの人たちから妬まれました。私はひとりで自分のたたかいをやって、それにも勝ったのですから、自分ながら私は利巧者だったと言わねばなりますまい。私が宮中

にあがると、先帝はひどく私に思いを寄せられるようになってほかの婦人がたには誰にもほとんど目もお呉れになりませんでした。幸いと、私は御子を産むという運にめぐまれ、これで私は皇帝の争うべからざる寵妃ということになりました。しかしその後で私にはひどい悪運が廻って来たのです。御治世の最後の年に、皇帝は急な病にとり憑かれなさったのです。かてて加えて、外国の軍隊（英仏連合軍）が円明園の宮殿を焼いてしまったので[4]、私たちは熱河に逃げました。

円明園　英仏連合軍の破壊の跡

もちろん誰でもこの時に起こったことは知っているでしょうね。私はまだうら若い女だのに夫は死にかかり、子供は小さかったのです。東太后（咸豊帝の正后、慈安皇太后）の甥というのが悪いひとでしてね、皇室の血統でないから、どうしたって何の権利もないのに帝位をねらったのですよ。私がこの間に遭った経験ときたら、誰にも嘗めさせたくはないほどでした。皇帝は瀕死の御容態で、事実まわりで起こっていることにもお気が付かれぬほどでしたが、私は御子を抱いて、皇帝の御枕辺に寄り、帝位を嗣ぐべき者についていかがあそばされるお考えかとお訊きしました。皇帝はこの間になんのお答えもなさいませんでしたけれど、危急の折にはいつもそうなのですが、私はこの場合も臨機の考えで、『これが陛下の御子様でございますよ』と皇帝に申しあげました。その言葉を聞かれると、皇帝はお眼を開かれて『勿論、その子が帝位を践むべきだ』と仰せになりました。このお一言で何もかもが一度に解決してしまった時には、私はもちろんほっとしました。このお言葉が実際において皇帝の御遺言で、その直ぐ後に御崩御になったのでした。今でも、まるでほんの昨日起こったことのように、皇帝が死にかかっておられる御様子が眼に浮びます」。

子の同治帝は夭折、光緒帝もひ弱で

「私はわが子を同治帝として共に幸福に送れるはずだと考えていましたが、ふしあわせにも同治帝は二十歳にも達しないで死んでしまいました。帝が死んだ時に私に関するかぎりは幸福のすべてがおしまいになったのですから、私はその時以来、まるで別の女になりました。その上にさらに、私は東太后とずいぶん面倒があって、あの人と仲好くやって行くのはずいぶん難しいと思いました。けれども、東太后も私の子の死んだ六年後に逝くなりました。こういうあらゆる苦労にかてて加えて、光緒皇帝が私のもとに連れて来られた時は三歳の赤ん坊で、ひどくひ弱な子供でした。とても痩せて弱くて、ほとんど歩くこともできなかったのですよ。親たちはあまり心配しすぎて食物をやらなかったと見える。あなたも知っているでしょうが、皇帝の父親は醇親王で、母は私の妹なのですよ。(5) だから皇帝はもちろん私の自分の子のようなものだし、じっさい私の子として籍に入れたのです。私は皇帝のためにいろい

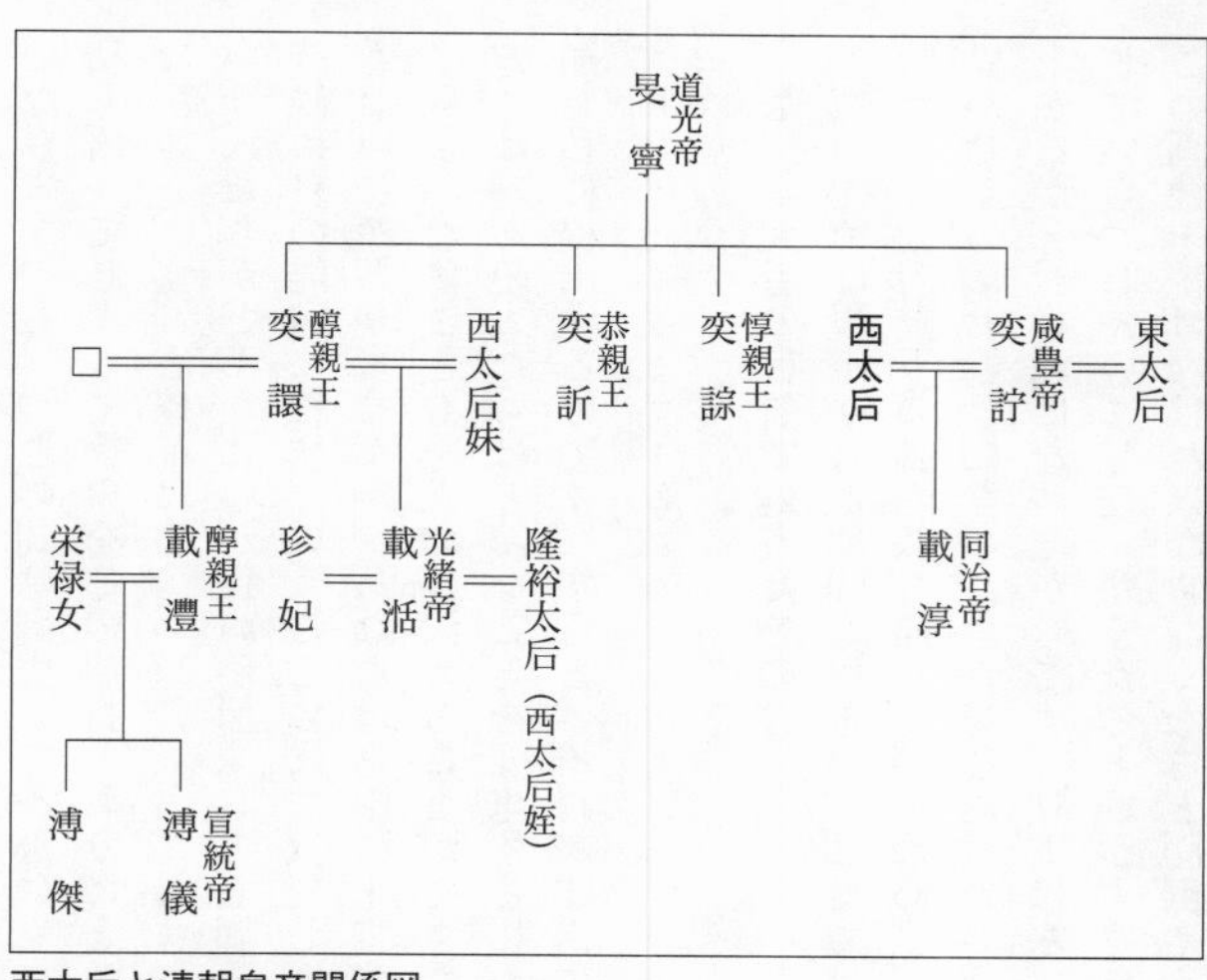

西太后と清朝皇帝関係図

ろ心配したのですけれど、今でも完全な健康ではないのです。あなたも知っているように、私にはまだこのほかにも、ずいぶん苦労がありましたが、いま述べても仕方がありません。一つだって私の思ったとおりにならなかったのですから、私はもうあらゆることに望みをなくしました」。

　このお言葉と共に、太后陛下はまた新しく哭泣をお始めになりました。さて陛下はお話を続けられ、

「人々は私が皇太后であるから幸福でいる義務があると考えているようですが、私がいまあなたに話したことはまだ全部ではないのですよ。私はいま話したよりもずっとたくさんの苦労を通って来なければなりませんでした。なにか一つでもしくじると、私がいつでも責められる人

になります。ちょっとの間は御史(ぎょし)[6]まで不遜にも私を弾劾したことがありました。けれども、私も悟ってしまって物事をその値打どおりにとろうとは思いません。そうでなかったら、私はずっと、ずっと以前に自分の墓に入ってしまっていたことでしょう。まあちょっと、こういう人たちがどんなに心が狭いか想像しても御覧。たとえば、この人たちは私の宮廷を暑い時候に夏の離宮に移すということにまで反対したのですよ。私がそこにいたって何の不都合もないじゃありませんか。あなたは宮中に来てすこししか経たないが、その間でも、あなたにも私がなにごとも一人では決めることができないということはわかったでしょう。また一方では、あの人たちはどんなことを要求するにも、自分たちで互いに相談してから、その請願を私に提出するのです。すると、それが非常に重大性を帯びたことでない限り、私は決して断ろうとは思わないのです」。

医師は太后の目前で処方薬をのむ

喪のために規定された期間も尽きて、私たちはみな夏の離宮に帰りました。そこでカール嬢はまた太后陛下の御画像を描く仕事を始めました。太后陛下はどうやらすぐにこの画像を描かせるのにお倦きになったようでした。というのはある日、陛下は私にこの仕事がいつ仕上がるかとお尋ねになったからです。陛下は寒い時候が来るまで仕上がらないと困ると心配していらっしゃいました。寒くなるといつも宮廷は紫禁城にお移りになるのですが、そこでこの画像を続けなければならなくなると面倒や不便が山のように起こるだろうと陛下はおっしゃいました。私は陛下に、それは造作もなくとり計らいますから、お心を労しになるには及びませんと申しあげました。

　私が太后陛下の代りに数日姿勢(ポーズ)をとった後で、太后陛下は私に、カール嬢はそのことを何か言いはしなかったかとお尋ねになって、もし何か言うようなら、それは太后陛下からの御命令であるから、自分はその点でこれ以上なんら申しあげられません、とカール嬢に言うようにと仰せになりました。こういうわけで、その後は私どもはカール嬢との間になんの面倒もありませんでした。しかし、太監についてはずいぶん面倒がありました。太監たちは陛下のお指図があったにも拘らず、カール嬢に対して何とも無礼でした。もちろんカール嬢自身はこのことを知りませんでした。私は彼らの行儀を良くさせようとして、太后陛下にお前らのことを言い付けると嚇(おど)かしまでしました。するとちょっとの間は効目(ききめ)がありましたが、すぐに前より悪くなるのでした。

　八月の初めになると、太后陛下は御自分のお気に入りの花の一つである菊の移植をなさるのが常でした。それで毎日、陛下は私たちを供にお連れになって昆明湖(クンミンフ)(こんめいこ)の西岸にいらしって、私たちに手伝わせて、苗の先端を切り、それを植木鉢にお挿しになるのでした。私は、それには根がなくて、ただ花の茎だけでしたから、ひどく驚きましたが、太后陛下は私に、そのうちにとても綺麗な植物に育つよと保証なさいました。毎日、私たちはこの花に水をやりに出かけましたが、やがてそれは蕾を出し始めました。雨がひどく降った場合には、太后陛下は太監の数人に命じて、行ってこの菊を蓆(むしろ)で覆って、折れないようにおさせになるのでした。ほかにしなければならぬどんな仕事があるにせよ、御自分の花を第一に考慮されるというのも、太后陛下のお癖で、陛下は必要となると、いつものお昼寝も廃されて親しく花を御監督に御出かけになるのです。陛下はまた苹果(りんご)だとか梨だとかをお植えになった果樹園の世話にも、かなりな時間をお費(つか)いになりました。もう一つ、私のしだいに気が付いたことは、春夏の候が過ぎると、陛下はまるでいらいらされて悲しげになられ、しかも冬にはまるで堪え難くなられることでした。陛下は寒い気候を憎悪されていました。

八月中のある日、太后陛下は御微恙(びよう)にかかられ、激しく頭痛がするとお訴えになりました。私が太后陛下の御病気を目の当たり拝見したのはこれがただ一度でした。けれども、陛下はいつものように朝に御起床になり、召見を行わせられましたが、午餐は召しあがらないで、直ぐとお寝牀(ねどこ)にお引籠(ひきこも)りにならなければなりませんでした。数人の医師が呼び寄せられ、ひとりひとり陛下のお脈をとりました。これはそれだけで一つの儀式でした。医師たちはお寝牀の側に跪(ひざまず)くと、太后陛下にはお手を、その目的のために用意された小さな枕にもたせかけられてお腕を伸ばして出されます。この後で医者はめいめいその処方を書き出すのですが、それがすべてひとつひとつ違っています。私たちがこれを太后陛下にお渡ししますと、陛下は最も良いとお考えになったのを一つお選びになります。すると二人のお附きとその処方を書いた医者自身とが、陛下がその薬にお触れになる前に、陛下の見ていらっしゃる前で一服のまなければならないのです。その後でなら陛下がおのみになって差支えないのでした。

蠅が体にとまると叫声を上げる

この頃じゅう雨はひどく降りますし、それに非常に暑いのでした。この時節の気候は非常に湿っぽいので、そのために蠅は何百万と姿を現わしました。太后陛下がなによりもお嫌いなものがあるとすれば、それはこの蠅でした。暦の上の実際の夏季には、この時候ほど蠅はうるさくないのでした。もちろん、蠅を逐い払うためにあらゆる手段が採られました。戸口ごとに一人の太監が、馬の毛を竹の棒の端に括り付けてつくった鞭のようなもの（払子）を備えて番に立ちました。だが、私たちは蚊には一ぺんも苦しみませんでした。じっさい、私が宮中にいた間に、一ぺんも蚊帳を見たことはありませんでした。この蠅たちはほんとうに憎らしいのでした。どんなに手を尽しても、数匹はきっと部屋のなかに忍びこんで来ます。蠅が太后陛下の御体にとまると、きっと陛下は叫声を上げられるのでした。もしどうかして蠅が陛下のお食物にでもたかろうものなら、全部を捨ててしまうようにと御命令になりました。こういうことがあるとその日一日、陛下は御食慾をおなくしになって、それと共に、ひどい不機嫌になられるのでした。陛下が御自分の傍のどこかに一匹でも御覧になろうものなら、そこにいるものの誰彼なしに捕えに行けと御命令になりました。私自身もしばしばこの御下命を蒙りましたが、私も、蠅はとても不潔ですし、手にさわるとすぐくっつきますので、ほとんど陛下に劣らないぐらい嫌いだったのです。

この御病気の後、太后陛下はかなり長い間、多少御気分がお勝れになりませんでしたので、医者が絶えずお附きしていました。陛下があまりいろいろな薬をおのみすぎになりましたので、だんだん快くなられるどころか、悪くなって行かれて、しまいには熱病にお罹りになりました。太后陛下はどんな性質の熱病でもひどく怖がっていらしったので、私たちは昼夜となく陛下のお側にいなければなりませんでした。そして食事も陛下のお枕辺から数分間ほど離れることができた際に、時刻を限らずとらなければならないのでした。太后陛下のもう一つのお癖というのは、御気分のおよろしい時にはまるで香水のなかに息が詰まるほどにしていらっしゃるのに、御病気となるとどんな香でも近くにあると嫌がられることでした。同様な例は新しい花の件にもあてはまります。ふだんの御状態ではあれほどお愛しになるのに、御病気の時には近くのどこにあっても御辛抱なさらないのでした。陛下の御神経はまったく弛緩してしまって、昼の間はお寝みになれませんので、その結果陛下は時の経つのがひどく遅く感じられるのでした。時の経つのをすこしでも退屈でなくするために、陛下は教育のある太監の一人に命じられ、昼の間は本を読んでお聞かせするようにお命じになりました。この読書はおおむね、支那古代史、詩歌、それからいろいろな支那の故事などから成っていました。この太監が読んでさしあげている間、私たちはお寝牀の側に立っていなければなりませんでした。そして私たちの一人はおみ足をお揉みするように吩咐けられていましたが、これをすれば幾分お気持が好いように拝されました。この同じ課程が、陛下の完全にお癒りになるまで――それは十日ほど後のことでしたが――毎日行われたのでした。

他人の苦労を見ると激しい快感が

ある日、太后陛下は私にお尋ねになりました。

「外国の医者が熱病の場合に普通くれる薬ってどんな薬でしょう？　あらゆる丸薬をのませるそうじゃありませんか。これでは、その薬が何から出来ているかわかりはしないから、ずいぶん危険にちがいないと思いますね。この支那では薬はみな草根から作ります。で、私は薬がなにに効くか一々説明した本を持っていますから、いつでも、もらった薬があたっているかどうか調べることができるのですよ。もう一つ私が聞いたのでは、外国の医者はたいてい短刀で手術するそうじゃありませんか、支那では同じ病気を漢方の薬でなおすのにね。李蓮英が話してくれましたけれど私の小太監の一人が手首のところに腫物が出来たら、誰かが、医者に行けと教えたそうです。もちろん、あれらには自分じゃどうやったらいいかわからなかったのですね。するとその病院の外国の医者は、短刀で腫物を切り開いたので、その児はひどく怖がったそうです。二日ばかりですっかりなおったと聞いた時には、私は非常に驚きました」。

話を続けて太后陛下のおっしゃるには、

「一年ほど前のこと、一人の外国の婦人が宮中に来ましたが、私がだいぶ咳をしているのを聞いて、私に黒い丸薬をくれて、のめと言うのですよ。私はその婦人の気を悪くさせたくなかったものですから、薬をもらって、後でいただきましょうと言っておきました。けれども、私はその丸薬をのむのは恐かったから、捨ててしまいました」。

もちろん、私は、薬のことはあまり存じませんのでと御返事申しあげましたが、それのお答えのように陛下は、私が気分が良くない時はいつも外国の薬をのんでいるのを御覧になっていたとおっしゃいました。陛下がそれから仰せられるには、

「もちろん、北京にいる人で外国の医者からもらった薬をのんでいる人もあるし、私の親類のうちにもこうした外国人を贔屓にしているものがあることも、私は知っています。私に知らせまいとしていますけれど、そうしたって私はちゃんと知っていますよ。どっちにしても、その人たちがこういう薬をのんで自分で死ぬ方を選んだところで、私の知ったことではないのですからね。そういうわけで、この人たちが病気になった時にも、私は決して自分の太医を診に遣わすことをしないのですよ」。

太后陛下は完全に病気がおなおりになると、あるいは舫に、あるいは蒸気艇にお乗りになって、しょっちゅう湖に出られるのでした。陛下はいつもこういう風な事を面白がられるようにお見受けしました。どういう理由からか、陛下はいつも湖の西岸を行くように固執されます。そこはひどく浅いので、蒸気艇はかならず泥のなかに深く乗り上げてしまうのですが、それを非常に面白く思われるようでした。無邪気にも蒸気艇が水底に乗り上げる感じを楽しんでおられるのでした。こうなるといつも屋根のない舫が来て横づけになり、そして私たちは艇から出て、その舫に乗り移らねばならないのです。それから近くの丘の頂に行って、太監たちがまた艇を浮ばせようと苦心しているのを眺めるのです。ほかの人の苦労を見ると激しい快感を覚えられるというのも太后陛下のお癖でした。太監たちはこの事をよく知

っていましたので、機会さえ与えられると、太后陛下が面白がられるだろうと思うことを何かやるのです。重大性を帯びたことでないかぎり、太后陛下はいつも黙過されますが、それが重大だとか、不注意だとかわかった場合には、陛下はいつも太監たちを厳しく罰するように御命令になるのでした。こういう次第で、ほんとうにどうやったら陛下のお気に召すかを知るのは非常に難しいことでした。

陰険な方法で意趣がえしをする太監

太后陛下のもう一つのお癖は穿鑿（せんさく）癖でした。例えば、私が前に申しあげたように、太后陛下は毎食前にお菓子を持ってこさせになって、御自分のお食べになった後では、その残りを宮眷（じょかん）たちにお頒けになるのが習慣でした。あまり忙しい時には、私たちはこのお菓子に全然手を付けませんでしたが、それを陛下は逸早くお見つけになりました。ある日、太后陛下はお食事をすまされた後で、いらしって、私たちがどうしているか御覧になろうと窓からお覗きになりますと、数人の太監が、陛下が私たちにくださったお菓子を食べているのがお目にとまりました。陛下はなんともおっしゃらずに、ただ、もっと召しあがりたいのだと私たちに信じさせるような風に、あのお菓子をまた持ち帰って来るようにと御命令になったのでした。今まで一度も陛下がお菓子を持ち帰って来いなどと御命令になったことがありませんので、私は、何かこれは変なことがあったのだなとわかりました。陛下は残ったお菓子を御覧になると、もうほとんど食べ尽されていましたので、誰がこんなにたくさん食べてしまったのかとお訊きになりましたが、何の返事もありませんでした――私たちはみな怖がりすぎてしまっていたのでした。しかし、私は、つらつら考えて見ると、陛下がとにかくなにか御存知のことはまったく確かなのですから、真実を申しあげるのが一番よいという結論に達しました。それで私は陛下に、みんなひどく忙しかったものですから、お菓子のことはすっかり忘れてしまいました、すると太監が来て自分たちで食べてしまったのですと申しあげて、そして太監たちがこんな事をしましたのは、これが初めてではございませんと附け加えました。私としては、太監のことを申しあげられるこの機会をいただけたのは寧ろ有難いことと存じました。というのは太后陛下の御返事には、もし陛下が太監にもお菓子を食べさせるつもりならば、自分でやれますよとおっしゃったからです。しかし、陛下が御親切にもお菓子を私たちにくださったのに、それを私たち自身で食べないというのは陛下の思召しにそむくところがあるともおっしゃいました。そして陛下は私の方に向かれて「私は自分の眼で起こった事を見たのだから、あなたがほんとうを言ってくれたのを嬉しく思います」とおっしゃいました。

陛下は、この罪を犯した太監たちはいずれも罰として三ヵ月分の給料を減俸させると御命令になりました。しかし、彼らは別の途で俸給の何層倍と儲けているのですから、この罰を意に介しないということは、もちろん私も知っていました。私が居間に帰って来ますと、宮眷の一人が申しました。

「あなたはあの太監のことを太后陛下に申しあげなければおよろしかったのに、きっと何かで仕返しをしますよ」。

太后に悪く思わす奸計

いったいどうやって私に仇討ができるんでしょう、たかが召使じゃありませんかと尋ねますと、その宮眷は、何か陰険な方法を見つけてあなたに意趣がえしするにきまっています、それがあの連中の普通の習慣なのだから、と教えてくれました。もちろん私は太監が悪い連中だと知っていましたけれど、私にいったいどんな因縁をつけられるのか見当がつきませんでした。あの連中が私の悪口をどんな事にしろ太后陛下にお言いつけする勇気がないことは私も知っていましたので、私はこの問題はすっかり忘れていました。後になってわかったことですが、太監たちが自分たちの気に入らない宮眷の誰かに仕かける奸計と申しますのは、太后陛下に私たちを悪く思わすようにすることでした。例えば、太后陛下が太監の一人にこれこれの事をするようにとお吩咐けになった場合があるとしますと、陛下の思召しを私に伝えることをしないで、その太監はほかの宮眷の一人のところに行って、このお吩咐けを言うのです。こういう風にして太后陛下は、私がひどく怠け者で陛下にお仕えするのを厭がっているというような印象を得られることになり、そして勿論この別の宮眷がことごとく御信任を占めることになるのです。太后陛下は私にいと御親切であらせられましたし、皇后様もそうでしたけれども、太監たちとうまくやって行くのは非常に困難でした。そして、なににしても、この者達の気持を害するのは策の上なるものではありませんでした。太監たちは絶対に太后陛下だけの召使だと自ら考えていますので、外の誰からでも指図を受けません。したがって、しばしば宮廷のほかの婦人たちにひどく無礼をいたします。皇后様でさえその例にはお洩れになりませんでした。

太后が一度使えば椅子は小宝座に

あらゆる事がいつものとおりに進んで八月となりますと、皇帝が「太陽の壇」（日壇）[7]で犠牲の式を挙げられることになりました。この折には皇帝は紅の袍（ガウン）をお召しになりました。

この頃のことでしたが、コンガー夫人が、太后陛下にお目にかかりたいし、それに同時に、あの画像がどう進捗しているか拝見したいというので、私的の謁見を願い出て参りました。太后陛下は夫人にお会いになると御返事になって、それにしたがって御命令を出されました。この私的の謁見の際、コンガー夫人は、キャンベル嬢と宣教師の婦人とのほかに自分の親類を二人、太后陛下に御紹介するために宮廷に連れて参りました。私的の謁見でしたので、来客たちは太后陛下の御殿に案内され、あの閨秀画家が画室として使っている広間において引見されました。太后陛下はあの画像を描かせることにはしびれを切らしておいでで、私たちにはよくそのことをお話しになっていらっしゃいましたが、コンガー夫人とそのほかの婦人がたにお会いになった時は、きわめて御鄭重で、あの画像は傑作になるようですとお話しになるのでした。陛下はその日は異常に御機嫌がよろしく、私におっしゃって、太監たちにすべての建物を開いて来客にお見せするようにとの御命令を伝えさせられました。太后陛下は次々と部屋を案内され、この婦人がたにそれぞれの部屋にある珍しい物をお見せになりましたが、やがてお寝間の一つに来られて休息なさることとなり、そこで陛下は来客のために椅子を持って参るようにと御命令になりました。この部屋にはたくさんの椅子があったのですが、それは一見普通の椅子のように見えているものの実は太后陛下の小宝座なのでした。慣例によると、椅子の種類如何にかかわらず、陛下が御使用になるや否や、それは直ちに陛下の宝座と呼ばれ、その後は陛下の御命令がないかぎり、なにびとと雖もその上に坐ることを許されないことになっていました。

太監たちが外国人の使用に充てる目的でしまってあった椅子を運びこんでいる間に、一行中の一人の婦人は間違えて太后陛下の宝座の一つに腰をおろしてしまいました。私は直ぐ気が付きましたが、この婦人に注意する暇もないうちに、太后陛下は困ったという合図をなさいました。私は直ちにこの婦人のところに行って、ある物をお見せしたいと申しましたので、当然、この婦人は起ちあがらねばならなくなりました。厄介なのは、太后陛下はなにびとも御自分の宝座に腰をおろす資格がないと感じておいでですが、陛下はこの婦人にその椅子から立たせると共に、その理由はこの婦人に知らせないようにと、私に期待しておられる点なのでした。私がしきりに陛下の御通訳を申しあげている間に、陛下は低い調子で私におっしゃいました。

「そら、あの女はまた私の寝牀に腰をかけました。私たちはこの部屋を出た方が好いね」。

この後で、婦人がたは食堂に案内され、午餐にあずかってから、カール嬢を私たちのところに残して、太后陛下にお別れの挨拶を述べました。陛下は私におっしゃいました。「あれは可笑しな婦人ですね。最初は私の宝座に腰をおろし、次には私の寝牀に腰をかけました。たぶんあの女は宝座を見てもどれが宝座かわからなかったのですね。そのくせ外国人は私たちを笑うのですよ。きっと私たちの礼儀の方がむこうよりもずっと上なのでしょうね。それからもう一つ——あなたはコンガー夫人が入って来た時、外の中庭でカール嬢に包を一つ渡したのに気が付きませんでしたか？」。

包の中身は太監が見つけ次第に報告

私もコンガー夫人がなにか小包のようなものを渡しているのに気付きましたが、包のなかに何が入っているのかは見当がつきませんでしたと御返事申しあげました。すると陛下は、私行ってカール嬢にそれが何か訊いて来るようにとお吩咐けになりました。この頃までには私も太后陛下からずいぶん多くの奇妙な御命令を受けていましたので、私もだんだんそれに慣れるようになって、陛下のお指図を遂行するのに私自身の分別を用い始めていたのでした。それで私はカール嬢に訊かないで、自分で見つけることに取りかかりました。けれども、あの包は私がさがし始めた時には、不思議にも影を消していて、どこにも見つけることができないのでした。太后陛下にはお指図がすみやかに遂行されるのを好まれることを知っていましたから、私はこれには当然困りました。私が探していまず間に、太監の一人が入って来て、太后陛下がお会いになりたいとの仰せだと伝えましたので、もちろん私は陛下のところにあがらなければなりませんでした。陛下が何もおっしゃらない先に、私は、カール嬢は眠っていましたので包のことを訊くことができませんでしたが、嬢が起きたら早速そうするつもりでございますと報告申しあげました。太后陛下の仰しゃるには、

「あの包のなかに何が入っているかあなたに訊かせたということをカール嬢に悟らせたくはありません。そうでないと、あの女は自分のやっていることが疑われていると思うかも知れません。だからあなたはその件は言わないで、何とかして情報を得るように工夫しなければなりません。あなたは利巧だから、そのくらいのことはやれるでしょう」。

すこし後で、カール嬢と一緒にあの画像を進行させるために太后陛下の御殿に向って歩いていた時、私は嬢が問題の包を手に持っているのに気が付いて、ほんとうの話、とても助かった気がしました。御殿に着くとカール嬢が私に申しますには「今は少し暗うございますから、あなたはわざわざ姿勢をとるに及びません。私は宝座を描いておればいいのですから、お望みなら、暇つぶしにこの雑誌でもながめていらっしゃいな」。そこで私が包を開けて見ますと、その内容はありふれたアメリカの月刊雑誌に過ぎなかったのでした。その本にちらと目を通しますと、口実を作って、私は急いで太后陛下に御報告に参りました。けれども、陛下はもうすでにいつもの湖上の舟遊にお出かけの後でしたので、私は轎に乗ってお後を追いました。私が湖まで行きますと、太后陛下は私を御覧になって、小舟を出してくださいましたので、私はそれで艇に漕ぎ着きました。物を申しあげる暇もないうちに、太后陛下は微笑を浮べておっしゃいました。

「私はすっかり知っています、あれは本で、カール嬢はあなたに読むように渡しましたね」。

　ここまで来たことがなんにもならなかったものですから、私はひどくがっかりしました。私も太監が機会を見つけ次第、太后陛下に申しあげるだろうとは思っていましたが、もう申しあげていたとはほとんど予期しないことでした。太后陛下は今は全く御満足になって、ただ、陛下がこの件で御穿鑿なさったことをカール嬢が感づきやしなかったかとお尋ねになっただけでした。


変法の件で外国人が皇帝の御意を動かさぬように

　カール嬢のところに戻ろうとしますと、陛下は私をお呼び止めになって、おっしゃいました。

「一つあなたに言っておきたい事があります。それは、外国の婦人が宮中に参内する時は、かならず皇帝のすぐ側に附いていて、その人たちが皇帝にお話し申しあげる場合にはあなたが通訳できるようにしていてください」。

　これまでどの外国人が来たときにも、私は列席していましたが、誰も何によらず皇帝陛下と会話を交えた者はいなかったと存じますと私はお答え申しあげました。陛下は、そう仰せになった御理由を御説明になって、私が太后陛下御自身に対するとちょうど同じ様に皇帝にも恭々(うやうや)しくしてもらいたいから来客がいる時には私の全身をあげて皇帝の御用に立つようにしていて欲しいのだとおっしゃいました。もちろん、これが全然真実の理由ではないことは、私にも非常によくわかっていました。ただ太后陛下は、外国人が変法のことなどで、皇帝の御意を動かす可能性を妨げるためにあらゆる予防法を講じたいと思っておられたのでした。

（1）賛礼官。
（2）dulcimer　ピアノの前身である絃楽器。
（3）俗に之を丟針児（ティウチェル）という。
（4）文宗（咸豊帝）の崩御は咸豊十一年（一八六一年）。連合軍の円明園焼燬はその前年十月。
（5）同治帝の歿後は溥の字の者が嗣ぐべきであったが、西太后はその代の者に一人も当たるものがないといって、一代上に当たる載の字の世代で自分の妹の子なる光緒帝を咸豊帝の養子ということにして嗣がしたのである。
（6）官吏の監察や諫奏のことを掌る都察院の官。原文は censor（検察官）とあり。
（7）北京の朝陽門外の東南にあった。高さ約六尺（約百八十二センチ）、方五丈（約十五メートル）、九段の石段が四つあり、周囲に垣が設けてある。皇帝が日を祭る場所である。

第十五章　中秋節

満洲人の大官の息子との縁談

八月十五日に中秋節のお祭が来ました。これは「月の祭」（拝月（パイユエ））とも呼ばれます。

この名は、月は満月の時にも、不変に円いものではなくて、この特定の日だけに完全に円形になるという支那人の懐いている信仰から出たのです。このお祝は終始、宮眷（じょかん）だけによってとり行われ、月が空に現われる瞬間に拝むということから成っています。ほかの点ではこのお祝は龍船節と全然同じで贈物が太后陛下と宮眷（じょかん）たちの間にとり交わされます。お祭は月中の場面を描いた芝居をもって終りとなります。俗信によると、月のなかには美しい乙女が住んでいて、そのただ一人の伴（つれ）は「玉兎」といわれる白い兎でした。芝居の筋にしたがいますと、この兎は月から遁（に）げて地上に来て、若い綺麗な少女になりました。太陽に住んでいる金雞（きんけい）は、兎が下界に降りたのに気付いて、自分も太陽から降りて来て、美男の公子に変りました。もちろん、二人はきわめて当然にも出逢って、たちまち恋に落ちました。さて、地上にはもう一匹の兎が棲んでいました――紅い兎で、そのことを見つけると、自分もやっぱり公子に変って、あの雞に取って代ろうというので、この美しい娘に恋をしかけ始めました。しかし、この公子は自分の顔の色は変えることができないで紅いままになっていたという点で、重大な弱点がありました。それで彼の恋の申込もなんの成功ももたらさず、雞の公子の独擅場でした。ちょうどこの時、月中の美女はその伴がいなくなっているのを発見し、天兵を遣って、また自分の兎をつかまえさせました。この結果兎は月界に連れ帰られ、かくて雞はひとり取り残されて、しぶしぶながら太陽のなかの自分の故巣に帰らなければならないのでした。

この芝居の間に、宮殿監督が一人の若い男の方を中庭に案内して来ますと、そのひとは太后陛下に叩頭（コウトウ）いたしました。これは大変異常な出来事でしたので、みんなが目を留めました。私は、このひとが見知らぬひとで、宮廷に属する者ではないことがわかりましたのでいったい誰だろうと思いました。廊簷（ベランダ）の向うの端に二三人の宮眷（じょかん）が囁き合いながら笑っているのが見えました。そのうちにこの宮眷たちは私のところにやって来て、私にこのひとが誰か知っているかどうかと尋ねました。私は、この方はまるで見知らぬひとで、あなたがたこそ宮中にずっと長くいらっしゃるのだから私よりもよく御存知のはずだと申しました。なんにしても、この若い男の方は断然醜いというのが私の意見でした。

その晩、太后陛下は私に、この若い男の方に気が付いたかどうかとお尋ねになりました。そして、彼は満洲人の非常な大官の息子で、父が死んだので、その爵位と莫大な財産を嗣いだのだとお話しになりました。私は、陛下がこの若いひとのことでこんなに長々と御説明をされたのに驚きましたけれど、あの方はあまり好男子でないと思うと陛下に申しあげました。太后陛下は非常に重大なことのようにお話しになっていましたが、その時は私もこの出来事については何も考えませんでした。ところが数日後、私が画像のために姿勢をとってい(ポーズ)ますと、太后陛下が部屋の向うの端で私の母になにか小声で話しておられるのが聞えました。太后陛下がお手に一枚の写真をお持ちになって、それを私の母に見せながら、母にこの男の容貌を好いと考えるかどうかと訊いていらっしゃるのが見えました。私の母は「あまり好くはございませんね」とお答えしています。太后陛下が、容貌の美というだけが全部ではないのだからと言い返されているのを聞いて、私も、これは何か私の身に直接関係のあることが起こっているのだなと疑いはじめました。私は、あきらかに私自身とこの紳士との間の縁談であろうと見られるこの事から抜け出すために、なんとか口実を考え始めたのでした。もし太后陛下の方で私がこのひとと結婚することに心を決められていらっしゃるのなら、私の力では及ばぬことだとは私にもわかっていましたが、それと同時に、誰にせよ好きでない者、特に今まで一度も見たこともないひとと結婚するぐらいなら、全然宮中からお暇(いとま)した方がましだと私は決心しました。

この男が嫌いでもほかにたくさんいる

いつもの午後のお昼寝に引籠られる時に、太后陛下は私にちょっと会いたいと仰せになりました。しばらくあれこれと余談の後に、陛下は私に、いつまでも陛下のお側にいたいかどうか、それともどこか外国にまた行ってしまいたいのではないかとお尋ねになりました。私は直ちにそれにお答えして、陛下が私をお倦きになった時には、逐い出されても致し方もございませんが、陛下が置いてくださっても好いと思われる間は、いつまでも陛下のお側に仕えるのに全く満足しておりますと申しあげました。太后陛下は、私をこの若い紳士と結婚させたい御意向であると明かされて、意見をお求めになりました。私は、全然結婚したい気持はございません、特に、今のところ父が病気ですから、私が家を出て家族と離れて暮すことになれば、父は胸を痛めて、おそらくその死期を早める原因になることでしょうから、と申しあげました。太后陛下は、何も支那から出て行かねばならぬというではなし、父や家族にいつでも好きな時に会えるのだからそれは何の口実にもならないとおっしゃいました。

私は太后陛下に、自分は陛下のお側にお仕えする方がどんなにか有難いかしれませんから、誰とも結婚したくないのですと申しあげました。すると太后陛下は仰せになりました。

「口実はなんにも聞きたくありませんよ。もうすべてをあなたのお母さんに話してありますが、私のひどく驚いたことは、あなたのお母さんは、まずあなたに言ってくれた方がよいだろう、あなたはほかの宮眷（じょかん）たちと異（ちが）ったように育てられて来たのだから、と言われるのです。こんな事がなかったら、私は簡単にあなたのお母さんと万事をとり決めればよいので、それであなたのことに関するかぎり、この件はすっかり解決したはずでした」

私はこのお言葉には何とも御返事申しあげかねましたので、ワッと泣き出しました。私は太后陛下に、私はほかの宮眷たちのようにお嫁に行きたくないような振をしているくせに、しょっちゅうただお嫁に出ることばかり待っていて、宮廷生活の単調から変化ができるだけでも有難いと思っているようなのとは違いますと申しあげました。私は、いついつまでも陛下のお側にいたく思います、そして支那からもう出て行きたくはないのですとお誓い申しあげました。父がパリに転任になったのでなかったら、私は全然出て行かなかったことだろうと私は説明申しあげました。太后陛下は「そうですね、あなたが生涯、支那に留まっていたよりもずっと私の役に立つようになっているのですから、私はあなたが外国に行っていたことを非常に有難いと思っているのですよ」とおっしゃるのでした。それからさらに、いろいろと論議の末、太后陛下は「じゃ、あなたに後でゆっくり考えておいてもらいましょう。もしあなたが私の選んだこの若い男を嫌いだというのなら、まだほかにもたくさんいますから」とおっしゃいましたが、なににせよ陛下は私を結婚に出すおつもりだということがわかりましたので、このお言葉もあまり私の助けになりませんでした。けれども、私はどうやら今度のは切り抜けられましたので、その問題がふたたび起こるようなことがあっても、うまく取り捌(さば)いて行けるだろうと考えたのでした。この件についてはそれ以上なんのお話もありませんでしたが、一月近く経ったころ、私は、この紳士とさる王公の姫君との間に縁組が結ばれたということを耳にしました。それで私の立場からすれば、万事非常に円満に終ったわけでした。

清朝建設で祖先が嘗めた困苦を思う

八月の二十六日というのは、また別の典礼の日でした。清朝が興隆した時にあたり、順治(シュンチ)(じゅんち)帝は帝位を獲られるために非常な力戦をなさいましたが、八月二十六日にあらゆる種類の糧食は全く尽き果て、木の葉のみがその時に得られる唯一の食物に類したものでしたので、帝とその軍隊はそれを食べて命をつなぐの已むなきに至りました。[1] こういうわけで、今に至るまで、毎年この日を記念して満洲人は典礼を行い、あらゆる贅沢を廃しますが、特に宮廷では厳しく行われます。私たちはその日には肉は一切食べないで、ただ米を萵苣の葉に包んだものだけを食べます。箸もやはり退けられ、食物は手づかみで口に運ぶことになっております。太后陛下でさえこの例にお洩れになりませんでした。この典礼は今の時代の人たちに、その祖先たちが清朝を建設するに当たって嘗めた困苦艱難を思い出させるために行われるのです。

八月の末になると、春の初めにお植えになった太后陛下の葫蘆の実が熟して来ますので毎日、陛下は私たち一同をお連れになって伸び具合を見に行かれるのでした。陛下は、最も形の整ったと考えられるもの、即ち腰の一番細いのを選び出されて、それに見失わないように紅いリボンをくくりつけられます。ある日この葫蘆の一つをお指しになって、私におっしゃるには「これを見ると、私はあなたが洋装をしていた頃のことを思い出します。きっとあなたも今着ている着物の方が着心地がいいでしょう」。この葫蘆がすっかり熟しますと、実を切り取り、太后陛下が竹刀で外皮をお剝ぎになり、それからその実を濡れ布巾で拭います。そうして、この葫蘆を乾しますと、数日経って茶色がかった色を帯びますがそうなると、もうこれを夏の離宮に飾りとして吊しても好いのです。一部屋だけでいろいろな形のこうした葫蘆が一万以上もありました。この葫蘆を定期的に拭いてピカピカ光らせ、それからなお摘んだ新しい実の皮を剥いで宮殿の飾りになるようにするというのも宮眷（じょかん）の務めでした。太后陛下を除いては私たちのうちの誰ひとりとしてこの仕事のことをあまり重大に思うものはありませんでした。ある日、こういう葫蘆（ひょうたん）の手入れをしているうちに私はひょっと、太后陛下の特にお気に入りの古い葫蘆の口を叩き落してしまいました。太后陛下に申しあげに行く勇気はありませんでした。すると宮眷の一人が、その葫蘆（ひょうたん）をすっかり棄ててしまって、何も言わないでおれば、太后陛下もあんなに沢山お持ちなのだから、とてもお見つけなさらないだろうと入れ智恵してくれました。けれども、私は結局、太后陛下にこのことを申しあげに行って、必要な罰を受けようと覚悟しました。驚いたことには太后陛下はこのことを大してお気にかけられませんでした。陛下はおっしゃいました。

「なに、いずれにせよあれは古い葫蘆（ひょうたん）ですから、口はいつ落ちるかわからないようになっていたのですよ。それが偶然あなたが拭く役だった時にあたったので、勿論、ポロッと落ちたわけなのです。しかたがありませんよ」。

　私は太后陛下に、かくも不注意であったのを重々恥じ入ります、あれは陛下のお好きな中の一つであることを存じ上げていましたのですから、特に申し訳ありませんとお詫びして、それで事はすみました。ほかの宮眷（じょかん）たちはみんな、どうやって私がこれを切り抜けるのだろうと知りたがって、控の間に集まっていましたが、私が話してやりますと、自分たちだったらずいぶんお叱りを蒙ったことだろうと申しました。宮眷（じょかん）たちが笑いながら、お気に入りというのは好いものねと申しますので私はその言葉にひどく不愉快を覚えました。私が皇后様に、起こった事をそっくり申しあげますと、皇后様は太后陛下に真実をうち明けたのは全く正当であったとおっしゃって、ずいぶん妬(ねた)んでいる人がいますから、よく気をつけるようにと教えてくださいました。

菊の蕾が何色の花になるか予言を

九月の初めになると菊が蕾を持ち始めました。そして、毎日、一本の茎に一つの蕾を残してほかの蕾のすべてを切り去るという風にして菊の手入に行くのも宮眷(じょかん)の務めでした。この剪定は花に一層発育の機会を与えますのでその結果ずっと大きな花が出来るのです。太后陛下御自身もこの仕事をお手伝いになりました。陛下はこういう植物についてはひどくおやかましくて、私たちの手が完全に冷たくなければ誰にしてもこれにたずさわらせになりませんでした。と申しますのは熱い手で触ると葉が縮まるからです。この花は普通九月の末から十月の初めごろに満開になります。太后陛下は一本一本からどんな様な花が咲くか蕾も出ない前にお当てになる稀代の才をお持ちでした。陛下が「これは紅い花になる」とおっしゃると、私たちは植木鉢のなかに竹の棒を立ててそれに名前を書いておきます。すると次のには、太后陛下が白い花になると断言されますので、私たちは同じような竹の棒を植木鉢に立て、そう書いておく、という具合に続けます。太后陛下がおっしゃるには「今年はあなたが宮中に来て初めての年ですから、私が今こういうことをしたり言ったりするのに、きっとびっくりしているでしょうが、私は今までに間違ったことはないのです。花が咲き始めるとわかりますからね」。すべて正確に陛下の予言されたとおりになったのですから、このお言葉は嘘ではありませんでした。私たちのうちの誰ひとりとして、どうして陛下は一つ一つを見分けることがおできになるのか分りませんでしたけれど、陛下はいつもお当てになりました。私は一ぺん陛下に、どうしてお見分けになるのか教えてくださいませんかとお願いしましたが、それは秘密だとお答えになりました。

この間に例の画像は非常にゆっくりと進行しつづけていました。そして太后陛下はある日私に、あれは完成するまでにどのぐらいかかると思うか、それからヨーロッパではこうした画像の報酬として幾らぐらいが習慣であるかとお尋ねになりました。相当額を払うのが習慣でございますと私は御返事申しあげましたけれど、陛下はこういう提案には耳を傾けられず、支那ではそういう習慣はない、こういう勤めに対して金銭をやるというのは侮辱と見なされるであろうとおっしゃいました。陛下はカール嬢の勤めに対する褒美として勲章を授けようかと思う、その方が金銭の贈物よりもずっと有難がられると考えられるから、とおっしゃるのでした。今の時には私として言うべきことはありませんが、好い機会をとらえて、もう一度この問題を言い出して見ようと私は決心しました。

ロシアの曲馬団に興奮する太后

九月中のことでしたが、ロシアの曲馬団が北京に来ましたので、もちろん皆の話はそれで持ち切りでした。太后陛下は、この曲馬団の評判があまり高いのをお聞きになって、それはどういうようなものだとお訊きになりました。私どもが陛下に御説明申しあげますと陛下はいたく興味を覚えられて、自分もそれを見たいと仰せになりました。私の母は、この曲馬団を夏の離宮に連れて来て、そこでやらせるというのは良い思い付きだと考えましたので、太后陛下にこういたしても差支えありますまいかとお尋ね申しあげました。太后陛下がこの思い付きにお喜びになりましたので、それに随って、この催しのためにいろいろ準備をととのえました。

すべてが決まって、この曲馬団に属する人間や動物は私どもの家の近くに宿営しましたので、私どもが自腹を切って食事を出さねばなりませんでしたけれど、私どもは太后陛下に曲馬とはどんなものか御覧に入れたいと思ったのですから、その費用は問題ではありませんでした。一行が天幕を張ったり、あらゆる必要な準備をするのに二日かかりました。この間、太后陛下には、如何なることが行われているか、如何に進行しているかに関して報告をお受けになりました。

催しの前日、太后陛下は御朝見から引きあげていらっしゃる際、ひどくお怒りの面持に拝されました。私どもが何事でございますかとお訊きしますと、陛下は母と私に、数人の御史が、宮域内でこの曲馬をやることについて、かかる種類の前例はかつてないことだからと弾劾して、このお考えをやめていただきたいと歎願したのです、とお話しになりました。太后陛下は激怒していらっしゃいました。そして仰せられるには「あなたがたも私がここでどの位の権力しかないかわかったでしょう。曲馬をやるのさえ誰か弾劾せずにはすまされないのです。私の考えでは、曲馬団にいくらか金を払ってやって、去らせた方が良いと思います」。もちろん私たちは陛下が最善とお考えになることには何によらず賛成申しあげるのでした。暫く思案しておられた後で、太后陛下は足を踏み鳴らしておっしゃいました。「あの連中はもう天幕を張ってしまった。御史たちは私たちが曲馬をやらせようが、やらせまいが、やっぱり同じように噂することでしょう。なににしても、私はやらせましょう」。

それでこの催しは予定どおりに行われて、太后陛下をはじめ宮眷一同大喜びでした。番組の一つは若い娘が大きな球に乗って歩いたり踊ったりするのでした。これは特に太后陛下のお気に召して、数回繰り返して演ずるように言い張られたのでした。もう一つ興味を惹かれた番組は鞦韆の曲芸でした。もちろん、私の母と妹と私自身のほかにはそこに列ったもの誰ひとりとして、今まで曲馬の演技を見たことがありませんでしたので、太后陛下は、曲芸師の男が鞦韆から落ちて死にやしないかと非常に心配なさいました。もう一つ太后陛下の御興味を惹いたのは裸馬の曲芸で、陛下はまったく驚くべきものだ、とお考えになりました。番組全部のうち陛下がただ一つ反対を入れられたのは、獅子や虎などを引き入れると申し出た時でした。宮中に猛獣を引き入れるのは安全ではないから、この番組の演技は見ない方がいいとおっしゃいました。しかし、曲馬団の座長は小さな赤ん坊の象を引き出して来て、数番の巧みな芸を演じさせました。これはほかの何れよりも陛下のお気に召しましたので、座長は陛下のお喜びの態を拝し、象を贈物として献上したいと申し出ますと、陛下は御嘉納になりました。

ところが、この曲馬が終ってから、私たちでこの象にまたあの芸をやらせようとしましたけれど、一寸も動きませんので、私たちはとても駄目だと諦めて、この象を下げて、離宮に所属しているほかの象たちと、一緒に置かせることにしました。

「画家に宮廷生活のことは一切話すな」

曲馬団は演技を全部で三回やりました。最後の演技の前に、曲馬団の座長は私に、自分は獅子や虎も台覧に供したいといたく願っております、なんら椿事を起こす機会はありませんし、じっさい一見の価値があるものですからと申しました。そこでいろいろ論議のあげくに、太后陛下はついにこれらを引き入れるのを許可することを御承諾になりましたが、ただし檻から出してはならぬという明確な条件つきでした。

猛獣が曲馬場に引き出されますと、すべての太監が太后陛下の御周囲に集まりました。そして演技場にほんの数分置かれると、太后陛下はこの猛獣どもをまた取り退(さ)げよと御命令になりました。「私は自分では恐くはないのですが、あの猛獣どもが檻から抜け出して、誰かに怪我をさせるかも知れませんからね」と陛下はおっしゃいました。この一番で演技の全部は終りとなり、曲馬団は立去るに臨み、太后陛下がこれにやるようにとお吩咐(いいつ)けになった一万両(テール)ほどの金を儲けたのでした。

その後の二日間は私たちはあの曲馬団の面白さを話し合っていましたが、後に太后陛下はこの話に触れられた時、全部に対して非常に失望したとお洩らしになりました。陛下のお言葉によりますと、なにか全く異様な、ずっとずっと驚くべきものを期待されていたのでした。これもまた太后陛下のお癖の一つで、何事によらず一度に五分以上陛下をお喜ばせするものはないのでした。陛下は私におっしゃいました。

「私は外国の芸能にはなに一つ驚くべきものを見ません。今あの閨秀画家が描いているこの画像を例にとって見ましょう。私はこれが名画になろうとは少しも思われません。あまり雑に見えます。（太后陛下は油絵というものがお解りにならなかったのです）。それにまた、なんだってあのひとは描いている間、その物をいつも自分の前に置かせたがるのでしょう。普通の支那人の画家でも一ぺん見ただけで、私の衣裳でも鞋でも何でも描けるのですよ。あのひとは私の考えではどうもあまり大した絵描きのはずがありません。もっとも、あなたは私がそう言ったとあの女に話すには及びませんが」。

太后陛下は話を続けられ「これはついでに聞くのですが、あなたは私の画像のために姿勢をとっている時に何を話していますか、私にはあの婦人の言っていることはわかりませんが、それでもあの婦人がずいぶん喋っていることはわかりますからね。宮廷生活に関したことは一切話してはなりません、それから支那語は一切教えてはいけませんよ。私が聞いたところによると、何でもあの婦人はいろいろな物を一々支那語では何と言うか訊くそうですが、教えてはなりません。あの婦人が知ることが少なければ少ないほど私たちには都合が好いのです。あの婦人が今のところまでは、私たちの日常の宮廷生活のことは、何も見ていないことは私にもわかっています。もしあの婦人が太監の誰かが罰を受けるところや、それに類した何かでも見ることがあったとしたら、何と言うだろうと思いますよ。私たちを野蛮人と考えることだろう、と思います。いつぞや、私が怒っていた時、あなたはこの閨秀画家を連れ出していたのに気がつきましたが、あのあなたの振舞は非常に賢かったのです。あの婦人には機嫌が悪い時の私を見せない方がよろしい。後でその事を言いふらすかも知れませんからね。早くこの画像が仕上がればよいと思います。だんだん寒い時候になるから、長持を開けて、冬の衣服の用意をしておかなければなりません。

それにまた、私の誕生日は来月だし、それにはいつものようにお祝の式があります。それがすむと私たちは海の離宮に帰るのですが、そうすると私たちはこの絵描きをどうすればいいのでしょうね？　私の考えでは、あの婦人は北京にもどって米国公使館に住み、仕事が出来あがるまで毎日、海の離宮に来るほかあるまいと思います。すると今度は、今までのように馬車で十分ほどではなくて、一時間近くもかかりますから、ずいぶん厄介なことになるでしょう。それから、たといこの方は円満に解決がつくとしても、紫禁城のなかの冬の宮殿はどんなものでしょう？　あれが仕上がるまでにどのぐらいかかるつもりか何とか聞いておいてくださいよ」。

「肖像のため一日中坐るのなら直ぐやめる」

私はこの機会に、太后陛下に、カール嬢も陛下が完成させようと思っていらっしゃるのとちょうど同じぐらい熱心に、あの仕事を仕上げたいと思っているのですと申しあげ、太后陛下が御みずから姿勢（ポーズ）をとられるのには非常に僅かのお暇しかありませんし、その上に、陛下が毎日午後にお寝（やす）みになりにいらっしゃる時は、お寝間のすぐ隣の部屋で仕事をしていますので描くのを止めなければなりませんから、カール嬢はほんの僅かの時間しか描くことができないのですということを御説明申しあげました。太后陛下はそれに答えられて、「なに、もしあの婦人が私に一日じゅう坐っていてもらいたいというなら、私は直ぐにもこのことを全部よしてしまいます」とおっしゃいましたが、それから附け加えて「私の推測では、あなたは自分が坐るのに倦きて来たので、私にまたそれをやらせたいというのじゃありませんかね。だが私はもうそれはたくさんですよ」と仰しゃいました。もちろん、私は陛下に、倦きていますどころか、陛下の玉座に坐れるのは非常な光栄と存じますから、有難いと存じ上げているくらいですと申しあげました。

　私は太后陛下に御説明申しあげて、陛下が御自身でお坐りになるほどには捗（はかど）りませんので、カール嬢は私が陛下の代りに姿勢（ポーズ）をとることを好まないのですと申しあげますと、陛下は簡単に、私は陛下の命令のままに行動しているのだから、それで充分なはずではないかと仰せになりました。

郡主しか着られない黒貂の衣裳を下賜

　その後の十日間というもの、私どもは冬の服や、それから妹と私自身が来るべき太后陛下の万寿節の際に着用するはずの礼服などの材料を選ぶのにひどく忙しい思いをしました。これらの衣裳は宮眷（じょかん）の冬の正装で、金の龍と青い雲を刺繍した紅い繻子で出来ていて、縁を金モールで取り、裏に灰鼠（ホイシュ）[2]の毛皮を使ってありました。袖と襟（折り返しになっていました）は黒貂（くろてん）で出来ていました。

太后陛下が太監の一人にこれらの衣裳をどう仕立てるかについて色々お指図になっていらっしゃる時、皇后様が私に合図をなさったので、出て行きますと、皇后様のおっしゃるには「太后陛下の御前に行って叩頭（コウトウ）なさいませ。あなたに黒貂の縁がついた衣裳を下さったというのは大変な御沙汰ですよ。これは普通なら郡主（王公の姫君）だけしか着られないものですから」。それで私は部屋に帰りますと、最初の機会をとらえて急いで叩頭（コウトウ）して、太后陛下に、私の賜ったこの非常な御優遇を謝しまいらせました。陛下はお答えになって、

「あなたは当然これを受けるべきです。なにもあなたが郡主と同じ待遇を受けるべきでないという理由は私には考えられません。郡主でも多くは皇族の出ではありませんからね。国家のために尽した特別の勲功にはどんな位を授けようと差支えはないのです。それにあなたは、今まで私のところにいたどの宮眷（じょかん）よりも役に立ちましたし、あなたが自分の勤めを遂行するのに忠実であることを見とどけました。あなたは、私がこうした事に気が付かないと考えているかも知れませんが、私はちゃんと気付いています。あなたは確かに郡主と同等の位を持つ価値がありますし、じっさい私はこれまであなたを郡主と区別して扱ったことはありません。どちらかと言えばいろいろな点でそれ以上の待遇をしていました」。

それから太監の方を向かれて「私の毛皮の帽子を持っておいで」とおっしゃいました。こ

の帽子は黒貂で出来ていて、真珠と玉の飾りがついていました。そして太后陛下は、私どもの帽子は頂子が陛下のお帽子の場合のように黄色でなくて紅色になっているほかは、大体似た様式になることだろうと御説明下さいました。私は当然喜んだのでした。

女たちの妬みが渦巻く宮廷

この帽子と宮眷の正装のほかに、太后陛下は普段着用の普通の服二着、一着は羊の毛皮の裏をつけ、もう一着は灰鼠の裏がついているのを仕立てさせてくださいました。それから陛下はまた別のもっと上等な材料の服を四着くださいました。黒と白の狐の毛皮を裏につけ、どれも金モールと刺繍したリボンで縁がとってありました。以上に加えて、別に一着は百羽の蝶を刺繍した褪紅色の、もう一着は緑の竹の葉を刺繍した紅っぽい色のと二着の服がありました。それから、やっぱり毛皮の裏をつけた短掛子数着も太后陛下の御贈物のうちに含まれており、それと袖なしの胴衣（砍肩）数着で全部でした。

　部屋から出て来ますと、宮眷の一人が、そんなにどっさり太后陛下から着物を頂戴するなんてほんとに運が好いと言って、自分はこれまで宮中にいた全部を通じても――十年近くになるけれど――それほど沢山はいただかなかったと言うのでした。私はこの女が妬んでいるのだとわかりました。皇后様はこの会話を洩れ聞かれて、私たちの話仲間にお入りになり、この女に、私が宮中に参った時は外国の服のほか何にもなかったのだから、太后陛下が適当な衣裳をくださらなければどうしてやって行けるのだろうと話しておやりになりました。この出来事は私と宮眷たちとの間がまた不愉快になる初めでした。

最初は私は何にも気が付きませんでしたが、やがてある日、御殿つきの女の一人が不愉快な話に加わりました。この女は、私の来るまでは自分が太后陛下の特にお気に入りの者だったと申しましたけれど、私はこの女に何事にしろ私と議論する権利はないはずだということを解らせてやりました。皇后様がその場においででしたが、この連中に私に対する態度についてお申しつけになり、そのうちに私から太后陛下にこのことを申しあげますと仰せになりました。

これはなかなか効目（ききめ）があったようで、その後はこの宮眷たちもあまりいじめるようなことを言わなくなりました。

（1）これは歴史上何の事件を指しているのか不明。順治帝は三代目で親しく征戦に出たことなく太祖太宗時代にも八月二十六日には大戦がない。

（2）満洲特産の鼠の一種、その毛皮は最も珍重される。

第十六章　万寿山の離宮

光緒帝に「私のコダックでお撮りしましょうか」

ちょうど九月も末になった頃、太后陛下は毎日毎日何もなさることがないので退屈になられ始めて「芝居をやらせるのに朔日まで待って何の役に立ちます？　明日、芝居をやらせましょう」とおっしゃいました。そこで陛下は太監たちに芝居の仕度をするお指図をなさいました。この芝居はなんら外部の役者の助けを借りないで上演されることになっていました。太監のうちのある者は特別に役者として訓練されていて、自分の持役を毎日練習しているということを、ここで申しあげておきましょう。じっさい、外部から来た専門の役者よりもずっと上手でした。

太后陛下は宮殿監督に御自分の御希望の芝居の目録をお渡しになりました。それはたいがい神仙譚を劇化したもので翌日その上演が行われました。

この芝居の上演の間に、太后陛下が午後のお寝みに出かけられた後のこと、私は皇帝が御自分の御殿にお帰りになる途中でお会いしました。たった一人の太監がお附きしているだけなのを拝見して私は吃驚いたしました。これは皇帝の私用の太監で、非常に信任しておられたのです。皇帝陛下が、どこに参るかとお訊きになったので、私は、部屋にもどってしばらく休もうとしているところでございますと申しあげました。ずいぶん久しく会わなかったと仰せられるのですが、私は毎朝召見の際に皇帝をお見かけしているのですから笑い出してしまいました。陛下のおっしゃるには「この画像を描くのが始まってから、前ほどあなたと話し合う機会がなくなった。今はあなたの暇はこの閨秀画家でふさがっているから、誰にも助けてもらえないので、私の英語はあまり進歩しなくなったのじゃないかと心配している。あなたはあの画家との交際をずいぶん楽しんでいるようだね。それでもやっぱり、ひどく単調なことのように私には思われる。あの閨秀画家はまだ、あなたがあそこにいるのはただあの女を見張っているためだということに気が付かないかね?」。私は、何事によらず見破られないように非常に気をつけていますから、あの画家も自分が番をされていると感づいたとは思われませんと申しあげました。

するとと陛下はおっしゃいました。

「この婦人が太后陛下の画像を完成した暁には、私のを描こうと思っているというような噂があると聞いているが、誰がそう言ったのか、私は非常に知りたく思っている」。

私は、そんなことを耳にいたしましたのはこれが初めてですから、お答えいたしかねますと申しあげました。陛下御自身も御自分の画像をお描かせになりたいお考えかどうかお尋ねしましたけれど、皇帝は、

「それはどうも難しい質問で私には答えられないよ。私がそれを描かせるべきかどうかはあなたが一番よく知っていよう」

「私が見ていると、太后陛下はずいぶんたくさん写真をお撮らせになって、太監まで写真のなかに一緒に入っているじゃないか」。

私は皇帝のおっしゃるお気持がただちに呑みこめましたので、御希望なら私の小さなコダックでお写真をお撮りしましょうかと伺ってみました。陛下は驚かれたような顔をなさって、お尋ねになりました。

「あなたもやっぱり写真が撮れるのかね？　私たちにあまり危険がないなら、いつか機会があった時にやって見ようかね。忘れてはいけないよ、だが、われわれはとても慎重にやらなければいけないね」。

「外国人は私をひとかどの男と考えているだろうか」

皇帝はそれから話を変えられて仰しゃるには、

「さて、今は私たちに話す暇があるから、私はあなたに質問したいことがある。あなたもほんとうを答えていただきたいと思う。外国人たちは一般に私についてどういう意見を下しているかね。私をひとかどの男と考えているだろうか、私を聡明だと思っているだろうか？　私はそれを切に知りたいと思っているのだ」。

この御質問の御答として私がなにも申しあげないうちに皇帝は話を続けられて「彼等は私を子供以上には思っていない、全然重大な存在とは考えていないことを私は非常によく知っている。ほんとうに話してくれ、そうではないかね？」。私は、多くの外国人が私に陛下のこと——陛下がどういうような方であるかについて尋ねましたけれど、彼等は自分たちの陛下に関する意見については、至極御健康であらせられることを承知しているという以外にはなんら表明いたしませんでしたと御返事申しあげました。「もし私自身に関しまた私の宮中における位置に関して、すこしでも間違った印象が存在しているとすれば」と皇帝陛下はお続けになりました。

「それは支那の宮廷のはなはだ保守的な習慣にもとづくものです。私は自分の考えでは何を言うことも何をすることも期待されていないのだからその結果、外部の者は私のことを耳にすることはあまりないし、私はまあ飾り物以上のものではないと考えられている。そういう状態だということを私は知っている。

今後、外国人から私のことを訊かれた時はかならず、私がここで如何なる位置に置かれているかをありのままに説明してやってください。私はこの国の発展についてはいろいろ抱負を持っているが、あなたも知ってのように私は自分で自分がどうにもならないのだから、それを実行することはできはしない。

太后陛下御自身でさえ現在の支那に存在している事態を変えるに足るほどの権力を持っておられるとは私は思わないし、またよしんば太后陛下にそれだけの権力があったにしたところで、そうなさる気はあるまい。

少しでも改革の方に向うことができるのは、まだずいぶん先のことではないかと私は思うね」。

ヨーロッパを訪れ自分の眼で見物したい

皇帝はさらに、自分もヨーロッパの国王たちのように方々を旅行して廻ることが許されたら、どんなに好いだろうと仰せになりましたが、勿論、こうしたことを皇帝がなさることは問題にもならぬことでした。私は皇帝に、王公の姫君たちがいくたりかセント・ルイスの博覧会を見に行きたいという希望を述べられたことをお話し申しあげて、もしそういうことにとり決まれば、姫君たちも自分の眼で、自分の国やその習慣と外国の国々やその習慣との異いを見ることができるでしょうから、結構なことだと存じますと申しあげました。皇帝は、こうした事はかつて聞いたことがないから、この許可が降りるかどうか疑わしいとの意を表明なさいました。

私たちはかなり長時間、主として外国の習慣のことをお話ししました。そして皇帝は、ヨーロッパを訪れて、自分の眼でその地に行われている事態を見物したいと非常に望んでいると仰しゃいました。

ちょうどその時、私附の太監の一人が来て、太后陛下がお目醒めになったと申しますので急いでお別れして太后陛下のお部屋にあがらなければなりませんでした。

その中に十月になりました。

朔日には雪が降りました。それで宮殿監督は太后陛下に、いつものように夏の離宮で陛下の万寿節をお祝いになる御意向かどうかをお伺いしました。前にも申しあげましたように万寿山は太后陛下のお気に入りのお住居でしたので陛下はそうだと御返事になりました。したがって、祝典はいつもの通りに挙行されるよう準備がととのえられました。李蓮英はそれから太后陛下に、すべての王公の姫君の名前と位階、及び満洲人の官員の夫人と令嬢の名前を書いた表を提出いたしました。陛下はその中からこの祝典に参列するのを望まれる人々をお選びになりました。

　今度は四十五名の婦人がたをお選びになって、この人々に宮中に参内され度き旨の正式の通知をお出しになりました。私はこの間ずっと太后陛下のお椅子の背後に立っておりましたが、陛下は振り返って仰せになりました。

「いつもは私は自分の誕生日にはあまり多くの人を呼ばないのですが、今度は、あなたにこの人たちの衣裳の着かたや、それからこの人たちがどんなに宮廷の作法を知らないかを見せてあげたいと思って例外のことをしましたよ」。

　祝典は十月の六日に始まりました。カール嬢はその間しばらく北京の米国公使館に帰りましたので、母と妹と私はまた万寿山にもどりました。六日の朝早く、太監たちは廊簷をさまざまの色の絹で飾り、この場所いちめんと樹の間に灯籠を吊しました。

　朝の七時ごろから客たちは到着し始めましたが、太后陛下がこの方たちについてお話しになったことには私も全く同意申しあげたのでした。太監がこの方々を宮眷一同に紹介しましたが、みなどうもひどく恥しがっているようで、ほとんど言うべきことを持たないように見えました。

　この方々はそれから控の間に案内されましたが、人数があまり多いので、私たち宮眷は廊簷（ベランダ）の外側に立っていなければなりませんでした。このうちには非常に贅沢な衣裳をつけられた方もありましたが、その色合は、大部分は、ひどく旧式でしたし、それから皆の作法は非常にぎごちないものでした。私たちはしばらくの間、この方々を観察していましたが、やがて太后陛下に御報告するために出て行きました。

太后の誕生祝の客に作法を教える

こういうような折には太后陛下は概してなかなか上機嫌であらせられます。陛下は私たちにいろいろと御質問になりましたが、そのうちの一つに、来客のうちに花嫁のような衣裳をした年輩の婦人に気が付かなかったかというお尋ねがありました。陛下の御説明によりますと、この婦人は漢人の官員と結婚した満洲人の婦人で参列を許された唯一人のひとで、むかし宮廷に関係があった縁故で招待されたのだということでした。太后陛下は、自分はまだこの婦人を見たことがないが、非常に利発な女だということは承知しているとおっしゃいました。私たちはこういう人物に気が付きませんでしたので、たぶんその方はまだ参っていないのではございますまいかと申しあげました。

太后陛下は大急ぎで身じまいをあそばされ、仕度がととのうや否や広間に御出御になりました。そこへ李蓮英（リーリエンイン）が来客たちを連れて入って来て、太后陛下にお目通りさせました。私たち宮眷（じょかん）一同は一列になって玉座の背後（うしろ）に立っていました。客たちは入って来ますと、ある者は叩頭（コウトウ）しますし、またある者はお辞儀をします、そうかと思うとほかの者は全然なにもしないという有様で、じっさい、誰ひとりどう振舞っていいか知らないように思われました。太后陛下は短い歓迎の挨拶を述べられ、皆の献上した贈物に対して謝意を表されました。

　ここで申しあげておきたいことは、一般に流布されている考えと反対に、太后陛下はどんなに些細な物事でも、贈物とか自分に尽された勤労などに対してはかならず感謝の意を表されることです。太后陛下には一同がまごついている態がはっきりとお眼に映りましたので、李蓮英に一同を各自の部屋に案内するように命じられ、また一同には充分くつろいで行って休息するがよいと仰せになりました。この人たちが行っていいのかどうかわからなくて、ちょっと躊躇していますと、太后陛下はついに私たちにおっしゃいました。「一同を連れて、皇后様に目通りさせなさい」。

　皇后様の御殿に着きますと、一同は正式の拝謁を賜わりましたが、さっきほどは恥しがらないようでした。皇后様は、客たちに、何事かお知りになりたいとか、宮廷の作法のどの点かについて正しく振舞いたいと思うとかいう場合には、宮眷(じょかん)たちが喜んで、あらゆる必要な知識をお授けするでしょうと仰せになり、そして、来る十日に行われる典礼の際になにか間違いを起こしては面白くないから、宮眷ひとりびとりがこの多くの来客たちの世話をするのが一番良い方法だろうとお決めになりました。それで私たちめいめいはこの多くの来客たちを割当てられて、皆の面倒を見てあげたり、それぞれの場合に振舞うべき作法を教えてあげたりしなければなりませんでした。

　太后陛下の午後のお昼寝の間に、私は自分が世話することになった客のところに訪問してみました。そのなかに太后陛下のお話しになったあの花嫁の衣裳を着た方がありました。それで私はその方のところに行って、うち解けて話しかけてみますと、非常に面白い方だということがわかりました。この方は漢文を読み書きするのが非常に達者であることがわかりましたが、それからすると、満洲婦人の多くと異って、明らかに立派な教育を受けた方でした。私はそれから皆の方に、必要の場合の心得として、太后陛下の前では如何に振舞うべきか、どういう風に御挨拶すべきかなどを説明いたしました。前に書いたことかも知れませんが、太后陛下に申しあげる時には、誰でもかならず陛下を「老祖宗(ラオツツオン)」(偉大なる御先祖様)とお呼びしなければなりませんし、自分を言う時には「私」という代名詞の代りに「奴才(ヌツァイ)」(陛下のしもべ)と言うのです。満洲人の家族内ではすべて同様な規則が守られ、「あなた」と「私」という代名詞は省かれて「母」と「父」という称号および息子または娘の名がその代りに用いられます。

太后陛下はこの規則の遵守については非常に厳格であらせられました。

一万羽の鳥を買い鳥籠から放す

それから祝典の日まで四日間というもの、この客たちは宮廷の作法を習ったり、芝居に行ったりして時を送っていました。

朝ごとに、いつものように、私たちは太后陛下にお給仕しながら、その前日に起こった興味のあることをなにかと御報告申しあげます。それから私たちは太后陛下よりお先に戯場に赴き、その中庭に立って御出御をお待ちするのです。太后陛下がお見えになりますと、私たち一同は陛下が御通過になって戯場の向い側の建物にお入りになるまで跪いています。跪くのも列を作ってやるので——先頭が皇帝陛下、その後が皇后様、次が瑾妃、それから公主郡主がたおよび宮眷たち、そして最後にこの来客がたという風なのです。初めの二日は万事うまく行きましたが、三日目のこと、私たちは皇帝陛下からお合図していただくことになっていましたところ、その皇帝陛下が突然お振り向きになって「太后陛下がいらしった」とおっしゃいました。さっと、私たち一同は膝をつきましたら、皇帝陛下お一人はお立ちになったままで、私たちを見て笑っていらっしゃいます。もちろん太后陛下の影も見えませんでしたから、みんなが一緒に大笑いたしました。

　こういう様に冗談でおひっかけになった時ほど陛下が楽しそうにお見えになることはありませんでした。

　九日の晩には、宮眷はみんな寝牀につきませんでした。一同、十日の朝の定刻に間に合うように早くから起きていなければならなかったからです。来客たちには、丘の頂にある特別の「召見の間」に轎に乗って赴くよう申し渡されてありました。この人たちはそこで私たちの来着を待つことになっていました。この人たちは朝の三時に「召見の間」に着きました。そして私たちもすぐ後からついて行って、夜明け頃にはそこに着きました。やがて太后陛下が御到着になって、典礼は始まりました。この典礼は皇帝陛下の万寿節に関して前に申しあげたのとすこしも違いませんから、次の一事を除くほかは詳細を述べる必要がありません。

それは十日の朝、非常に早く私たちはもう一つの贈物を陛下に持って行かねばならなかったことです。

私たちひとりびとりが各種の鳥を百羽持って行くのです。毎年万寿節に、太后陛下は非常に変ったことをなさいます。御自分のお金、即ち御内帑金(ごないどきん)のうちから、一万羽の鳥をお買いになって、それをお放しになるのです。

こうした大きな鳥籠が「召見の間」の中庭に吊してあるのは非常に綺麗な光景でした。太后陛下は極上の吉時をお選びになって、それから太監に、この鳥籠を持って、後から随いて来るようにと御命令になりました。お選びになった吉時は午後の四時ということでした。太后陛下は宮廷の者全部をお連れになって丘の頂の、仏閣があるところに登られます。まず陛下は白檀香(びゃくだんこう)をお焚きになって、神仏に祈りをあげられます。それから太監たちが各自一つずつ鳥籠を捧げて太后陛下の御前に跪(ひざまず)きますと、陛下はその鳥籠をひとつひとつ順々にお開けになって、鳥の飛び去るのを見守られ、さて神仏にこの鳥どもが二度と捕えられないように祈られるのです。

太后陛下はこれを非常に厳粛に行われましたが、私たちは小声で互いに、どの鳥を一番綺麗だと思うかと訊き合ったり、それを自分たちで飼っておきたいと話し合ったりしました。この群のなかに、数羽の鸚鵡(おうむ)がいました。淡紅(ピンク)のものあり、紅と緑のもありましたが、どれも鎖で止り木に縛りつけられていました。やがて太監が鎖を切った時に、この鸚鵡どもは動こうとしませんでした。

太后陛下はおっしゃいました。

「なんて奇妙でしょう。毎年、二三羽の鸚鵡が全然逃げないので、私はこれらは死ぬまで飼ってやることにしています。今もあれを御覧。あの鸚鵡どもは逃げようとしないのですよ」。

この時までに李蓮英（リーリエンイン）が来ていました。太后陛下が、この起こったことをお話しになりますと、彼は直ちに平伏して「太后陛下の御運勢は広大なるものにございます。この鸚鵡どもは陛下の御仁慈のほどを察し奉りこの地に留まって陛下にお仕え致したいと願っておるのでございます」と奏上いたしました。この儀式は「放生（ファンション）」と言うのです。

それは非常な善行であって、かならず天の報（ほう）を得ること疑いなしと考えられているのです。

放生（じょう）した鳥は太監がつかまえ売りとばす

宮眷（じょかん）の一人が私に、あの飛び去らない鸚鵡のことをどう考えるかと訊（き）きましたので、私は、あれはほんとうに非常に不思議なことだと申しました。するとその宮眷の申しますには、

「あれは何でもないことで、ちっとも不思議でないことです。あの太監たちは李蓮英（リーリエンイン）に命令されて、ずっと前からあの鸚鵡どもを買っておいて、馴らしていたのです。太后陛下の午後のお昼寝の間、あの鸚鵡どもを毎日あの同じ丘の頂に連れて行って、その場所に慣れさせてあるのです。この目的というのはただ陛下をお喜ばせするとも、言葉をかえればおだまかし申すとも言えますけれど、そうして、陛下のお心を楽しくさせ、陛下がいと御仁慈にわたら

せられるので、かかる声なき鳥どもすら陛下のお側にいたいのだとお信じ申させるためなのです」。

この宮眷(じょかん)は続けて申しました。

「とてもお笑草だと思うのは、こうなのです、太后陛下が鳥どもをお放しになっていらっしゃる間、太監が数人あの丘のうしろに待っていてその鳥をつかまえて、また売るという風にするのです。太后陛下がいくらあの鳥どもの自由をお祈りになっても、鳥どもはすぐつかまえられてしまうのですよ」。

祝典は十三日まで続きました。誰もなんにも仕事をせず、陽気なことや愉快なことばかりで、戯場は毎日開かれていました。十三日目の暮になるころ、来客たちは祝典が終を告げたと知らされましたので、翌朝早く立去る仕度をしました。一同はその晩、太后陛下にお別れの挨拶を申しあげて、翌日早朝に発って行きました。

その後の二三日というもの、私たちはみな海の離宮に移る準備に忙しくしました。太后陛下は暦を繰られて、ついに二十二日がこの移転に一番の吉日であるとお選び出しになりました。それで二十二日の朝の六時に宮廷全部は夏の離宮を発ちました。雪がとてもはげしく降っていましたので、この旅は非常な苦労をして辛うじて行われたのでした。もちろん、私たちはみな、いつものように、轎(かご)に乗っていました。そして轎舁(かごか)きに使われない太監たちは馬に乗って進みました。

多くの馬がつるつるした石の上に滑って倒れました。そして太后陛下の轎夫の一人も滑って、太后陛下を地面にお落し申しあげました。突然に、なにか恐ろしい事が起こったと私は思いました。馬は駆け走り、太監は「止まれ、止まれ」と叫んでいます。誰かが「まだ生きていらっしゃるかお調べしろ」と言っているのが聞えました。行列全体が止まって道を塞ぎました。

これは西直門(シーチーメン)に入る直ぐ前の石を鋪(し)いた道の上で起こったことでした。やがて、太后陛下のお轎が地面に置いてあるのが見えましたので、私たち一同も降りて、何が起こったか見ようと近づきました。非常に大勢の人間がすべて同時に興奮して喋っていましたので、瞬間、私はちょっと恐くなりました。(と申しますのは、丁度その時分、私たちは、革命党のうちで宮廷の者全部の生命を取ろうとしているものがあるという噂を聞いていたからです。私たちはこれを聞きながら、太后陛下には申しあげることを敢てしなかったのでした)。それで私はさっそく陛下のお轎の側に参りますと、陛下はそこに悠然と坐っておられて李蓮英に、轎舁きには罪がない、石が濡れていてひどく滑りやすかったのだからあれを罰しないようにとお吩咐(いいつ)けになっていらっしゃいました。

李蓮英は、それはいけません、この轎夫は不注意者に相違ありませぬ、このように不注意で老仏爺(ラオフォーイエ)をお舁き致そうとは無礼至極にございますと申しあげました。

滑った太后の轎夫に八十棒の笞刑

こう奏上してから首を振り向けて、笞刑吏(ちけいり)(この笞刑吏は、こういう場合に備えて、竹の棒を持って、宮廷の赴くところには何処といわず随っています）に、「こやつの脊中に八十棒をくらわせい」と申しました。この気の毒な犯人は、ぬかるみの地べたに平伏したまま、この命令を聞きました。笞刑吏はこの男を私たちから百碼（ヤード）（約九十一メートル）ばかり向うに引き連れ、押し伏せて、刑吏の任務を遂行し始めました。八十棒叩くのにはあまり長い時間はかかりませんでした。そして驚きましたことには、この男は、罰を受けおわりますと、まるで何もなかった風に、起ちあがりました。いとも平然たる顔をしていました。私たちが待っている間に、一人の太監が私に一杯のお茶を渡しましたので、私はそれを太后陛下に捧げて、お怪我はございませんでしたかとお尋ね申しあげました。陛下はにこっとお笑いになって、なんでもないと仰せられ、一同旅を続けよと御命令になりました。このお茶のことは説明しておかなければなりません。太監は始終お茶を用意していて、いつも小さな焜炉とお湯を携帯しているのです。宮廷が移動する時にはいつでも、これも伴われて行くのですが、使用されたことはめったにありませんでした。

太后陛下がお着きになる際にお迎えする用意のために宮眷（じょかん）たちはいつものように、近道をとって宮殿に行っておりました。中庭でずいぶん長く待って、ほとんど凍（こご）えそうになった頃、やっと太后陛下はお着きになりました。私たち一同は、陛下の御通過がすむまで跪（ひざまず）き、それからお供をして宮殿に入りました。太后陛下も寒くてたまらないと仰せられて、広間に火を入れよとお吩咐（いいつ）けになりました。この火は裏側に粘土を詰めた銅の携帯用の炉子（ストーブ）のなかで起こし、戸外で火を点けて、煙がすこしたたなくなったところで部屋のなかに入れるのです。みんなで四個の炉子(ストーブ)がありました。窓も扉もみな閉めきりで、どんな種類の通風も入りませんでしたので、たちまち私は気持が悪くなり始めました。けれども、私は太后陛下のお身の廻りの物を片付ける仕事を続けていましたが、そのうちに気を失ったにちがいありません。次に私が気が付いて見ますと、見慣れぬ寝牀のなかで目を醒ましていましたので、いったい何処(どこ)にいるのでしょうと尋ねたことでしたが、次の間(ま)で太后陛下が御命令になっているお声を聞きましたので、間違いじゃなかったとわかりました。宮眷(じょかん)の一人が、太后陛下が飲むようにとおっしゃったといって、人参(1)の煎汁を一椀もって来てくれました。私はそれを飲むと、ずっと気分が快くなりました。

太后陛下は御休息にいらしったと教えられましたので、私はまた眠りにつきました。目を醒ました時には、枕許に太后陛下が立っていらっしゃいました。私は起ちあがろうとしましたが、ふらふらして駄目だとわかりました。それで太后陛下は私に、じっと寝て安静にしておれば直ぐ癒るだろうと仰せになりました。陛下は、私は陛下のお寝間のすぐ側の部屋にいる方がよいとおっしゃって、太監に、部屋の用意が出来次第に私をそこに移すようにとお指図になりました。二三分ごとに太后陛下は私の具合はどうか、なにか食べたいものはないかと使を遣わされてお訊きになるのでした。太后陛下からのお使に応対する時にはかならず起立するのが慣例でしたが、私が寝たままで起立しなくても問題になりませんでした。努力してみたのですが、その結果かえって前より悪くなったのです。

宮殿監督の李蓮英がお見舞に

暮がた近く李蓮英（リーリエンイン）が私の見舞に来て、お菓子を数皿持って来てくれました。彼はひどく優しくて、私に、あなたはとても恵まれていますよ、太后陛下が宮眷（じょかん）の誰かのことを御軫念（しんねん）になるなどはめったにないのですからと話して、たしかに太后陛下はあなたをお好きのようだと申しました。彼は腰かけて、しばらく話していました。そして私にこのお菓子をすこし召しあがりませんかと言いました。もちろん私は全然なんにも口に入りませんでしたので、お菓子には手をつけないで、それは置いておいてください、私が後でいただきますからと申しました。去りがけに、彼は、なにか欲しいものがあったら、自分に知らせてくれればよいと申しました。この訪問は私にとっては非常に驚くべきことでした。それというのは普通は彼は私たちの誰にもまるで留意しないからですが、後になって私が聞いたところによると、彼がこんなに優しかったのは、太后陛下が私に非常な興味を示されたためだったのです。

翌朝には、私は起きあがって、また私の勤めをすることができるようになりました。私は太后陛下にお目にかかりに行き、叩頭（コウトウ）して、私の病中の御仁慈を謝し申しあげました。太后陛下は、前の晩、宮殿監督から私がずっと快くなったことを聞いた、私がまた起きて働けるようになって嬉しく思うと仰せになりました。陛下のお言葉によりますと、あれは何もたいしたことはない、ただ私が火から出る煤気（ばいき）に慣れていないので、それが頭にさわったのだとのことでした。

雪は降り止みましたので、太后陛下は、明日私たちでカール嬢が画を続けるための場所を選びに行くことにお決めになりました。私は、おそらくカール嬢が自分で来るまで待った方がよくはございますまいか、そうすれば嬢は自分の仕事に都合の良い場所が選べるでしょうからと申し出てみましたが、太后陛下は、それは絶対にいけない、というのは、もしこれをカール嬢に任せれば、きっとどこか受け入れがたい場所を選ぶにきまっているから、とおっしゃいました。もちろんこの宮殿には禁断になっている部分がずいぶんあって、カール嬢がそこに行くことは許されないのでした。それで翌日、太后陛下と私は場所を探しに出かけました。あまたの部屋に行って見ましたが、どれも暗すぎました。けれども到頭私たちはこの宮殿の湖の岸にある一部屋を選び出しました。太后陛下は「これはとても便利がいい、あなたは轎に乗るなり、水を渡るなりして往来できますからね」とおっしゃいました。轎に乗れば宮門に着くまで四十五分ほどかかって、舫に乗るよりすこし速いということがわかりました。私は宮中にもどって来て、住まうことになっていましたが、米国公使館に滞在しているカール嬢が単独で宮門を出入するのは宜しくないというので、これはいけないと最後に決められたのです。それで太后陛下は、私が北京城内の私の父の邸に滞在して、毎朝カール嬢を連れて宮中にあがり、夕方は一緒に帰るのがよろしかろうと仰せになりました。これはどうも有難くございませんでしたが、太后陛下のお吩咐けには遵わざるを得ないのでした。

「さんざ苦労したが大した絵にならない」

カール嬢は翌日、宮殿に来ました。そして自分が仕事するために選定された部屋を見て全然気に入らない様子を見せました。第一に、あまりに暗すぎるとカール嬢は申しました。それで太后陛下は紙張りの窓を玻璃（ガラス）に取り換えることを命じられました。今度は部屋が明るすぎましたので、カール嬢は光線を像に集中させるために、なにか窓掛（カーテン）が欲しいと申しました。私がこの要求を太后陛下にお伝えしますと、陛下はおっしゃいました。

「おやおや私が自分のこのみからでなくて、この宮殿のなかを何か変えるというのは、これが初めてなんですよ。最初、私は窓を変えました。するとあの婦人は満足しないで、今度は窓掛（カーテン）がなければならぬと言います。私の考えでは、屋根を取ってしまったらいいんじゃないのですか。そうすればさぞあの婦人も気に入るでしょう」。

けれども、私たちはカール嬢の満足の行くように窓掛（カーテン）をととのえてやりました。

　太后陛下があの画像がどのぐらい進捗しているかお検べになった時、陛下が私におっしゃるには「私たちはこの絵のことではさんざ苦労しましたが、結局、どうもあまり大したものにはなりそうもないように思われます。私の肩掛（ケープ）の真珠がいろんな色に描いてありますね、白く見えるのもあり、淡紅（ピンク）のもあり、そうかと思えば緑のもある。あなたからこの事をあの婦人に言っておいてください」。私は、カール嬢はただ真珠をいろいろな光の具合にしたがって、自分に見えたとおりに描いたのですと御説明申しあげようとつとめましたが、太后陛下は全然それを解されず、あの真珠の中で緑色かそれとも淡紅（ピンク）色のものが私には見えるのかとお尋ねになりました。私は、これはただ光線が真珠に落ちることによって起こる具合にすぎませんとまた御説明申しあげましたけれども、陛下は白のほかは何の色合も見えないよと御返事になりました。しかし、しばらくすると、陛下はもうこの事については御心配なさらぬように見えました。

純金製の観音像を礼拝

海の離宮における太后陛下のお寝間の近くの部屋に一基の仏塔が置いてありました。高さ十呎（フィート）（約三メートル）ぐらいで白檀を彫ってこさえてあります。この中にはさまざまの仏像が安置されていて、それを太后陛下は毎朝礼拝されるのでした。この儀式は太后陛下が仏塔の前で香を焚かれることから成っています。一方、一人の宮眷（じょかん）が毎日この仏像の前に叩頭（コウトウ）するように申しわたされていました。太后陛下は私に、この塔は宮中に置かれてから百年よりまだずっと上になると仰せになりました。このさまざまな仏像のうちに一つ観音（かんのん／クワンイン）（慈悲の女神）を表わしたものがありました。この仏像は高さがわずか五吋（インチ）（約十三センチ）ほどで純金製でした。内部は伽藍洞（がらんどう）になっていて玉と真珠で製（つく）った人体のあらゆる主要な内臓が収まっていました。この観音は非常に霊験あらたかなものと考えられていて、太后陛下はなにかに御心労がおありになると、よくその前で礼拝されるのでしたが、多くの場合、お祈りには応験があったと陛下は言い張っていらっしゃいました。陛下のおっしゃるには「もちろん、私が御仏像に祈る時には、真剣に祈るのです。あなたがた若い女みたいに、それが勤めだからというので、ただ叩頭（コウトウ）するだけで、それから一刻も早く立去るなどというのとは違います」。太后陛下は続けて、支那の多くの人民が自分達の祖先の宗教を捨てて基督（キリスト）教に帰依（きえ）

することは陛下もお気付きだが、こういう事態なのは甚だ嘆かわしく思うと仰せられるのでした。

井戸に身を投げ自殺した女が幽霊に

太后陛下はこの海の離宮にまつわる古い支那の迷信を固く信じておられて、私たちの会話の間に、私に、なにか見ても驚いてはいけないよとおっしゃいました。陛下は、自分の側を歩いている誰かの姿が突然消え失せてしまうというようなことは、きわめてよくある事だとおっしゃって、そういうのは狐がなにか為にするところあって人の姿に化けたにすぎないのだと御説明になりました。この狐どもは何千年という間、この海の離宮に棲み古していて、こういうように自在に姿を変える力を持っているのだそうです。陛下のお言葉では太監たちは、これを魂だとか幽霊だとか言うだろうけれど、それは真実ではない。これらは尊いお狐様で人間にはすこしも害をしないのだと仰しゃるのでした。

この迷信を証拠だてるかのように、二三日後のある晩、火が消えましたので、私は誰かほかの宮眷（じょかん）で起きているのがあったら、すこしお湯をもらわせたいと思って、太監を見にやりました。彼は提灯を下げて出て行きましたが、出るがはやいか、また白堊（チョーク）のようにまっ青な顔をして帰って来ました。

どうしたのだと訊（き）きますと、彼は「幽霊を見ました。一人の女がやって来て、明りを吹き消して、かき消えました」と答えました。おそらくそれは女婢（じょちゅう）の一人だろうと私は申しましたが、彼は「いいえ」と言います。宮中に属する女はすべて知っているけれど、この女はかつて見たことがないといって、彼はあくまで、あれは幽霊でしたと主張するのでした。

私は、太后陛下がここには幽霊なぞは一切いなくて、そういうのは人の姿に化けた狐であろうとおっしゃったと申しました。彼は「狐ではありませんでした。太后陛下はあれを幽霊とおっしゃるのが御自分でもお恐いので、狐だと呼んでいらっしゃるのです」と答えました。彼はさらに、何年も前のこと宮殿監督の李蓮英（リーリエンイン）が太后陛下の御殿の裏の中庭を歩いていると、一人の若い女婢（じょちゅう）が井戸の端に腰をかけているのを見た話をしてくれました。李蓮英は、そこで何をしているのかとこの女に尋ねようと思って進みよったのですが、近くで見るとまだほかにも数人の若い女がいて、彼の近づくのを見ると、みんなわざわざ井戸のなかに飛込むのでした。彼は直ぐ叫声を上げて呼ばわりました。すると一人の家隷（けらい）が提灯を持ってやって来ましたので、今の出来事を説明しました。その家隷（けらい）は誰にしてもこの井戸に飛込むことは不可能だ、大きな石で覆われているのですからということを指摘しました。

私の太監の話によると、むかし、こうした女婢（じょちゅう）たちが実際にこの井戸に身を投げて自殺したのであって、李蓮英（リーリエンイン）が見たのはこの女たちの幽霊にほかならぬというのでした。支那人は、人が自殺するとその魂はその場所近くに留まっていて、やがて誰かほかの人間を誘って自殺させることができれば、その時はじめて解脱（げだつ）して来世に行くことを許されると信じているのです。私はこんな物は信じないから、自分の眼で見たいと切に思っていると、この太監に言ってやりました。彼は答えました。

「あなた様は見たいとおっしゃるが、ただ一回だけで充分でしょう」。

天壇の礼拝で猪を殺し百官に下賜

いつものように物事は過ぎて行って、十一月の朔日になりました。この日、太后陛下は宮廷に、十一月中には以前の支那の帝王がたの忌辰が多いから、例の芝居は停止し、また宮中の衣裳もかかる折にふさわしきものに改めよとの布告を発せられました。九日には皇帝陛下が天壇に礼拝に赴かれることになりました。それで、こういう場合のいつもの慣例のように皇帝はこの九日の前三日間は御自分の私室に閉じ籠られ、その間は御自分の私用の太監のほかとは、何人とも如何なることにあれ言葉を交わされないのです。皇帝の妻たる皇后様でさえ、この三日間は皇帝にまみえることを許されておりませんでした。

　この典礼はほかの犠牲の式と実質的にはあまり異ったところはありませんが、ただこの場合には猪が殺されて、天壇の多くの祭壇にのせられ、そこにしばらく置いておかれた後で百官に分けられるのでした。祝福されたこの猪の胙肉を食べることは幸運と、繁栄をもたらすものと信じられていて、これを下賜された官員たちは太后陛下より甚大なる光栄を蒙ったと考えるのでした。もう一つほかの場合と異っていることは、皇帝はこの典礼を行うのに代理を命ずることが許されず、如何なる事情があるにせよ、皇帝おんみずからがとり行われねばならないという点です。この理由というのは、古代からのおきてに遵って、皇帝は死刑の宣告を受けた各人の死刑執行命令は親筆をもって署名され、その名簿は刑部に保存されることになっていますが、毎年の終りに、死刑になった各人の名を黄紙に一枚ずつ書いて、皇帝に提出いたしますと、天壇に礼拝なさる時になって、皇帝はこの黄紙を手にとってお焼きになります。するとその灰は天に上って、皇祖皇宗に、皇帝は恐れず忠実に、おきてどおり義務を遂行されたことを告げるということに基くのです。

最も聖明な康熙帝も祭る

この天壇で礼拝する典礼は紫禁城でとり行わなければなりませんので、太后陛下はこの場所がお嫌いでしたけれど、宮廷全部そこに移転するように御命令になりました。陛下がこうなさる御理由というのは、一刻たりとも皇帝の側から離れていたくないというお気持からなのでした。それで私たち一同は紫禁城のなかの宮殿に移りました。この儀式がすみますと、宮廷は海の離宮に帰られるはずでしたが、十三日が康熙（カンシー／こうき）帝の忌辰にあたりますので、私たちは紫禁城に留まっていて、そこでお祭を行うことに定められました。康熙帝は六十一年間、支那帝国を統治され、現代に至るまでのどの支那の君主よりも長い治世をお保ちになりました。そして太后陛下が私たちにお話しくださったところによりますと、支那にかつて在られた最も聖明な皇帝であらせられますから、私たちはそのつもりで康熙帝のお祭をうやうやしく行わねばならぬとのことでした。

（1）　原文には turnip（蕪）とあるも、人参ならん。

第十七章　召見の間

日露戦近しで太監百五十人が逃亡

十一月の十四日のこと、朝の召見の後で、太后陛下は私たちに、日露の間に戦争が勃発しそうである、現実にはなんら支那には関係がないわけだが、両国は支那の領土内で戦いはしないかと思うし、何にしても結局は支那にも面倒がかかるだろうから、はなはだ心痛していると仰せになりました。もちろん、私たちはその時にはこの事を大して気にかけませんでしたが、翌朝、宮殿監督が太后陛下に太監が五十人いなくなりましたと奏上いたしました。この理由がどうも見当がつきませんでしたので、すべての者がひどく興奮しました。太監の誰かが自分の職務がすんだ後で市内に出かけて行くことは、宮門が閉まる前に帰って来さえすれば、別に禁止されていなかったのですが、翌朝になって、また百人の太監が逃げ失せたという報告があった時、太后陛下は直ちにおっしゃいました。

「これでこの騒ぎのわけがわかりました。今度の戦争が始まりそうだという私の話を聞いたにちがいありません。それでまた拳匪（けんぴ）（義和団）の騒動が繰りかえされやしないかと恐がって、退散してしまったのです」。

太監が一人でも見えなくなると、かならず捜索隊を派遣し、これを捕え帰って処罰するのが習慣でしたが、今度の場合には太后陛下は逃亡した太監らをまた逮捕することに関してはなんらの処置も取らぬようにとの宣旨をお出しになりました。けれども、ある朝、太后陛下附きの侍者の一人がいなくなったのには、陛下も激怒されました。陛下は、この太監には特に多くの点ではなはだ親切にしてやっていたのに、これが自分の受けた恩返しであった、面倒が起こりそうになると、まっ先に逃げてしまったと仰せになりました。私自身も陛下がこの太監にいかばかりお目をかけられていたかを承知していましたが、この男は機会があるごとに、宮眷（じょかん）たちの或る人々を苦しめるのを事としていましたので、私はこの男が去ったのは心からは悲しいとは思えませんでした。

　この逃亡が毎日毎日つづきましたので、ついに太后陛下は、一同とにかく来春までこの紫禁城に留まっていた方が安全であろうと心をお決めになりました。

　私附きの太監にこの逃亡の理由を聞き訊（ただ）してみますと、太后陛下の御推測になった通りでまた拳匪の乱のような騒動に捲きこまれるのを恐れたためであると申して、それから、太后陛下お気に入りの太監まで他の者と同じように逃げても自分はいささかも不思議に思わないと附け加えました。彼が更に私に話してくれたところによりますと、李蓮英（りれんえい／リーリエンイン）自身にさえ絶対の信頼を置くわけには行かない。拳匪の乱の際に太后陛下が北京（ペキン）を去って西安（せいあん／シーアン）に向われようとなさった際、李蓮英は、なにか起こった場合には、いつでも引き返して逃げられるように、仮病をかまえて、すこし後から随（つ）いて行ったのだということでした。李蓮英のことを話したついでに、私の太監がうちあけて申しますには、あまたの無辜（むこ）の人間、特に太監たちの死は李蓮英のためであって、彼は宮廷において無限の勢力を揮(ふる)っているから自分に逆った人間、あるいはなにかの理由で自分の気に食わなくなった人間をなにびとにせよ片付けるというのは彼にとっては易々たるものだということでした。さらにこの太監は私に、余り知られていないけれど、李蓮英(リーリエンイン)は阿片を嗜んでおり、その悪癖にはずいぶん耽溺していると教えてくれました。阿片吸飲は宮中では厳禁されているので、太后陛下さえこの事を気付いておられないとのことでした。

戦争のニュースを翻訳して太后に

毎朝、日露両国間の紛擾に関する新しい報せがありました。それでももちろん宮中のひとはみな次第にひどく興奮して来ました。ある日、太后陛下は宮廷の者全員を特別の召見に召集され、そして一同に自分たちが興奮する必要はさらにない。たといなにか面倒が起こるとしても、なにも自分たちのことではないのだし、それに祖宗の神霊が守っていてくださるから、自分たちはかかり合うには及ばない、だから今後はこの問題に関し一切論じたり噂したりするのは聞きたくないとお諭しになりました。しかし、陛下は宮眷(じょかん)全部を御自分のお部屋にお呼び寄せになって、そこで祖宗の神霊に私たちを護らせ給えと祈るように、御命令になりました。これはあきらかに、陛下もまさしく私たちと同じように深く憂慮されていることを示していました。

この紛擾に関して噂することについておっしゃったお言葉にも拘わらず、太后陛下は御自分ではそのことをよくお話しになるのでした。そしてそういう会話の一つの間に、陛下は、現実に起こっている事について、毎日情報を得たいとおっしゃいましたので、私は、それは何でもないことで、外国新聞とそれから通信社のロイターの特報をおとりになれば最近のニュースはすべて手に入りますと申し出てみました。太后陛下はこの進言を聞かれると躍りあがって喜ばれ、これらを毎日私の父の名で父の邸に送らせ、それを宮中に持って来て、そこで私が陛下に翻訳して差し出すようにとお吩咐けになりました。私は陛下に、父はこういうような新聞は発行されるや否や送ってもらうようにしていますからそれを直ぐ太后陛下に持って参るように取り計らいましょうと申しあげました。

毎朝、召見の際に、私は戦争のニュースをすべて支那語に翻訳しましたが、電信は次第に急速に来るようになって、たちまちその全部を支那語に書き出すのはとても私の手におえなくなって来ましたので、私は太后陛下に、通信が来次第にそれを支那語に訳してお話しするように申しあげました。これはずっと速く行くので、太后陛下は非常に興味を覚えられるようになり、戦争のニュースばかりでなく、ほかの事でも新聞にある面白い記事はすべて私が訳すようにと、言い張られるに至りました。陛下が特に興味を寄せられたのは、ヨーロッパの国王がたの行動などに関する記事一切でした。そしてその国王がたのあらゆる行動が報道されるのを御存じになると、陛下はあらわに非常な驚きの色を示されました。陛下はおっしゃいました。

「ここでは、とにかく、宮中の外部の者は私自身の臣下さえなにびとも内で起こったことを知らないのですから、はるかに秘密になっているわけですね。恐らく宮中に関するあらゆる流言が止むことでしょうから、一般がもう少し知った方が、都合が良いことでしょう」。

もちろん、私たちが紫禁城に滞在している間も、カール嬢は毎朝あの画像の仕事にとりかかっていました。私たちは嬢に上等な部屋を提供しましたが、嬢にも非常に気に入ったようでした。太后陛下はこの仕事に倦きてしまわれて、早く片付けてしまいたいと思っていらっしゃいましたので、私に、できるだけの便宜をカール嬢に与えて手伝うようにせよとお吩咐けになりました。御自分ではめったにその場所近くにはいらっしゃいませんでしたが、いらしった時は、陛下はこの上なく愛想よく、じっさいこの画像を見に行かれるのが陛下の生活における最大の楽しみであろうと考えさせるほどでした。

紫禁城の皇帝御殿は三十二間も

この十一月の間は宮中は喪に服していますので、物事はきわめて緩慢に行われていました。それである日、太后陛下は私たちを連れて紫禁城を案内して廻ろうと申し出られました。まず私たちは「召見の間」[1]に参りました。

これは夏の離宮の「召見の間」とやや異っています。入るには、白大理石の階段を二十数段ばかり登らねばなりません。この階段の左右には同じ材料で出来た欄干がついています。石段の頂には、巨大な朱塗の木の柱に支えられた大きな廊簷が建物を囲んでいます。この廊簷にずっとついている窓は素晴らしい彫刻のある格子細工で、意匠は「壽」という字を表わす模様をさまざまな位置に配置してあります。それからいよいよ広間自体に入ります。床は磚（煉瓦）を鋪き太后陛下のお話によりますと、この磚はすべて純金で、数百年にわたってここにあるのだとのことでした。一種特別な黒い色をしていましたが、疑もなく上に塗料を塗ったものでしょう。ひどく滑りやすくて、足を支えるのにきわめて困難を感ずるほどでした。装飾は夏の離宮や海の離宮にある「召見の間」と同じようでしたが、ただこれは、宝座がいろいろな色の玉を嵌めた暗褐色の木で出来ているのが異っていました。

この広間は、太后陛下の万寿節とか元旦の拝賀というような、非常に特殊な場合だけにしか使用されず、外国人はひとりもこの建物に入ったものはありませんでした。日々の召見はすべて紫禁城のなかにあるこれより小さい御殿[2]で行われるのでした。

「召見の間」にしばしを費した後で、私たちは次に皇帝の御居間を拝見に参りました。この建物は太后陛下の住んでおられる御殿よりはるかに小さいものでしたが、非常に精巧な装飾がしてありました。みなで三十二間ありました。その多くは御使用になっていませんでしたが、どれも同じように豪華な装飾がありました。この建物の裏手に、皇后様の御殿がありました。これはさらに小さいものでしたが、みんなで二十四間ほどあって、同じ建物のうちの三間は皇帝の御妃（瑾妃）の使用に充てられていました。皇帝の御殿とその后妃の御殿とはくっついていましたが、この両方の建物の間にはなんら連絡すべき戸口がなくて遥か遠方にある太后陛下のお居間と連絡している廊簷によって囲まれていました。ほかにも数棟の建物がありましたが、来客用の控の間に使用されていました。上記のほかにもなお数棟の全然使用されていない建物がありました。これらは封印されていて何人も内になにがあるのか知らないようでした。ひょっとしたら何も入っていないのかも知れませんでした。太后陛下でさえ、これらの建物は久しく封じられたままになっているので、その内にはかつて入ったことがないと仰せになりました。これらの建物を囲んでいる塀に至る通路までいつもは閉じられていたので、私たちの誰にしろここを通るというのさえ、これが唯一の場合でした。これらは外観も宮城内のほかのどの建物ともまるで異っていて非常に汚れ、あきらかに多くの時代を経たものと思われました。私たちはこの場所については絶対に喋らないように命令されたのでした。

宮眷たちのお長屋は太后陛下の御殿とつながっていましたが、部屋があまり小さいのでそのなかでは人が向きを変えるのもやっとぐらいでしたし、しかも冬にはひどく寒いのでした。女婢たちの宿舎は私たちのお長屋の端にありましたが、なんにも戸口がなくて、私たちの廊簷を通らねば行けないのでした。ところが私たち自身が自分たちの部屋に行く唯一の路というのも太后陛下の廊簷を通るのでした。これは、太后陛下が私たちのすべてからお目を離されず、私たちの出入を見ていらっしゃれるように、陛下御自身の創案されたものでした。

秘密の隠し部屋を宝物庫に

太后陛下は今度は私たちを御自分の御殿の方に御案内になりましたが、しばし足を留めて「今度はあなたたちにまるで珍しいと思うようなものを見せてあげよう」とおっしゃいました。私たちは陛下のお寝間の隣の部屋に入りました。その間(あいだ)は十五呎(フィート)（約三・五メートル）ほどの長さの狭い通路で連絡されていました。通路の左右の壁には非常に綺麗な絵や彫刻がありました。太后陛下がお附きの太監の一人にお吩咐け(いいつけ)になりますと、その太監は屈(かが)んでこの通路の両端の地面から、土台石にある穴に挿してあった二本の木栓を抜いてしまいました。その時私にも、これまでしっかりした壁だと思っていたのは実は木で作った滑る鏡板だったということが解りはじめました。

この鏡板が開くと洞窟のようなものが現われました。それには窓がなくて、屋根に天窓がついていました。この部屋、云いかえれば洞窟の、一方の端には大きな岩があって、その頂に黄色い褥(ざぶとん)を敷いた座席があり、その褥の横に香炉がありました。あらゆる品が非常に古びていました。この部屋にはどんな種類の装飾もありませんでした。この部屋の一方の端はいま申しあげたのと同じようなもう一つの通路に通じていて、やはり滑る鏡板からもう一つの洞窟に通じ、それはまた別のに通ずるという様になっています。じっさい宮殿の壁の全部がこういう秘密の通路によって横断されていて、そのひとつひとつが密室を隠しているのでした。

太后陛下が私たちになさったお話によりますと、明代(ミン)にはこういう部屋がさまざまな目的に用いられ、主として皇帝が孤り(ひと)でいたいと思われる時の用に充てられていたとのことです。こういう秘密の部屋の一つを太后陛下は御自分の貴重品をしまっておく宝物庫として使用されたことがありました。拳匪の乱の際陛下は蒙塵(もうじん)されるに先だって、御自分の貴重品のすべてを隠しておおきになりましたが、陛下が帰られて、この秘密の部屋を開けて御覧になった時、あらゆる品がそのままに残っていました。宮城を掠奪した蛮人どもの一人だって、そこにこうした場所があろうとは夢にも思わなかったのでした。

私たちは自分らの部屋の廊簷に帰ってから、今しがた私たちの出た部屋を探し求めて見ましたが、黒い石の牆のほかには何も見当たりませんでした。あの密室はそれほど巧く隠されていたのです。太后陛下が紫禁城をお嫌いな原因の主要なものの一つは、そのなかに蔵されている秘密のためで、その多くは陛下御自身さえ御存じないのでした。陛下はおっしゃいました。

「私はこういう場所のことは全然話しさえしません、あれがいろいろな目的に使用されていたと思われるかも知れませんからね」。

紫禁城のなかの宮殿にいる間に、私は、西太后のお子様にあたられる先帝（同治帝）の妃御三方[3]にお会いしました。この方々は皇帝が崩御されてから、ずっと紫禁城に住まわれて太后陛下のために刺繡などをなさって日を送っていらっしゃるのでした。この方々とお知り合いになった時、私は御三方がどなたも高い教育を受けておられ、その一人の瑜妃は格別に聡明であらせられることを知りました。

瑜妃は詩を作ることも、いろいろな楽器を奏でることもおできになって、支那帝国で最も教養ある女性であろうと思われました。その西洋の国々とその習慣に関する御知識は私をひどく驚かせました。何でも少しずつは御存じのように見えました。私がこれまで一度もお目にかからなかったのはどうしたわけかとお訊きしますと、この方々は太后陛下からそうせよとの御命令がないかぎり、決して陛下のお目どおりにあがらないせいだとのことでした。ただし太后陛下が紫禁城に御滞在になっている時は、もちろん、この方々も毎日、敬意を表しに伺わなくてはならないのでした。

袁世凱が日露戦争の勝敗を予想

ある日、私はこの方々から自分たちの御殿に来るようにとの御招待を受けました。この御殿は紫禁城のなかのほかのどの建物からも隔絶されていました。やや小さい建物で、非常に質素な家具調度をそなえ、ただ数人の太監と女婢がお仕えしているだけでした。この方々は決して訪客をお受けにならないし、自分たちのほか誰も慰める人もないので、こうした簡素な生活をおえらびになったのだとのお話でした。瑜妃のお部屋は各種の文学書で文字どおり一杯でした。妃は私に自分の作られた詩の数篇を見せてくださいましたが、いずれも幽愁を帯びた作で、その御意向をはっきり示していました。妃は、支那においては女で

袁世凱　清末の直隷総督

自国の言葉を読み書きできる者さえ実に寥々たるものにすぎないので、若い娘たちを教育するための学校を建設する案には御賛成で、私に機会があり次第なによりも先にこのことを太后陛下に申しあげてくれるようにとおすすめになりました。西洋風な改革を支那に移入したい御希望を持たれるのにかかわらず、妃は宣教師を教師に雇うのには賛成なさいませんでした。宣教師たちはかならず他の課目を犠牲にして自分たちの宗教を教えるから、そのために支那人をかえってこの運動に反対させるようになりはしないかとのお考えなのでした。

十一月の末近いころ、太后陛下は直隷総督の袁世凱に拝謁を賜りました。ちょうどこの日は休日でカール嬢が来ませんでしたので、私はその場に列席することができました。太后陛下は袁世凱に、日露間の紛擾に関する意見をお訊きになりました。袁は、二国はお互いに戦争をしかけるかも知れませんが、支那が捲きこまれることはさらにございますまい。しかし、戦争がすんだ後には、必ず満洲に面倒が起こることでしょうと申しあげました。太后陛下は、両国は支那の領土で戦争をするであろうから、そういうことは自分も充分承知している。それで、支那にとって最もよいことはこの問題には絶対に中立を守ることであろう、自分は日清戦争の間に戦争がつくづく厭になったからと仰せになりました。陛下は、支那人はどんな風にも一切関りあわず、この紛擾に捲きこまれるような口実はなんら与えぬように留意すべき旨、あらゆる官員に勅諭を発するのが最もよかろうとおっしゃいました。

陛下はそれから、戦争になった場合のその結果如何——どちらが勝つかについて袁の意を徴されました。袁は、それはお答え申しあげるにはなかなか難しゅうございますが、自分としては日本が勝つだろうと存じますと申しあげました。太后陛下は、もし日本が勝利を得るなら、この問題については、さほど大した面倒はあるまいとお考えになりました。もっともロシアは大国で多くの軍隊を持っているから、その結果たるや予断を許さぬと仰せになってこの成行については疑いを表明されました。

太后陛下は次に支那における事態について語られました。陛下は、支那が外の国と干戈（かんか）を交えるのやむなきに立ち至った場合には、我々は亡国の民となるとおっしゃいました。我々にはなんら用意がない、海軍もなければ訓練された陸軍もない、事実、自分たちを衛（まも）るべきなにものも持っていないのだとの仰せでした。けれども袁世凱（ユワンシーカイ）は陛下に、現在のところは支那に関する限りは、なんら紛擾を予想する必要はございませんと保証申しあげました。太后陛下は答えられて、なんとか今や支那も覚醒し、とにかく奮発して革新せねばならぬ秋（とき）であるが、自分はどこから始めるべきかを知らぬ、支那が世界の諸国の間にあって卓越せる位置を占めるのを見たいというのが陛下の御抱負であって、そして絶えずあれこれと変法（改革）を提案した上疏を受けているが、我々は一歩も前進しているようには見えないとおっしゃいました。

海軍の無力を嘆く西太后

この覲見（きんけん）が終った後で、太后陛下は軍機処を召見されました。陛下が班員に、袁世凱（ユワンシーカイ）とお会いになった時の会談をお話しになると、もちろん一同もなんらかの方策がとられねばならぬということに一致しました。国防などに関する提案数件が討議されましたが、某親王が、自分は変法については概して完全な同情を有しますけれど、洋服や西洋風の生活や弁髪の廃止等を採用するのには甚だ反対でありますと申されました。太后陛下もこの説にはまったく賛成され、支那の習慣を捨てて、それより文明の劣ったものに変えるというのは賢明ではないと仰せになりました。いつものように、なんらの決議にも達しないで、この召見は終わりを告げました。

その後二三日は戦争のことばかりが話されていました。そして支那の将軍たちが何人も太后陛下の召見を蒙りました。こういう召見は時とするとひどく面白いものでした。こうした軍人たちは宮廷の規則にはまるで慣れておらず、太后陛下の御前にある時の身の振舞いかたも知らなかったからです。あまたの馬鹿馬鹿しい提案がこうした将軍たちによって述べられました。こういう会談のある一つの際に、太后陛下は海軍の無力を論じられ、わが国にはなんら訓練された海軍軍人がいないという事実に言及されたことがありました。すると一人の将軍がお答え申しあげて、わが支那にはほかのどの国よりも人間が多い上に、船についてなあに無数の河舟があり支那商船がございます、これを戦争の場合には使用することが出来ますと申しあげました。太后陛下はこの将軍に、退れと御命令になって、支那に人間が多いというのはまったく事実であるが、その多数はこの男のように、ほとんど国家の役に立たないのだと仰せになりました。

この将軍が退出しますと、みんな笑い出しましたが、太后陛下はお止めになり、自分は一向に笑う気がしない、あのような人物が陸海軍の軍人として枢要な地位を占めているかと思うといっそ腹立たしいとおっしゃいました。宮眷の一人が私に、なぜ太后陛下は河舟のことを言った男にあんなにお怒りになったのだろうかと尋ねました。そして私がこの女に、それを皆よせたって、たった一隻の軍艦にもかなわないどころの話じゃないことを教えてやりますと、非常に驚いていたのでした。

張之洞が「自らの風俗は固守すべし」と

ちょうど十一月の末ごろ、武昌の総督張之洞が到着しましたので、拝謁を賜りました。太后陛下は彼に仰せられました。

張之洞　清末の洋務派官僚

「さて、そなたはこの大清国の元老の一人であるから、この戦争が清国に如何なる影響を及ぼすに至るかに関して、そなたの公平なる意見を教えていただきたいと思います。どんな事が起ころうとも、それに覚悟を決めておきたいと思うから、忌憚なく、そなたの固く信ずるところを述べてほしいのです」。

彼はお答えして、この戦争の結果がどう

なるにしても、支那は恐らく商業上のことで満洲に関し列強にある程度の譲歩をしなければならなくなりましょうが、それ以外には別に干渉を蒙ることはあるまいと存じますと申しあげました。太后陛下は、この問題並びに支那の変法に関しこれまでの召見において討議されたところを繰り返しになりました。張之洞（チャンチートン）は、変法はゆっくりやらなければなりませぬ、もしあまり性急にやれば、一つも成就できないことでございましょうとお答え申しあげました。彼は、この問題はなんらかの決定を下すまでには充分な討議を加えらるべきであることを提議いたしました。彼の意見によりますと、変法のことで極端に走ることは愚であるというのでした。彼が申しますには、自分も十年か十五年前まではどんな変法にもきわめて反対でしたが、現在は事情が大いに変っていますから、ある程度まではその必要を認めます。ただし我々は自分たちの風俗を厳しく固守すべきであって、我々の祖先からの伝統を棄ててはなりませぬとのことでした。いい換えますと張之洞は、我々自身の文明の改良になる点だけ西洋文明を採用せよと説くに止まるのでした。太后陛下はこの会談でお喜びになりました。というのは、張之洞の意見は寸分たがわず陛下御自身のお考えに符合しましたからです。

　こうした召見の間にも、皇帝は毎度列席されていらっしゃりながら、終始、唇を開いて一言も仰しゃることはなく、ずっと坐ったまま聴いておられるのでした。大抵の場合、太后陛下は、ほんの形式的に、皇帝の御意見をお求めになるのですが、皇帝はかならず自分も太后陛下のお言葉あるいは御決断と全然一致しておりますと御返事になるのでした。

仏教に関係があるいろいろの宗教的な行事のうちでも「臘八粥（ラパチョウ）」が一番重要なものでした。これは毎年、十二月の八日に行われます。俗信によると、はるか昔、この十二月の八日に如来（ルーライ）というさる仏僧が托鉢に出かけ、人々から米や豆をどっさり貰って帰ってから、それを均分して、仲間の僧徒にわけ与えたので、如来はこの大した慈善のために有名になりました。それから以後、この日を祭日として、この美事を記念するようになりました。「臘八（ラパ）粥（チョウ）」の趣旨というのは、この日に禁慾を行うことによって、如来（ルーライ）仏の眼によく見られるようにしようというのです。それで、この日に食べる唯一の食物は、米や小麦や豆などをすべて一緒に混ぜて粥のようにしたもので、塩をはじめなんらの味付を用いません。全然味がないので、食べてすこしも楽しいものではないのでした。

（1）太和殿であろう。
（2）中和殿のことであろう。
（3）同治帝には一后四妃あり。皇后は帝の崩後百日ならずして崩じ、慧妃は光緒三十年に薨じたからここに云う三妃は珣妃、赫舎里氏（敬懿皇貴妃）、西林覚羅氏（栄恵皇貴妃）のことであろう。資料から瑜妃は赫舎里氏に当たると思われる。

第十八章　新年の行事

新年のお供えを太后自ら作る

いよいよ新年のお祝の仕度のために宮殿のお掃除をしなければならぬ時となりました。なにもかもとり外して、すっかり検べねばなりません。そして、仏像から、画から、家具から、そのほかなんでも完全に拭き清めるのです。太后陛下はいつこの作業を始めようかと吉日をお選びになるためにまたもや暦を繰っていらっしゃいましたが、ついに十二日を一番いい日として御選定になりました。私たち一同は前もってお吩咐けを蒙っていましたので、十二日は朝早くからとりかかりました。数人の宮眷が、仏像を取りおろして拭き清め、その新しい帳をこしらえてあげるように申しわたされました。ほかの掃除は太監たちがやりました。私は太后陛下に、陛下の宝玉もお拭きいたしましょうかとお尋ねしましたが、陛下は、あれは自分のほかは誰もつけないのだから、拭き清める必要がないと御返事になりました。

すべてが御満足の行くように掃除が出来た後で、陛下は、御自身が辞歳の典礼に参列させることを御希望の人々の名単を御用意になりました。この典礼は毎年の大晦日に行われるものので、ヨーロッパで旧い歳の最後の晩ごとに慣例として行われる深夜の式にどこか似かよっています――いわば旧い歳にさよならを告げる別れの式なのです。客たちには、仕度する暇を充分に与えるため、二週間ぐらい前から招待状を出しておおきになります。太后陛下はまた宮眷（じょかん）たちのために新しい冬服を御注文になりました。この新しい服と私たちが今まで着ていた服との唯一の相違は、今度のは灰鼠（ホイシュ）でなくて銀狐の裏がついている点でした。

次の行事は、新年の間、仏様と御先祖様にお供えする糕（カオ）を用意することでした。お初（はつ）は太后陛下がお手ずからお作りにならねばいけないことになっていました。それで、太后陛下が、もうあの糕（カオ）を用意すべき時だとお決めになりますと、宮廷の者一同は特にこの目的のために用意された部屋に参りました。すると太監がその材料——米の粉や砂糖や酵母などを持って来ました。これらを混ぜ合わせて捏粉（ねりこ）のようなものにし、それからこれを焼かないで蒸しますと、普通のパンのようにふくれて来ますが、糕（カオ）が高くふくれればふくれるほど、神様はお喜びになって、作った人の運が好くなると信じられています。最初の糕（カオ）は立派に出来ましたので、私たち一同は太后陛下にお慶びを申しあげましたが、陛下御自身もその結果にはあきらかに大得意でいらっしゃいました。それから宮眷にも各自一つずつ作るように御下命になりましたので、私たちもやりましたが、惨憺たる結果で、一つとして成るべきように成らないのでした。これは私には最初の年なのですから、私の失敗にはいささか理由があるにしろ、古参の宮眷たちもだれ一人として私よりも一向うまく行かないのには驚きましたが、その一人に理由を尋ねてみますと「だって、もちろん太后陛下の虚栄心にへつらうために、わざとやったのですのよ。私だってたしかに陛下よりうまくないにせよ、同じぐらいには作れます。だけどそれは利巧なやりかたではないのですものね」と答えたのでした。一同の糕（カオ）

作りがすみますと、太監たちが残りを作るように命令されましたが、この分はあらゆる点において完全だったのは申すまでもないことです。

総督巡撫らが新年のお祝を献上

次の仕事は棗(なつめ)および各種の鮮果を盛った碟(こざら)を用意することでした。これには常磐木(ときわぎ)の枝などの飾りをつけて、仏像の前にお供えするのです。それから私たちは台所の神様(竈神(ツァオシェン))(かまどがみ)にお供えすることになっている飴を玻璃(ガラス)の皿に盛りました。一年の最後の月の二十三日に台所の神様は地上を離れて天の王のところにあがり、我々人間がこの一年にしたあらゆる事を報告して、一年の最後の日にまた地上に帰っていらっしゃいます。この神様に飴をさしあげるというわけは、飴が神様の口にくっついて、あまりお話しになれないようにするためです。

この飴の仕度ができますと、私たち一同は台所に赴き、このお供え物をこの目的のために特別に据えられた卓の上にのせました。陛下は振り向かれて、料理頭におっしゃいました。「さあ、お前は気をつけた方がいいよ。竈神(ツァオシェン)はお前が今年じゅうにどれだけ盗んだか言いつけるから、お前はきっと罰をくうよ」。

翌日はもう一つの行事が行われることになっていました。それは新年の賀を来客たちと宮廷の者に書き出す行事です。朝、私たち一同が太后陛下のお供をして「召見の間」に出かけますと、そこには太監が黄と紅と暗緑の三色の大きな紙を用意していました。太后陛下は大筆をおとりになって、書き始められました。この紙のあるものには「壽《ショウ》」(長生)という字をお書きになり、別のには「福《フォー》」(繁栄)という字をお書きになりました。やがて、陛下が疲労を覚えられ始めますと、宮眷《じょかん》や右筆《ゆうひつ》の役人にお代りを命ぜられて、書き終りになりました。終りますと、これを来客や各官員に分賜されますが、御親筆の分は陛下の特別の寵臣に限られています。この書を賜わるのは新年の二三日前のことでした。

太后陛下は、各総督巡撫《じゅんぶ》ならびに大官たちから新年のお祝の献上品をお受けになりました。献上品をお受け取りになると陛下は一つ一つお検べになって、お眼にとまりますと、御使用になりますし、そうでなければ、物置の一つにしまいこませになって、おそらくは二度と御覧にならないのです。この献上品は、小さい調度とか骨董とか宝石とか絹とか、じっさいあらゆる品を網羅し——衣服までもありました。総督の袁世凱《ユワンシーカイ》の献上したお祝は黄色の緞子《どんす》の袍で、いろいろな色の宝石と真珠で牡丹の花の意匠を表わすように刺繡してありました。葉は翡翠《ひすい》で出来ていました。実に豪華なもので、巨万の金がかかったに相違ありません。ただ一つの欠点と申すのはその重さでした。あまり重いので着心地がよくないのです。太后陛下はこの袍にお喜びになった御様子で、元旦にはお召しになりましたがその後は全然顧みられませんでした。もっとも私は、今まで見たうちで最も絢爛たる袍なので、お召しあそばすことを再々陛下に進言申しあげたのでした。一度太后陛下が外交団に拝謁を賜った時も、私は陛下にこの衣裳をおつけになるようにお勧め致しましたが、陛下は理由はおっしゃらずに拒絶されました。こういうわけで、宮廷外の者でこの驚くべき衣裳を拝見した者は一人もないのです。

もう一つの高価な献上品は両広総督から送られたもので、四袋の真珠から成り、一袋に数千も入っていました。それがすべて形も色も完全なもので、欧米に出したらお伽噺のような値段がついたことでしょう。けれども、太后陛下はあれほど夥しい宝玉を、それも特に真珠をお持ちでしたので、なかなか上等の真珠だねとおっしゃっただけでほとんど注意をお払いになりませんでした。

皇后様や宮眷たちからも新年ごとにお祝の品をさしあげることになっていました。これはおおむね自分たちの手芸品で、鞋、手巾、襟飾り、巾着などといったものでした。母と妹と私はパリから持って参りました鏡や香水や石鹸などの御化粧用品をさしあげました。陛下はこういう品をひどくお喜びになるのでした。陛下はなかなかお洒落な方だったのです。太監や女婢たちは飾り菓子などの食品を献上いたしました。

献上品は非常に多かったものですから、数部屋がいっぱいになりましたが、太后陛下の御命令があるまでは私たちがこれを移すことは許されませんでした。

今年最後の御挨拶が終ると巾着を配る

宮眷達も互いに贈物を交換しましたが、これはしばしば混乱や笑いをひき起こしました。この折に、私は十か十二ほどのいろいろの贈物を貰いました。そして贈る番になった時私は同僚から貰った贈物もいくぶんは使うことに決めました。驚いたことには、翌日、宮眷の一人から刺繍をした手巾をもらいましたが、それは私自身がこの婦人に新年の贈物としてあげたその手巾だと直ぐにわかったからです。この事実を告げますと、この婦人は向きなおって申しました。

「あら、それはちょっと滑稽ですね。私も今しがた何であなたは私があげた鞋を返して来たんでしょうと考えていたところなのですよ」。

もちろん、皆はお腹をかかえて笑いましたが、すべての贈物を比べて見て私たちのうち優に半分ぐらいの者が自分の贈物を返してもらっていたとわかった時はもっと可笑しく思いました。この問題を解決するために、私たちは贈物をみな一山にまとめて、それをできるだけ公平に分けましたので、皆その結果に満足しました。

元旦の一週間前ごろに、あらゆる召見は停止となり、印璽は休暇が終るまでしまわれます。この期間には太后陛下は如何なる政務も御覧になりません。あらゆることが前よりずっと楽しくなって、太后陛下もまたこの動から静への変化を楽しまれているのが窺えました。私たちはなんにもすることがなくて、ただこの年の大晦日までのんびりとしていればいいのでした。

三十日の朝早く太后陛下はもろもろの御仏と祖宗の神位を礼拝に赴かれました。この典礼がすんだあとで、来客は到着し始め、真夜中までに、五十人を数えるすべての賓客が揃いました。主な客は――大公主（太后陛下の御養女(2)）、醇親王(3)の福晋（光緒皇帝の弟君の夫人）、洵・濤両貝勒(4)の福晋（皇帝の御両弟の夫人）、恭親王(5)の福晋（大公主の甥君の夫人）および慶親王(チン)の御家族でした。
これらの婦人がたはすべて宮廷によくいらっしゃる方ばかりでした。次の日には、皇族の出でなくて、前代の皇帝から郡主の称号を授けられた方々が大勢いらっしゃいました。次には満洲人の大官の令嬢やその他、私がまだお会いしたことのない方たちが大勢見えました。正午までに客のすべてが到着して、太后陛下にお目どおりした後、各自の部屋に案内され、しばらく休息するように申しわたされました。午後の二時に、各人とも「召見の間」に集合し、それぞれの位階にしたがって列を作り、皇后様の御先導で太后陛下に叩頭(コウトウ)しました。これが前に申しあげた辞歳(ツスイ)の典礼でして、単に太后陛下に新年が来る前に今年最後の御挨拶を申しあげるものに過ぎません。その典礼がすべて終りますと、太后陛下は私たちひとりびとりに、金糸で刺繍した紅繻子の小さな巾着を一つずつ一定の金額のお金を入れてくださいます。これは各人が、困窮の時の助けになる予備金ともいうべきこのお金を持って、新年を迎えることができるようにさせるという御趣旨なのです。古くからの満洲の習慣で、今もなお守られているのです。

太后が床に投げた金を皆で奪い合う

その晩は音楽と遊戯に送り、夜じゅうずっと続けて行われ、私たちは一人として寝につきませんでした。太后陛下のお勧めで、私たちは骰子(さいころ)で賭を始めました。陛下は私たちめいめいにお金をくださり、それが時には二百元以上にもなりました。陛下は私たちに、真剣にやって勝とうと努めなさいと仰しゃいましたが、もちろん、私たちは太后陛下にはお勝ちしないように慎重な注意を払いました。太后陛下はお倦きになり出しますと、この勝負を止めさせられて「さあ、私が勝ったこの金をのこらず今、床に投げますから、あなたたちは勝手に取り合うのですよ」とおっしゃいました。なにか座興を見たいとの思召しだとわかっていましたので、私たちは出来るだけ激しく金を奪い合いました。

夜半になると太監が炭火を入れた大きな銅の火鉢を部屋に運んで来ました。太后陛下はこの目的のためにそこに置かれていた大きな常磐木から葉を一枚お取りになって、火のなかに投げ入れられました。私たちもめいめい陛下の例にならいました。それから松脂の大きな塊を加えますと、その香が部屋じゅうに立ち籠めました。この式は来るべき年に好運をもたらすものと考えられています。

次の行事は元旦用に餅ともパイとも言うべきもの（餃子）を作ることです。元日には誰も米を食べてはいけないことになっていますので、この餃子が代りをするのです。これは小麦粉を練ってこしらえ、なかに挽肉が入っています。私たちのうちのあるものがこの餃子を作っている間に、ほかのものは、太后陛下のお朝餐のために蓮の実をむいていました。

もうそろそろ暁け方になって来ました。すると太后陛下は、くたびれたから、行ってすこし休みたいとおっしゃいました。けれども、お眠りになるのではありませんから、私たちは好きほうだいに物音を立てて仕事をつづけていました。これをしばらくやってから、私たちが太后陛下のお寝間に伺って見ますと、陛下はぐっすりお眠みになっていらっしゃいました。それから私たち一同は各自の部屋に帰って、この日のためのお化粧を始めました。太后陛下がお目醒めになるとさっそく、私たち一同は、苹果(りんご)[6]（「平和」を表わす）、橄欖(かんらん)（「長生」）、蓮子(リエンツ)（「祝福」）を盛った皿を捧げて、陛下のお寝間に赴きました。

陛下は適当なお言葉でこの貢品を嘉納され、その返しとして私たち一同に好運を祈られました。陛下は、私たちが寝たかどうかをお尋ねになりましたが、一晩じゅう起きていたことをお聞きになりますと、それは結構だったとおっしゃいました。陛下御自身も、ちょっと休息するだけで、眠るつもりはなかったのだが、どうしてか起きていることができなくなってしまったとのことで、もうお婆さんだからというのをその理由になさいました。私たちは陛下のお化粧がおすみになるまでお待ちしていて、それから陛下に新年の御挨拶を申しあげました。

私たちはそれから皇帝陛下と皇后様とに拝賀に赴きました。もうその後は儀式というような形ですべきものはなにもありませんでしたので、私たち一同は太后陛下のお供をして戯場に参りました。演技は中庭に建てられた戯台で行われていました。そして太后陛下は御自分の廊簷(ベランダ)の一部を仕切られて来客たちや宮眷(じょかん)の使用にお充てになりました。芝居の間に、私はとても眠くなり始めて、とうとう柱の一つに凭(もた)れたままぐっすり寝こんでしまいました。やや突然に、なにか私の口のなかに落ちこんだような気がして目が醒めましたが、調べてみるとそれは一粒の飴玉にすぎないとわかりましたので、私は直ぐに食べ始めました。太后陛下のお側に参りますと、陛下はどうです、飴はおいしかったかとお尋ねになって、眠らないで、ほかの者たちのように充分楽しみなさいとおっしゃいました。私は太后陛下がこれほど御陽気であらせられたことは見たことがありませんでした。陛下は私たちとまるで若い娘みたいにお遊びになりました。とても日ごろ存じあげているあの厳格な皇太后のお姿を認められないのでした。

皇帝が一言「ア・ハッピイ・ニュー・イヤー」

お客の方々もみな大いに楽しがっていられるように見受けられました。晩に、芝居が終ってから、太后陛下は太監に命じて楽器を持って来させ、数曲の音楽をおやらせになりました。陛下御自身も数曲の歌をお唄いになり、私たち一同もその間々(あいだあいだ)に唱いました。それから太后陛下は太監にも唱うように御命令になりました。なかには専門の歌手がいて非常にうまく唱いましたが、ほかの連中はまるで唱えなくて、太后陛下のお慰みに入れようという努力のためにかえってとても可笑(おか)しく思われました。皇帝陛下だけがこの場に居合せた人のうちで楽しんでいらっしゃらない唯ひとりの方であるように見受けられました。一度もにこりともされませんでした。外でお目にかかった時、私は陛下に、なぜあのように悲しいお顔をしていらっしゃるのですとお尋ねしましたが、陛下は「ア・ハッピイ・ニュー・イヤー」と英語でお答えになって、その時一ぺんだけ微笑を浮べられただけで、向うへ行かれたのでした。

太后陛下は翌朝は非常に早くお起きになって「召見の間」に赴かれ、福の神(財神(ツァイシェン))をお拝みになりました。私たち一同も陛下のお供をして、この典礼に参列しました。次の二三日は私たちは賭のほかはなにもしないで、太后陛下のお勝ちになったお金を奪い合いばかりしていました。これはこれでなかなか面白いところがあったのですが、とうとうある日、宮眷（じょかん）の一人が泣きだして、奪い合いの間に自分の爪先を踏んだと言って私を責めました。これには太后陛下はお怒りになって、この犯人に部屋に退ってそこに三日間引きこんでおれと御命令になり、かような些細なことに我慢ができないようでは遊ぶ資格がないと仰せになりました。

一月の十日は、皇后様の御誕生日でしたので、私たちは太后陛下に、皇后様に贈物をさしあげてよろしいかどうか伺いました。陛下は、あげたいと思うものは何を差上げてもかまわないとの御許しを賜わりました。しかし私たちの贈物はすべて、皇后様にさしあげる前に、太后陛下の御承認を得るのでした。しかも私たちは非常に慎重にして、太后陛下が良すぎるとお考えになるようなものは選ばないようにしなければなりませんでした。なにをお贈りしたらよいか決めるのは非常に難しいことでした。と申しますのは、太后陛下は、たといその贈物が本質的にはあまり価値のないものでも、御自分ではお目をとめられるかも知れないからです。こういう場合には、太后陛下は、これは自分が貰っておく、皇后様にはなにかほかのものをあげたらよかろうと私たちにおっしゃるのでした。

この典礼は皇帝陛下の万寿節と大変よく似ていましたが、あれほど仰々しいものではありませんでした。私たちは皇后様に如意（ルーイー）を捧げて、叩頭（コウトウ）しました。皇后様は、この敬意のしるしを受けられるのには、宝座に腰かけておられるものと想像していましたところ（私たちが太后陛下の宮眷（じょかん）なので）太后陛下に対する御敬意から起立されていました。皇后様はあらゆる場合に私たちにひどく御鄭重にわたらせられました。

新年の祭の仕上げは花火と爆竹

この日には、皇帝陛下の万寿節のように、皇帝陛下と皇后様と瑾妃の御三方が晩餐を共にされたのでした。この御三方はいつも離れればなれに食事されていて、一緒に御食事なさるのは一年にこの二回きりでした。太后陛下は御自分の宮眷（じょかん）のうちから二人を皇后様のお給仕にお遣わしになりましたが、私自身がその一人にあたりました。私はこの方々が御一緒の時はどういう風に振舞われるか親しく拝見したいと存じていましたので、非常に嬉しく存じました。私は皇后様のお部屋にあがって、太后陛下の御命令でお給仕にあがりましたと申しあげますと、皇后様は簡単に「たいへん結構です」とお答えになりました。それで私どもは食堂に行って、卓をととのえ、椅子を並べました。この御食事は私の予期とは大変ちがっていました。太后陛下の御食事の際のように固苦しく厳粛ではなく、御三方ともにまるで自由に気楽にお振舞いになりました。私どもも会話の仲間入りをし、お料理やお酒を一緒にいただくことを許されました。食事の始めに際し、非常に美しい式が行われました。それは、皇帝陛下と皇后様とが並んで坐られ、瑾妃がお二方（ふたかた）のお杯にお酒を注がれます。尊敬の意を表するため、まず皇帝陛下から、次に皇后様にその杯をお捧げになるのです。食事が終りますと、私どもは太后陛下のお居間に帰って、万事異状なくすみましたと申しあげました。私どもがただ間諜として遣わされたのにすぎないことは、充分承知申しあげていましたが、私どもは興味あることは何も太后陛下に申しあげませんでした。陛下が皇帝陛下は非常に厳粛にしていらっしゃいましたかと御下問になりましたので、私どもは「はい」とお答えしたことでした。

新年の行事は一月十五日の灯節で終りを告げます。この時の灯籠は、動物や花や果物やいろいろな形になっています。これは白い紗でこしらえて、さまざまな色に彩色してありました。一つの灯籠は龍の形になっていて、長さは十五呎（約四・五メートル）ほどで、十本の竿に結びつけてありました。そしてこれをちゃんと担ぐには十人の太監が必要でした。この龍の前面で、一人の太監が大きな真珠を表わした灯籠を持っています。その珠を龍が食おうとしているわけです。この式は音楽の伴奏付で行われました。

灯籠の後では花火の催しがありました。この花火は、支那史のいろいろな場景とか、葡萄の蔓とか、藤の花やそのほかさまざまな花などを表わしました。非常な壮観でした。移動できる木の仮屋が花火の近くにしつらえられ、太后陛下をはじめ他の宮廷のものは冷い外気のなかに出なくて見物することができました。花火は数時間、休みなく続き、その間に何千という爆竹が放たれました。まったく、これは新年のお祭の美事な仕上げというわけで、私たち一同も大いに楽しんだのでした。太后陛下はこの騒音をひどく楽しんでおられるようにお見受けしました。

翌朝、来客一同は宮殿から退出しました。そして私たちはまた日常の生活に入りました。例のように客が去った後で、太后陛下は客たちの衣裳の仕立てだとか宮廷作法を知らないことだとかを批評し始められましたが、それに附け加えて、だが陛下としては、あの人たちに宮廷生活のことはなにも知らせたくはないのだから、それはかえって喜ばしいと仰せになりました。

皇帝が種子を播き、皇后は蚕を飼う

やがて春が来ました。農民が米作のために種子を播き始める時でした。そして、もちろんまた儀式[7]がありました。

皇帝陛下が先農壇に行幸され、そこで五穀豊穣を祈願されるのでした。それから先農壇にある小区画の土地に赴かれ、お手ずから鍬で土を鋤(す)き返された後、季節の最初の種子をお播きになりました。これは、農民に、彼らの労働が決して軽蔑されておらず、皇帝陛下でさえこの仕事をなさることを恥じていらっしゃらないということを示すためです。これは全然公開の行事で、誰でもこの式に参列することができますので、農民も大勢出ていました。

だいたいこれと同じ頃に、皇后様も蚕を見に行かれ、卵の孵(かえ)るのを見守られます。孵るとさっそく、皇后様は蚕を飼う桑の葉をお摘みになり、大きくなって糸を紡ぎ始めるまでお世話になります。毎日、新しい葉を集め、一日に四回か五回、餌(えさ)をやるのです。数人の宮眷(じょかん)が夜の間も蚕に餌をやって、逃げ出さないように看視しているように申し渡されておりました。この蚕の成育は非常に速くて、毎日、異(ちが)いが見えるほどでした。もちろん成熟した時には、一層、食物を要求しますので、私たちは蚕の餌をやるのにいつも忙しい目をしたことでした。皇后様は、蚕を明りに翳(かざ)して見て、紡ぐ用意が出来たかどうか弁別なさることができました。透きとおっておれば、その時は用意が出来ているのですから、紙にのせて放っておきます。紡ぐ時には桑を食べないのです。それで私たちの仕事は蚕が逃げないように番をしていることだけになります。四五日かかって紡ぎ終り、その生糸の貯えが尽きますと、蚕はしなびて、まるで死んだように見えます。この一見死んだように見える蚕を、皇后様がお集めになって、一箱の中に入れてしまっておおきになりますと、やがて発育して蛾になります。そこで、これを厚紙の上にのせて、そこへ卵を生ませるのです。

もし放っておきますと、紡ぐ用意の出来た蚕は糸を紡ぎ出して自分の身体のまわりに捲き、しまいにすっかりそれに覆われて、次第に繭になって来ます。その紡ぎ終えた時を定めるためには、繭を取って耳元で振ってみるのが習慣でした。蚕が糸を出しきっておれば、繭のなかで蛹(さなぎ)がからからいうのがはっきり聞えます。それから繭を柔かくなるまで熱湯につけます。もちろん蛹はこれで死にます。生糸を取り分けるためには、針を使って糸の端をすくいあげ、それから、その糸を糸巻に捲きつけますと、これで紡績の用意が出来たのです。繭のうち幾つかは蛹が蛾に変るまで保存しておきます。蛾はまもなく繭を喰い破って出て来ますから、その時これを紙の上にのせて、卵を生ませ、その紙を取りのけて来春まで冷い場所にしまっておきます。来春になると、卵は孵(かえ)って蚕になるのです。

糸繰りがすっかり終りますと、私たちはそれを太后陛下の御許に持ってあがって御査閲に供えます。この時はじめて太后陛下は太監の一人に命じて、陛下が若い娘として宮中におられた時分に、お手ずから引かれた生糸をお取り寄せになりました。それを新しい生糸と比べて見ますと、出来てから長い年月が経っていましたけれど、あらゆる点でまるで新しい糸と同じように良く見えました。

これらのことはすべて、皇帝陛下が親しく種子を播かれるのと同じ目的で、即ち、人民に良き例を示し、その務めをおはげましになるためなのです。

(1)　道家が天上の皇帝となす玉皇大帝。
(2)　栄寿固倫公主。
(3)　醇親王載灃。
(4)　載洵、載濤。
(5)　恭親王溥偉。
(6)　苹果の苹は平に通じ、橄欖（青果）の常緑は長寿を表わすのである。
(7)　親耕籍田の儀。

第十九章　海の離宮

肖像画のため二日だけ五分ずつ坐る

この年の春はひどく暑かったものですから、太后陛下はまた海の離宮に帰りたいとの御希望でした。しかし、日露間の戦端はすでに開かれていましたので、(1)この問題がもう少し片付くまでは、紫禁城に留まっているのが最も都合がいいと思われました。

太后陛下はこの戦争のことをいたく心痛され、一日の多くを、もろもろの神仏に中国の安寧を祈られることに費され、私たちも、もちろん、そのお祈りの仲間入りをすることになっていました。この時分、物事はひどく単調で、二月の初めまで、なんら特記すべきことも起こりませんでした。この頃までに太后陛下は紫禁城の御滞在につくづくお倦きになって、どんな事になろうとも、海の離宮に宮廷を移すと仰せ出されました。そこでなら、一年近くもひっかかっています例の画像の件も、カール嬢は進捗させて仕上げることができるのでした。それで二月六日に私たちは海の離宮に移転しました。あらゆる物が新しく、緑に見えました。そして樹々の多くは花を開き始めていました。太后陛下は私たちを連れて湖をお廻りになりました。私たちはとても陽気でしたので、太后陛下は、私たちはまるで人間というよりも、動物園から逃げ出した野獣の群みたいに動き廻っていると批評なさいました。陛下も今はずっと明るくなっておいででしたが、夏の離宮に行けばもっと楽しくなれるのだがとおっしゃいました。

カール嬢は宮中に呼ばれました。そして太后陛下は嬢に会いにお出でになって、画像を見ることを求められました。陛下はまたもや私に、完成するまでにはまだどのぐらいかかるかとお尋ねになりました。私は、陛下が姿勢（ポーズ）をおとりになるためにもう少しお暇を割かれなければ、ずいぶん長く経っても完成しないかも知れませんと申しあげました。いろいろと御思案になった後で、太后陛下はついに、毎日、朝見の後に五分ずつをカール嬢のために割くことに同意されましたが、顔のため以外には絶対に姿勢（ポーズ）をとらないことを明白に了解させるようにとお望みになりました。その結果陛下は二朝（ふた）お坐りになりましたが、三日目の朝には、気分が勝（すぐ）れないからという口実をお構えになりました。私が陛下に、お顔を描かせるようにお坐りにならなければ、カール嬢はこれ以上進捗できませんと申しあげましたので、陛下はひどくお怒りになりましたけれども、顔が仕上がるまでもう数回カール嬢に姿勢（ポーズ）をとっておやりになりました。

　陛下は、絵が出来るにせよ出来ないにせよ二度と坐ることは絶対に拒絶されて、自分はもうこれ以上この画像とは掛り合わないとおっしゃいました。私自身が画像の残りの部分——即ち太后陛下の衣裳、宝玉などのために姿勢（ポーズ）をとりました。こうして画像は次第に完成されて行きました。

無数の小精が酒を飲み唱い始めて

太后陛下は画像の完成が近いと聞かれると、非常にお喜びになりましたので、私は報酬の問題をまた切出す好い機会だと思いました。太后陛下は私に、ほんとうにこの画像のために金銭を支払うことを必要だと思っているのか、そしてそれはいかほどかと、御下問になりました。私は陛下に、絵を描くというのはカール嬢の職業ですから、もし嬢が太后陛下の御画像を描く仕事をしていなかったとしましたなら、おそらくほかの同様な仕事をして、それから報酬を貰ったことでしょう。それですから、この場合には嬢も当然それよりも多額のお礼をいただけるものと期待していることでしょうと申しあげました。太后陛下にこの事を了解していただくのは難しいことでした。そして、陛下は金銭をやると言って、カール嬢なりました嬢を紹介したコンガー夫人なりが、腹を立てないという確信が私にあるかとお尋ねになりました。私は、欧米においては、婦人が画家とか教師とかいうようなもので生計を立てることは、極めて普通のことですから、それはなんら侮辱でないどころかむしろその反対なのですと御説明申しあげました。

太后陛下はこれを聞かれると、ひどくお驚きの模様にお見うけしました。そして、なぜカール嬢の兄が嬢を養わないのかとお尋ねになりました。私は太后陛下に、カール嬢は兄に扶養されることを好みませんし、それに兄は既に結婚して扶養すべき家族を持っておりますと申しあげました。太后陛下は御自分の意見として、それはどうも不思議な文明ですね。支那では親が死んだ時には、息子が未婚の姉妹を、嫁に行くまで扶養するのが義務になっていますよと仰せになりました。陛下は更にもし支那の女が働いて生計を立てることとなったら、人々の話の種になるだけであろうとおっしゃいました。けれども、陛下はカール嬢の報酬の件は大臣たちに計らっておくと約束されましたので私は、どうやら結局のところ満足に運ぶらしいと思っていささかほっとしたのでした。

二月の十二日は、これまた面白い行事のあるお祭の日、即ち花と樹の誕生日でした。朝見の後で私たち一同が宮中の御苑に参りますと、そこでは太監が大きく巻いた紅い絹を持って待っていました。これを私たち一同は切って、幅二呎（約六十センチ）長さ三呎位の長細い片を作りにとりかかりました。私たちが充分なほどに切り終えますと、太后陛下は紅い絹を一片と、別に黄色い絹のを一片お取りになって、牡丹の樹（支那では牡丹は百花の女王と考えられています）の一本の幹にお結びになりました。それから、宮眷、太監および女婢すべてが太后陛下がなさった通り、苑中のあらゆる花と樹を一本一本、紅い絹のリボンで飾る仕事を始めました。これには殆ど午前いっぱいかかりましたが、宮眷たちの華やかな衣裳や緑の樹々や美しい花などで、とても綺麗な絵のようでした。

私たちはそれから芝居に参りました。この芝居は樹の精、花の精がみんな集ってその誕生日を祝うということを表わしていました。支那人は、樹や花はみなそれぞれ別々の精を持っていて、樹の精は男で、花の精は女だと信じています。この芝居の衣裳は非常に綺麗で、舞台にのぼった時、緑の樹と花が混じり合うように選ばれていました。蓮の花の精がつけていた衣裳の一つは淡紅の絹で出来ていて、花弁を表わすように動き、裳裾は蓮の葉を表わすように緑の絹で出来ていました。この精が動きまわるといつも花弁が丁度天然の花が微風に揺れるように動くのでした。

さまざまの花を表わすほかの衣裳も同じような風に仕立ててありました。場面は森林中の谿間で巨きな巌に囲まれていて、そこに洞穴が口をあけています。その洞穴から無数の小精が酒壺を持って出て来ます。この小精たちは雛菊とか柘榴の花などという小さい花を表わしています。この効果は書くよりも想像していただきたいと思います。精たちはみんな一とこ ろに集まって酒を飲み、その後で、いと柔かく奏でられる胡琴の音につれて、歌を唱い始めます最後の場はこの芝居にまことに相応わしい結末でした。それは、小さな虹がしだいに降りて来てついにこの巌の上に留まります。すると精たちは一人ずつ順々に虹の上に乗りま す。そこで虹はまた上って、一同を雲の上の天界に運ぶというのでした。これでお祝は終りとなり、私たち一同はめいめいの部屋に引き退りました。

顔の陰影が気に入らず修整させる

一月十六日(一九〇四年三月二日)をもって、私の宮中における最初の一年は終りました。太后陛下がこの事を思い出させてくださるまで、私はすっかり忘れていました。陛下は私がここにいて愉快であるか、それともパリに帰りたいと願っているかとお尋ねになりました。私は、フランスにいた間は面白うございましたが、それでもやっぱり宮廷生活の方がよろしゅうございます。面白い上に、自分の故国にいて、友人親戚すべてに取り囲まれているのですから、異国で暮すのよりこの方をとるのは当たりまえです、と衷心からお答え申しあげました。太后陛下は微笑まれて、遅かれ早かれ私が宮中の生活が厭になり、海を越えて逃げて行きやしないかと心配していたとおっしゃいました。私を確かに捕えておく唯一の道はお嫁にやることだと陛下はおっしゃって、またもや、なにが結婚の邪魔になるのだとお尋ねになりました。私が姑を持つのを恐がっているのか、そうでないとしたら何のためだろう？　もしそれだけのことなら、なにも気にかけるに及ばない。陛下の生きておられる限り、なにも恐れることはないのだからと。太后陛下がまたおっしゃるには、たとい私が結婚したとしても、なにも一日じゅう家にいる必要はない、前と変らず宮中で時を送ることができるとのことでした。

陛下は続けて「去年、この結婚の問題が起こった時、私はあなたがほかの宮眷たちとはすこし違って育てられて来ているから、大目に見たいと思っていましたが、私がそのことをすっかり忘れてしまったなどと考えて逃げ出してはいけませんよ、私は今でもあなたに適当なお婿さんを探しているのですから」とおっしゃいました。私はただ前と同じようにお答えしただけでした、――私は絶対に結婚する希望を持っていません、私は太后陛下が置いて下さるお気持がおありになる限りは今のままに留ってこの宮廷で暮したいのですなどと。陛下はちょっと私の強情について批評されて、そのうちにはおそらく気も変るだろうと仰せになりました。

二月の後半じゅうカール嬢は画像を仕上げようと非常に勉めて仕事しましたので、太后陛下はこの画像に最後の筆を加えるべき吉日をお選びになるために、またもや例の暦をお調べになりました。一九〇四年（光緒三十年）四月十九日が、太后陛下によって、一番の吉日として選定され、カール嬢に正式に通知されました。カール嬢が、指定された時までに画像を適当に仕上げることは全く不可能ですと力説しましたので、私は太后陛下にカール嬢の言葉をお伝えし、まだ仕上げの筆を加えるべき小さい部分がたくさんあることを御説明して、できましたらカール嬢にもう二三日延ばしてやって下さった方がよろしいかと存じますと進言申しあげました。けれども、太后陛下は、あれは四月十九日の四時までに完成しなければならないのだからもうこれ以上言うべきことはないと仰せられたのでした。

完成の日と定められた時の一週間ほど前に、太后陛下はこの画像の最後の御査閲のために画室を御訪問になりました。陛下は非常にお気に召した模様でしたが、やっぱり御自分の顔の片方が暗く片方が明るく描いてあるのには御反対でした。私は前にも申しあげたようにこれは陰影ですと御説明申しあげましたけれど、太后陛下は、自分の頬は両方とも同じようにすることをカール嬢に伝えよとおっしゃって、聞かれませんでした。このためにカール嬢と私との間に相当激しい論戦が交わされるに至りましたが、嬢もついに、この問題で太后陛下のお望みに逆らっても仕方がないということを認めましたので、少しばかり変えることを承諾しました。

画家のサインを見て「奇妙なことを」

絵の下のところに何か外国の文字がお目に触れましたので、太后陛下はこれは何かと御下問になり、それが画家の名前にすぎないと御存知になって、おっしゃるには、

「成程、外国人は奇妙なことをすることがあるとは私も知っていましたが、これほど奇妙なことはまだ聞いたことがないと思います、考えても御覧なさい、私の絵にこの婦人が自分の名を書くなんて。当然、こうすれば、人にこれはカール嬢の画像で、全然私の画像ではないという印象を与えるじゃありませんか」。

私はまたもやこの理由を説明申しあげて、外国の画家は、画像であると否とに拘わらず、自分の描いたどんな絵にでも、その下のところに必ず自分の名を書くのが習慣になっておりますと申しあげました。それで、太后陛下は、それなら差支えないと思うから、そのままにしておこうと仰せになりましたが、どうもいっこう御満足にはなられない面持(おももち)であらせられました。

カール嬢は文字どおり終日終夜仕事をつづけて、予定の時までに画像を完成しようと努めていました。そして太后陛下は、コンガー夫人をはじめそのほかの外交団の婦人がたにこの画像を見に来て貰うようにお取り計らいになりました。これは全く私的な謁見なのですから、太后陛下は一行を小さい方の召見の間の一つで引見なさいました。慣例の挨拶の後で、太后陛下は私どもに婦人方を画室に案内するように御命令になり、私どもがそういたしますと、太后陛下は一行にさよならと仰せられて、御自分の居間にお残りになりました。皇后様は太后陛下からのお指図に遵って、私どもと御一緒に画室においでになり、主人役を務めら

れました。誰も皆この画像には非常な感嘆の意を表し、素晴らしくお似申しているということに衆議一決しました。絵を見たあとで私たち一同は食事の席に移りました。皇后様が食卓の主人席に坐られ、私にはその隣に坐るようにとおっしゃいました。みんなが坐って直ぐの頃に、一人の太監が来て、この婦人がたに、皇帝陛下には御微恙のため出席おできになれない旨を、伝えて戴くよう皇后様にお願いしました。私がこれを通訳いたしますと、みんな満足したようでした。じっさいは皇帝陛下はまるで御達者だったのですが、私たちは陛下のことはすっかり忘れていたのでした。こういうわけで、客たちはこの折には皇帝陛下にお目にかからないで引きあげたのでした。

いつものようにすべての次第を太后陛下に御報告申しあげますと、陛下には、連中はあの画像をどう思ったかとお尋ねになりましたので、私たちは、みな非常に感心しておりましたと申しあげました。「もちろん、そうでしょうとも。あれは外国の画家が描いたのですからね」と太后陛下は仰せになりました。陛下はあまり面白からぬ御様子に窺われました。それになぜかまるで御機嫌が悪かったものですから、カール嬢がこの御画像を仕上げるのにあれほど苦労したのにと思って私は非常な失望を感じたことでした。太后陛下はそれからカール嬢はあの画像を完成するのに長時間を要したと御批評になり、そして、なぜ誰ひとりこの覲見のことを皇帝陛下にお報せするよう私に注意してくれなかったのかと仰しゃって、この場合は特に李蓮英に対してお憤りになっていらっしゃいました。太后陛下は思い出されるや否や、婦人がたがたぶん皇帝の御身の上になにか起こったのかと考えて、それが噂の種になりはせぬかと思ったので、直ぐに太監を遣わして口実を述べさせたのだと仰せになりました。私は陛下に、婦人がたには皇帝陛下の御気分が勝れないのだと説明しておきましたが、御出席にならないことは、誰も明らかにそれ以上は考えなかったようでしたと申しあげました。

「ヴィクトリア女皇も私ほどの波瀾はない」

翌日、宮中の指物師がこの御画像の額縁を作りあげました。そしてちゃんと嵌めますと太后陛下は私の兄に、その写真を撮るようにと御下命になりました。この写真は非常にうまく撮れましたので、太后陛下は本物の画像よりもこの方がよいとおっしゃったくらいでした。絵も今やすっかり完成しましたので、カール嬢は立去る仕度をして、二三日後に太后陛下から、勤務に対する褒賞として、勲章ならびにさまざまの御下賜品に加えて、相当な額の画料も現金で頂戴して、辞去したのでした。カール嬢が宮中を去ってからは、ずいぶん長い間私はとても淋しい思いをしました。カール嬢はその滞在中、気のあった友達でしたし、それに私たちの間には共通の話題が沢山あったのですから。太后陛下は私がすこし黙りこんでいますのに気が付かれて、そのわけをお尋ねになりました。「あなたはどうやら友だちのあの閨秀画家がいないので淋しがり始めているようですね」と陛下はおっしゃいました。私にはそうでございますと承認申しあげる勇気はありませんでした。と申しますのは陛下は私を恩知らずだとお考えになるかも知れませんし、その上に陛下は私があまり外国人と親しくするという考えを好まれなかったからです。それで私は太后陛下に、私はいつも古い友だちをなくすと残りおしく思うたちですが、直ぐに変化になれてしまうのですと御説明申しあげました。太后陛下はこの事にはひどくお優しくて、陛下自身もそういう小さな事にもう少し感傷的になれればよいと思っているが、私でも陛下の年頃ぐらいになれば、物事に対してもっと悟るようになれるであろうと仰せになりました。

カール嬢が宮廷を去った後、ある日、太后陛下は私に「あの婦人はあなたに一九〇〇年（光緒二十六年）の拳匪（義和団）の乱のことをいろいろと訊きはしませんでしたか？」とお尋ねになりました。私は当時パリにいたので、自分自身もこの拳匪の乱のことはほとんど存じませんので、聞かれましたにせよ、あまり話すことはできないのですと陛下に申しあげました。しかもあの閨秀画家は一度もこの問題について私に話したことがありませんでした、と私は陛下にお誓いしました。太后陛下はおっしゃいました。

「私はこの事件のことを言うのは嫌いですし、それに外国人にこの件について私の臣民たちに質問させたくはないのです。私が自分は今まで世に出て来たうちで一番利巧な女で、ほかの誰も私とは比べものにならないとよく考えることを、あなたは知っていますか？　私もヴィクトリア女皇のことはいろいろ耳にもしましたし、その生涯の一部を誰かが支那語に訳したもので読みもしましたが、やっぱりあの方の生涯も私の半分ほども興味がないし、波瀾もないと思います。私の生涯はまだ終っていないのですから、これから先にどんなことが起こるか誰にもわからないのです。なにか突飛なことをするか、なにか今まで私のやったことすべてとまるで反対なことをやって外国人たちを驚かすかも知れませんよ。イギリスというのは世界の大国の一つですが、これはなにもヴィクトリア女皇の専制政治のためにこうなったのではありませんよ。あの方にはしじゅう後見をしている議会の人才がついていて、それが言うまでもなく万事を討議して最善の結果が得られるようにします、すると女皇が必要な文書に署名されるというので、じっさい女皇はあの国の政治にはなにも言う必要がないのでした。ところが私を御覧。私には四億の人民があって、それがみな私の判断一つに頼っています」。

義和団の運動は生涯唯一の誤り

「私にも相談する軍機処がありますが、ただいろいろな人事を監督しているだけで、重要な趣を帯びたことはなんでも私が自分で裁断しなくてはならないのです。皇帝など何を知っています、私はあれまではとてもうまく行っていたのですが、あの拳匪の運動がしまいに支那にあんな重大な結果を起こそうとは夢にも思いませんでした。あれが私の生涯でやったただ一度の誤りでした。私は直ちに勅諭を出して、拳匪がその信仰を実行にうつすことを禁ずるべきだったのですが、端郡王（トワン）と瀾公（ラン）が、自分たちは拳匪こそあの面白からぬ憎むべき外国人を悉（ことごと）く追い払えるように、天から中国に送られたものだと確信していると言うのでした。もちろん、あれらのつもりでは、主に宣教師のことを言っていたのですし、それに私がどんなにあの宣教師たちを憎んでいるか、そしてどんなに私はいつも信心深いか、あなたも知っているでしょう。だから私は今はなにも言わないで、どういうことになるか待っていて見よ

天津の義和団

うと思ったのでした。私が、あれらは行き過ぎているなとはっきり感じるようになったのは、ある日、端郡王が拳匪の頭目を万寿山の離宮に連れて来て太監全部を召見の間の中庭に呼び集め、一人ずつその頭に十字架の印がないかと検査したときです。端郡王は『この十字架はお前たちには見えまい、しかし俺は頭の上に十字架を見つけるというやり方で、基督教徒を当てることができるのだ』と云いました。それから端郡王は私のいる宮殿にやって来て、拳匪の頭目が宮門のところにいて、基督教徒の太監を二人見つけましたが、いかが致しましょうと言いました。私はたちまちひどく怒って、お前には私の許可を受けないで拳匪の誰にしろ宮中に連れて来る権利はないと言ってやりました。しかしあれは、この頭目というのは非常な力があって外国人をのこらず殺すことができますし、それに神々がすべて彼を護っていらっしゃいますから、外国の鉄砲などなんら恐れるに足りませんと言うのです。端郡王の話によると、自分でもそれをちゃんと見たというのです。一人の拳匪がほかの拳匪をピストルで撃って、弾丸は当たったけれどちっとも怪我をしなかったのだそうです。それから端郡王は、私にこの基督教徒と思われる二人の太監を拳匪の頭目に引き渡すようにと進言しましたので、私はそうしました、後で聞くとこの二人の太監はどこかこの近くの田舎で直ぐに斬首されたそうです。この拳匪の首領は翌日、端郡王と灤公（ラン）に連れられて宮中にやって来て、太監全部に香を焚いて基督教徒でないことを証明させました。それがすむと、端郡王はさらに私にすすめるには、この拳匪の首領に毎日来て、その信仰を太監たちに教えてもらったが好かろうと思います、北京の人間はほとんど皆拳匪について習っていますと言いました。翌日、私の太監たちが一人のこらず拳匪の服装をしているのを見て、私はすっかり驚いてしまいました。紅い背心（どうぎ）を着、頭に紅い巾（きれ）を巻いて、黄色い褲子（ズボン）をはいているのですよ。私は自分の家隷（けらい）たちがのこらず官服を捨てて、こんな奇妙な姿（なり）をしているのを見て情なく思いました。灤公は私にも拳匪の服を一着くれました。この頃、軍機大臣をしていた栄禄（ユンルー）[2]は病気で、一ヵ月の賜暇を願っていました。

その病気の間は、私は毎日太監の一人を見舞にやるようにしていましたが、丁度その日に太監が帰って来ると、私に、栄禄（ユンルー）はすっかり快くなりましたから、まだ賜暇は十五日残っていますけれど、明日宮中に参内いたしますと復命しました。なぜ栄禄（ユンルー）が賜暇の残りを放棄したのか私には見当がつきませんでした。けれども、私は栄禄と拳匪の首領のことで相談したかったものですから、早く会いたく思いました。栄禄は宮中で起こったことを知ると嘆かわしい面持（おももち）をして、この拳匪というのは革命を図る者で人心を煽動する輩に外ならないと申しました」。

外国人を残らず殺す勅諭を強要

「あれらは人民たちに自分らと一緒に外国人を殺させようとしているが、その結果たるや政府に不利になりはせぬかと彼は甚だ憂慮していました。私は、どうもあなたの言うとおりのようだと言って、どうすれば好いかと尋ねました。栄禄（ユンルー）は、端（トワン）郡王に自分が話してみましょうと言いましたが、翌日、端（トワン）郡王の言うには、自分は拳匪の問題で栄禄と大喧嘩をやりましたとのことで、そして話すには、北京はすべて拳匪になってしまったのですから、我々がこれを改宗させようとすれば、あらんかぎり暴れて、北京じゅう一人のこらず、宮中の者までも殺してしまうことでしょう、もうあれら（義和団）は外国の代表者たちを皆殺しにする日を選定してしまいました、董福祥（トウンフォーシャン）[3]（非常に保守的な将軍で拳匪の一人）は自分の軍隊を繰り出して、拳匪が公使館に火をかけるのを応援すると約束しましたと言うのでした。

　私はこれを聞くと、非常に心配になって、重大な面倒が起こりはしないかと予想されましたので直ちに栄禄（ユンルー）を呼びにやり、端（トワン）郡王を私のそばに引き留めておきました。栄禄は非常に心配そうな顔をしてやって来ましたが、私から拳匪たちがなにを始めようとしているかを聞くとますます暗い顔になって、ただちに私に、勅諭を発してこの拳匪どもは秘密結社であるから、なにびともその教えを信じてはならぬと告げ、また九門の将軍たちに命じて直ちに拳匪をすべて城内より逐い出さすべきだと進言しました。端（トワン）郡王はこれを聞くと非常に怒って、万一かような勅諭が発せられたら、拳匪は宮廷におし寄せて皆殺しにしますぞと栄禄（ユンルー）に詰め寄りました。端郡王が私にこう言った時には、私もこれに万事を任せた方が好いと思いました。端郡王が宮中を退出した後で、栄禄は、端郡王はどうしても気が狂っています、きっとこの拳匪は大変な面倒を惹き起こすことでしょうと言いました。栄禄がまた言うには、端郡王が拳匪を援けて外国公使館を破壊するなどとはとても正気とは思われない。この拳匪というのは教育もない甚だ下等な連中で、支那にいる少数の外国人だけが世界にいる外国人のすべてだと思っていて、これさえ殺せば、外国人はおしまいになると考えています。あれらはこういう外国がどんなに強いか、もし支那にいる外国人が皆殺しにされれば、何千という外国人がこの殺害の復讐にやって来るということを忘れているのです、と申しました。そして栄禄は私に、一人の外国の兵士でなんの造作もなく百人の拳匪を殺すことができることは確かですと言って、なにとぞ自分に、後に拳匪に殺害された聶[4]将軍に、その軍隊を率いて来て公使館を護るように命令するお許しをくだされたいと願い出ました。

紫禁城に入った８ヵ国連合軍

もちろん、私は直ちに栄禄にこの令旨を与え、あわせて、即刻端郡王と瀾公に会って、これは甚だ重大事であるから、両人とも栄禄の処置を妨げないように話すべき旨を申しつけました。しかし事態は日々に悪化して、栄禄(ルー)が拳匪に反対の唯ひとりになってしまいました。あの大勢に対し一人では何ができましょう。ある日、端郡王(トワン)と瀾公がやって来て、私に、まず公使館の者を皆殺しにし、次いで、残っている外国人を残らず殺すことを拳匪に命ずる勅諭を出せと要求しました。私は大変憤って、この勅諭を出すことを拒絶しました。ずいぶん長時間にわたって議論した後、端郡王(トワン)は、これは猶予なく行わなければならぬ、というのは、拳匪たちは公使館に火をつける用意をしているから、この明日(あす)にもそうするだろうと言いました。私は激怒して、数人の太監に彼を逐い出せと命令しましたが、端郡王(トワン)は出て行きながら『陛下がこの勅諭を出すのを拒絶されるなら、陛下の思召し如何(いかん)にかかわらず私が陛下の代りにそれを出しますよ』と言いましたが、そのとおりにしたのですね。その後はどうなったかあなたも知っているでしょう。あれは私に知らせないであの勅諭を出したのですが、あんなに大勢の人が死んだのは、その責任です。あれは自分の計画がうまく行かないと知り、外国の軍隊が北京からあまり遠くないところまで迫ったと聞きますととても怖くなったので私たち一同に北京を捨てさせたのですよ」。

義和団の乱の時から玉に瑕が入った

陛下はこう言い終ると、泣き出されましたので、私は、ほんとうにお気の毒に存じますと申しあげました。すると陛下のおっしゃるには、

「あなたは何も私が経て来たことには同情してくれるには及びませんが、私の名声が地に墜ちたことは悲しんで貰わなくてはなりません。あれは私が全生涯にやった、たった一つの誤

りで、私の弱かった時にやったものです。その前は私はあたかも純粋の玉(ぎょく)のようでした。誰もみな私が国のためにやった功績をたたえたのでしたがあの拳匪の乱の時からこの玉には瑕(ひび)が入ってしまいました。そして私の一生の終りまで残っていることでしょう。私はあんな奸悪な端郡王(トワン)、すべての事の責任者であるあの男を、あれほど信頼しきっていたのを、幾度(いくたび)となく後悔しました」。

三月の末になると太后陛下は海の離宮にも倦きられて、宮廷は夏の離宮に移りました。この度は非常にいいお天気でしたので、私たちは舟で旅をしました。万寿山の水門に着いて見ますと、万物が丁度美しい盛りで、桃の花が満開でした。太后陛下はまたお帰りになることになってどんなに嬉しいか、をあらわにお示しになりました。そして、しばらくはほかのあらゆること、あの戦争さえも忘れてしまわれたように拝されたのでした。

（1）宣戦は一九〇四年二月十日であるが、同八日（陰暦一九〇三年十二月二十二日）の仁川及び旅順港外の海戦を以て事実上の開戦とする。

（2）満洲旗人。西太后の寵によって陸海軍を統べ、戊戌政変にも保守派の首領として活躍した。光緒二十九年死。

（3）甘粛の回教徒の出身。栄禄の党でこの時、甘粛提督。乱後禁錮さる。

（4）聶士成。李鴻章と同郷。日清戦争にも日本軍に当たり、戦後直隷総督となる。拳匪の乱に暴徒を抑圧し、地位が危険となったので、天津に赴き連合軍と戦ったが、なお拳匪等の怨を解く能わず家族を捕えられたので、これと戦い、天津郊外八里台で敗死した。

第二十章　結びの巻

小遣いの収支勘定を検閲してお叱りを

私の宮中における二年目は初めの年とほとんど同じようでした。私たちは各記念日と各祭日を前と同じように祝いました。例の召見は毎朝太后陛下によって催され、その後は一日遊びにあてられました。太后陛下が非常に御興味を寄せられたものの一つには菜園もあって、さまざまの種子を播くのを御監督になりました。野菜が摘んでもいいようになりますと、その時々に、宮眷（じょかん）たち一同は、小さな刈取り用の叉（また）のようなものを渡されて、作物を集めるのでした。太后陛下は、私たちが畑で働いているのを御覧になるのがお楽しみのようでした。そして御輿が乗ると、御自身もいらしってお助けくださいました。この仕事に私たちを励ますために、太后陛下は一番良い成績を挙げた者には、小さな御褒美を下さることになっていました。それで当然、私たちは陛下をお喜ばせするためと共に、この御褒美を目あてに全力をつくして奮励したことでした。

太后陛下のもう一つの御道楽は養鶏で、一定数の鶏が宮眷（じょかん）のめいめいに割り当てられていました。私たちはこれを自分の手で世話することになっていて、毎朝、卵を太后陛下に持って参らねばなりませんでした。私の鶏がほかの誰のより少ししか卵を生まないというのはどうしたことか解りませんでしたが、遂にある日、ほかの太監の一人が自分の主人の宮眷が首位になるのを助けるために、私の鶏小屋から卵を盗んで、それを別のに移しているのを見つけたと私の太監が報せてくれました。

太后陛下は宮眷たちの間に無精や贅沢の風が拡がらぬように非常に厳しくしていらっしゃいました。或時、陛下は私に、お居間にある小包を開けるようにお吩咐けになりました。紐を切ろうとしますと太后陛下は私をお止めになり、それをほどくようにとおっしゃいました。だいぶ苦労した後でやっと私はほどいて、包を開きました。太后陛下は次にその包紙をきちんと畳んで、それを紐と一緒に抽斗にしまって、またそれが要る時に在りかがわかるようにしておけとおっしゃいました。

時々、太后陛下は私たちめいめいにお小遣いの金をくださいます。私たちが何か、たとえば花だとか、手巾だとか、鞋だとか、リボンだとかを買いたく思う時には、宮中でこういう品をいつも作っている女婢から買えるのですが、私たちはそれを一項一項、太后陛下がこの目的のためお渡しになった小さい帳面に記入することになっていました。毎月の末に、太后陛下は私たちの収支勘定を御検閲になって、贅沢をしているとお考えになった場合には、相当なお叱りを蒙るのでしたが、また反対に、差引残高が充分あるように遣り繰りしますと、始末が良いとお褒めになるのでした。こういう風にして太后陛下の御薫陶の下に、私たちは自分自身の家庭を管理する必要が来るような時に備えて、慎重にすることときちんとすることを覚えたのでした。

平民たちには宮廷に来て貰いたくない

この頃、父は衰弱の徴候を示し始めましたので、公職を辞する許可をお願いしました。けれども、太后陛下はこれをお聴きいれにならず、その代りさらに六ヵ月の休暇を賜うことにお決めになりました。父の意向としては、上海に行って掛りつけの医者に診てもらいたかったのですが、太后陛下はこれを御承認にならず、陛下の侍医でもどの外国の医者にも少しも劣らないと主張されました。それでこれらの医者たちがしばらく父の病気を診ていて、毎日ありとあらゆる異った調合を処方するのでした。すこし経つと、父はいくぶん回復したようにも見えましたが、宿痾（しゅくあ）のリューマチのためにやはり歩き廻ることはできませんでした。それで私どもは、上海にいる父の主治医に診せた方がよいと思います、その医者は父の身体のことはすっかり知っていますから、ともう一度申し出てみたのですが、太后陛下はそうお考えになろうとはなさいませんでした。陛下のおっしゃるには、私どもにはもう少し忍耐が必要です。支那の医者は遅いかも知れないが、確実です、ほどなくこの医者たちが完全に父の病を癒すことと固く信じていますとのことでした。実際は、陛下は、もし私の父が上海に行って住むことになると、ほかの家族も父と一緒に行って住もうと思うようになりはしないかと気遣われたのです。これでは全く陛下の御計画が外れることになります。それで私どもは、父の病状が悪化する徴候を示さないかぎり、北京に留まることに決めました。

そのうちに外交団のために春の園遊会を開催すると決まっている頃になりましたので、例のように、一日は各国公使館の公使、書記官および館員に、次の日はその夫人がたなどに充てられました。今年はほんの少数の客しか園遊会に出席しませんでしたが、来たひとのうちに初めての人が数人ありました。日本公使館からは五六人の婦人がたが内田公使夫人に連れられて見えました。太后陛下はこの婦人にお会いするのをいつも非常に喜ばれてこの方のことに礼儀正しいのを口をきわめてお賞めになるのでした。いつものようにおみやげを御下賜になった後で、私たちは婦人がたを午餐に連れて行き、宮城内の庭を案内して廻りました。それから別れの挨拶を述べて、一同は辞去しました。私たちは太后陛下にすべての事を御報告申しあげ、そして、いつものようにさまざまの御質問を蒙りました。客たちのうちに、厚ぼったいツイードの旅行服の大きなポケットのついたのを着て、そのポケットのなかにとても寒いとでもいうように両手を突っ込んでいた婦人がありました。私の見当では英国人のようでした。

この婦人は同じ地の帽子を冠（かぶ）っていました。太后陛下は、「あの米の袋でこしらえた着物を着た婦人に気がつきましたか？　ああいう衣裳で宮廷に出るというのはどうも普通ではないのでしょう」と私にお尋ねになりました。太后陛下には、この婦人が誰で、どこから来たのか知りたいとの仰せでした。私は、公使館の者なら誰でも存じていますが、あの婦人は確かにどの公使館の者でもございませんとお答え申しあげました。

太后陛下は、あの婦人が誰にせよ、きっと上流の社交界に出つけなかった女にきまっている、自分（太后陛下）でも、ヨーロッパの宮廷にあんな服装で出るものでないことぐらいは確信を以て言えるのだから、と仰せになりました。「私には一目でわかりますよ」と太后陛下は附け加えられました。「この連中の誰が私に適当な尊敬を示そうとしているか、それとも私を敬意を払う資格のないものと考えているかがです。こうした外国人たちは、支那人というのは物を知らないから、ヨーロッパの社交界の場合のように厳しくする必要はないというような考えを抱いているようですね。将来は、宮廷の催しものの際にはそれぞれどういう衣裳を着るべきかを了解させると同時に、招待をするのにある程度の手心を加えるのが一番良いのじゃないかと私は思います。こういう風にすれば、望ましくない連中と共に、あの宣教師という種類も防ぐことができるでしょう。私は支那に来訪した外国の名士には誰でも会いたいと思いますが、平民たちには一人も私の宮廷に来て貰いたくありませんよ」。私は日本の習慣に倣って適当な招待状を出すことにして、その下のところに、それぞれその場合に着用すべき服装を断っておくということになさったらいかがでしょうと申し出ました。太后陛下はこの方法が適当だとお考えになって、同じような規則を支那にも移入することに定められました。

逃亡した康有為の動静に興奮

天候の都合さえ好ければ、太后陛下はお暇な時間の相当多くを戸外でお過しになり、太監たちがお庭で仕事をしているのを監督されるのでした。春の初めのうちに蓮の移植がありますが、陛下はこの仕事には強い興味を持っていらっしゃいました。古い根はすべて切り去って、新しい蓮根を新鮮な土に植えるのです。蓮は昆明湖の一番浅い部分（西側）に生えていましたけれど、古いのを除いて、新しいのを挿すために、太監は時としては腰の上まで水に入って歩かねばなりませんでした。太后陛下は、何時間も陛下のお気に入りの橋（玉帯橋）に腰をおろされて、太監たちの仕事を御監督になり、時々、蓮根の植え方をお指図になるのでした。この仕事は普通二三日かかりました。そして供奉の宮眷たちは太后陛下のお側に立っていて、太后陛下のお褥用の変り編の総を拵えて時を送っていました。じっさい私たちは怠けていないかぎり、なにかしていたのでした。

袁世凱がまた宮中に参内したのも、この春のうちのことでした。そしてその際、討議された問題のうちに日露戦争のこともありました。袁世凱は太后陛下に、この戦争は非常に重大な事件に発展しそうであって、自分の考えでは、窮極のところ最も被害を蒙るのは支那ではないかと心痛しておりますと申しあげました。太后陛下はこの情報を耳になさって甚しく仰天され、かつて御史の一人が日本に巨額の米を贈ってはどうかという献言をしたが、この問題については陛下としてはなんら自発的行為に出ないことに決めていると述べられました。この御決意には袁世凱も力を籠めて賛成申しあ

康有為

げました。

私は依然として毎日、この戦争に関する各新聞の通信や電報を翻訳申しあげていましたが、ある朝、康有為（こうゆうい／カンユーウェイ）(1)（一八九八年の支那における改革運動の指導者）がバタヴィア（現在のジャカルタ）からシンガポールに到着したという趣きの電報を見て、これは太后陛下にも興味がおありだろうと考えましたので、ほかの記事のついでに翻訳申しあげました。

太后陛下はたちまち激しく御興奮になりましたので、私はいったいどうしてだか存じませんでしたので恐くなりました。けれども、陛下は私に説明してくださって、この男は支那にあらゆる騒動を惹き起こした奴で、この康有為（カンユーウェイ）に会うまでは、光緒皇帝も祖宗の伝統を熱心に守っておられたのだが、その時からというもの皇帝はこの国に変法（改革）どころか基督（キリスト）教まで移入しようという望を隠さず示されるに至ったのだとお話しになりました。「ある時には」と太后陛下は話をお続けになりました。

「この男は、変法を実行に移すまで私を監禁しておこうというので、万寿山（ユンルー）を軍隊で取り囲む勅令を皇帝に出させようとまでしたのでしたが、軍機処の一員の栄禄と直隷総督の袁世凱（ユワンシーカイ）との忠義のお蔭で、私はこの陰謀をうち破ることができました。私はただちに当時皇帝が住んでいらっしゃった紫禁城に出かけて、皇帝にこの問題を詰（なじ）りますと、皇帝は自分の誤りを悟られましたから、私に政権を執って、自分の代りに治めてもらいたいとお頼みになったのです」（この結果が、言うまでもなく、光緒二十四年――一八九八年――の西太后が垂簾（すいれん）の政をお摂りになるという勅諭でした）。

太后陛下は直ちに康有為とその一党を逮捕せよとの命令を出されましたが、彼はうまく逃亡してしまい、その後は一向彼のことをお聞きにならなかったのが、ついに今、私が新聞からこの通信を訳して申しあげたのでした。しかし、太后陛下は彼のいる処を知って安心されたように見えました。そして康有為がこれから何をしようというのか聞きたがっておられる御様子でしたが、たちまちまたもや甚だしく怒り立たれて、なぜ外国の政府は支那の政治的煽動者の罪人に保護を与えるのだとお尋ねになりました。いったいなぜあれらは支那の人民を扱うのは支那に任せて、もう少し自分のことを考えておられないのか、と仰せになりました。さらに陛下は、この紳士についてまた報道があるかどうかよく気を付けていて、あれば直ぐに報せるようにと、お吩咐けになりましたが、私は、どちらにしても康有為のことは一切申しあげまいと決心しました。それでこの問題もしだいに消えてしまいました。

離宮に洋風の「召見の間」を建設

ある時、私たちが海の離宮を訪れた際に、太后陛下は広大な空地に注意を向けられ、それはもと召見の間の敷地であったが、拳匪の乱のとき焼けてしまったのだとおっしゃいました。太后陛下は、これは全く不慮の椿事で、外国の軍隊が故意に破壊したのではないと説明なさいました。陛下のおっしゃるには、ここがこういう醜い状態なので、長い間、陛下のお目障りであった、それに現在の召見の間は元旦の拝賀に来る外国人の客を収容するのには狭すぎるから、この敷地に今度もう一つ召見の間を建てることに決心しているとの仰せでした。それで陛下は工部に、御自分のお考えに遵った新しい建物の雛型を作って、陛下の御検閲に供えるよう、御命令になりました。この時までは、宮域内の建物はすべて典型的な支那風でしたが、この新しい召見の間は多少、洋風の設計を加味し、あらゆる点で現代に即応するようになるはずでした。その趣旨に遵ってこの雛型は調製され、太后陛下の御覧に供えられました。小さな木で作った雛型でしたが、あらゆる細部まで完全で、窓の形から天井や鏡板の彫刻まで、完備していました。しかし、私はこれまで太后陛下のお考えどおりにそっくり行ったものを見たことがありませんでしたが、これもやはりその例に洩れませんでした。陛下はあらゆる見地からこの雛型を批評され、この部屋は拡げよ、この部屋は狭くせよ、この窓はほかの場所に移せ等々と御命令になるのでした。それで雛型はさしもどされて作り直すことになりました。それがまた太后陛下の御検閲のために提出された時には、誰もみな最初のより良くなったという意見に一致しました。そして太后陛下さえ非常な御満足の意を表されました。

次はこの新しい建物に名をつけることで、慎重に熟慮を重ねた結果、これを海晏堂（ハイエンタン）（海のほとりの召見の間）と命名することに決定しました。建築工事は直ちに開始されて、太后陛下はこの工事の進捗に非常な興味を示されました。この召見の間はすべて造作を洋風にすることに既に定まっていました。ただし宝座だけは別で、これはもちろん満洲式の体裁を残すことになっていました。

太后陛下は私どもがフランスから持ち帰ったカタログについて各種の家具の様式を御比較

になったあげくルイ十五世式とお決めになりました。ただしどれもみな帝室を示す黄色で覆い、糸簾(カーテン)や絨緞もこれを黄色にすることになりました。すべてが太后陛下の御満足の行くように選ばれた時、私の母はこの費用を自分で支払い、この家具調度を献上品とする御許可を願い出ました。これは太后陛下の御裁可を得ましたので、これに遵って、私どもがフランスにいた時に家具を購入していたパリの有名な商館に注文を出しました。建築が完成するまでに家具は到着していましたので、直ぐ据えつけました。

太后陛下は御検閲にお出かけになりましたが、もちろん例の如く欠点を発見されずにはすみませんでした。陛下はこのお試みの結果については全然お気に入らないようで、結局、支那式の建築の方が堂々たる外観をしているから、一番よかったのにとおっしゃいました。けれども、出来あがってしまった今となって、けちをおつけになっても、変えるわけには行かないのですから、何の役にも立たないのでした。

驚くべき記憶力で皇帝の英語が上達

夏季の間は私にもずいぶん暇がありましたので、毎日一時間ほどを割いて、皇帝陛下の英語をお助けすることにしました。陛下は驚くべき記憶力を備えられたきわめて聡明な方で、非常にお覚えが速くていらせられました。ただし御発音はお宜しくありませんでした。僅かの間に、陛下は普通の学校の読本にある短い物語がお読みになれるくらいになられ、書取もなかなかお上手にお出来になりました。御習字はまた格別ご立派で、古代英字や装飾文字は素人ばなれしていらっしゃいました。太后陛下も皇帝陛下がこの勉強を始められたことにはお喜びの模様で、御自分もなさろうと思えばとても速く覚える御自信がおありでしたから、この勉強を始めようかとお考えになりました。しかし、太后陛下は二回の課業で、しびれを切らされ、その後は二度とこの事を言い出されませんでした。

もちろん、この課業のために、私は皇帝陛下とお話を交える機会を多く与えられることになりました。そしてある場合には、皇帝陛下は、私が太后陛下を変法（改革）の方面に動かすというのはあまり捗らなかったようだという批評までなさいました。私が宮中に参ってからあまたの事が成就されましたと私は皇帝陛下に申しあげて、その一例として新しい召見の間のことを申しあげました。皇帝陛下はそんな事は語るに足らぬことだとお考えになっているように窺われました。そしてこの問題は全然あきらめてしまうようにと御忠告くださいました。

皇帝陛下は、適当な時が来れば――それが万一来ることがあれば――その時は私も役に立つかも知れないが、来るか来ないか甚だ疑問だと仰せになりました。皇帝陛下はまた私の父のことをお尋ねになりましたので、私は、父の病気が急に快くならないかぎり、私どもはとにかくしばらくは宮廷からお暇申しあげねばならないと存じますと申しあげました。皇帝陛下には、そういう必要があるとは非常に遺憾に思うが、ほんとうはそれが一番好いのじゃないかと自分は思っているとのお答えでした。あなたはあれほど長年海外で暮したのだから、いつまでも宮廷生活に落着いておれるものではないにきまっていると思うから、自分としてはあなたが宮廷を去りたいと思うなら、その方面にはべつに反対はしない、と皇帝陛下は仰せになりました。

宮殿監督に縁談を断わる相談

太后陛下は私に、月に二回父を見舞う許可をくださっておりました。そして万事順調に進んでいると思っていましたら、ある日、太后陛下のお附きの女婢（じょちゅう）の一人が、太后陛下はまた私の縁談をとり決めようとしていらっしゃると教えてくれました。初めのうちはこの話をちっとも気にとめませんでしたが、少し経って太后陛下は私に、万事決まったから、陛下の選ばれたさる王公と結婚するようにとお告げになりました。私がなにか申しあげるのを待っていらっしゃることがわかりましたので、私は、今のところ父のことでひどく気にやんでいますからと申しあげて、とにかくこの件はしばらく延ばしていただくようにと陛下にお願いしました。これを聞かれると太后陛下はひどくお怒りになり、あれほど目をかけてやったのにお前はあまりに恩知らずだと思う、と仰せになりました。

私は御返事申しあげませんでした。そして太后陛下もその場ではそれ以上おっしゃいませんでしたので、私はそのことは忘れてしまおうと努めました。けれども、次に帰省した時、私が父にこの一部始終を話しますと、前の場合と同じく父はこのような結婚には強硬に反対でした。父は、私が宮中に帰ってから、全部を李蓮英（リーリエンイン / りれんえい）に打ち明けて、私の立場を説明するのが好かろう、太后陛下の御意を動かすことのできる者がおるとすれば、李蓮英がその一人なのだから、と教えてくれました。私はそれで、最初の機会を捉えて李蓮英に話してみました。初めのうちは彼もこの件で口を入れるのは非常に進まぬように見え、太后陛下の御意のようになさるべきだと自分は考えると言っていましたが、私には結婚する希望が全然なくて、現在の位置のまま宮廷に留っていたいとほんとうに思っているのだと私が説きますと、彼はできるだけのことをして上げましょうと約束してくれました。私はそれからは太后陛下からも李蓮英からも一向結婚のことを聞きませんでしたので、やっぱり彼はこの件をうまく片付けることができたのだなと察したことでした。

それからは何の重要なこともなくて、夏は過ぎました。八月の間に竹を切りますが、これにもまた宮眷(じょかん)は動員されて手伝うのでした。私たちの仕事は切った竹に絵や字を彫ることで、太后陛下もお手助けなさいました。この竹は後で太后陛下のお茶室用の椅子とか卓とかいう役に立つ品々を作るのに用いられるのでした。秋の長い夜には、太后陛下は私たちに支那史や詩歌を教えられ、十日ごとに私どもがどのぐらい覚えたかを御覧になるため試験を課せられ、優秀なものには賞品を賜わるのでした。若い太監たちもこの課業の仲間入りをしていましたが、太后陛下の御質問に対する彼らの答のうちにはとても面白いのがありました。太后陛下の御機嫌が好い時には、陛下も私たちと一緒になってお笑いになるのですが、時とすると彼らの無智と怠慢を罰するように御命令になることもありました。しかし、太監たちは罰を受けるのにまるで慣れっこになっていましたから、あまり気にかけないようで、次の瞬間にはすっかりそれを忘れてしまうのでした。

容態悪化のため父親が辞表を

太后陛下の第七十回の万寿節（御誕辰）が近づきましたので、皇帝陛下は未曽有の大規模を以てこの慶事を祝おうと提案されましたが、太后陛下は人民が非難しはせぬかと気遣われて、戦乱を名としてこの提案を御裁可になりませんでした。それでこの万寿節と以前のとの唯一の相違は、太后陛下が献上品を受納されるほかに、宮廷の者に引出物を御下賜になった点でした。この引出物というのには、位階の授与、昇任および昇給なども含まれていました。太后陛下がお授けになった叙位に加わって、私の妹と私は郡主銜（チュンチュシェン）（王女待遇）の位を賜わりました。もっとも、こうした爵位は宮廷の者に限られ、皇太后から特別に賜わるものでした。外部の官員に対する同様な昇任は常に皇帝陛下から授与されるのでした。こうした重大な催しには紫禁城の方が適していますので、そちらで祝典を挙げようということになりました。しかし、太后陛下はこの提案をちっともお喜びにならず、御誕辰の日の十月十日の三日前までは宮廷は移転すべからずとの御命令を出されました。このために夏の離宮と紫禁城の両方を装飾する必要が生じましたので、余分の仕事をずいぶんしなければならないことになりました。

　万事はあわただしく、噪（さわ）がしいのでした。これに加えて、十日の前の二三日は雪がひどく降りました。太后陛下はとても上機嫌でいらっしゃいました。陛下は雪のなかに出るのをひどく好まれ、丘のほとりでお写真を数枚撮らせたいとの御希望を洩らされました。そこで私の兄は写真機を持って参るようにとの御下命を受け、太后陛下のなかなか好い御写真を数枚撮影申しあげました。

宮廷は七日に紫禁城に移転し、祝典は始まりました。飾りは美しく、院子は雪を防ぐために玻璃の屋根で覆ってありました。芝居は連日、馬力をかけて行われていました。十日に挙げられたほんとうの典礼はどの点も以前のとさらに異っていませんでした。万事は順調に終って、宮廷はふたたび海の離宮に移転しました。

海の離宮にいる間に、私どもは父の容態が悪化しているという報せを受け取りました。そして父はふたたび太后陛下に辞表を提出しました。陛下は実状如何を調べるために御自分の太監を差し遣わされましたが、父がじっさいに甚だ重態だと御承知になりますと、その辞表を御認可になりました。太后陛下は、父が上海に行って、外国人の医者がいくらかでも効能があるかどうか診せた方がよいかも知れないということも御承認になりました。陛下は、私の母は父に附いて上海に行くことが必要だろうと思うが、妹と私をやるほど重態とは考えないと仰せになりました。私は、お暇をいただいてまた会えるまでには、父が悪くなって死んでしまうかも知れませんから、今、父と一緒に上海に参りますのは私の義務でございますと一生懸命に説明申しあげて、私の旅行のお許しを願いました。陛下はあらゆる反対を述べられましたが、結局、私が行こうと思いつめているのを御覧になって、「なるほど、あれは自分の父のことだから、附いて行きたいと言うのだと思います。それじゃ、あなたはできるだけ早くまた宮廷に帰って来るという条件でなら行かせてあげましょう」とおっしゃいました。しかし、太后陛下が旅行用に衣裳その他の仕度をしてやると言い張られますので、私どもは十一月の中旬までは出発しませんでした。もちろん、太后陛下の御意のままに待つよりほか仕方がなかったのです。

光緒帝が「グッドラック」と別れの言葉を

仕度がすべてととのいますと、太后陛下は御自分の暦を御覧になって、私どもの出発に適当な日をお選びになり、十三日を最上の吉日だと定められました。それで私どもは十二日に宮中を去って自分の家に行くことになりました。私どもは太后陛下に叩頭(コウトウ)してお別れの御挨拶を申しあげ、陛下のお側にいた間に蒙った数々の御厚恩を拝謝いたしました。誰もみな泣きました。太后陛下までお泣きになりました。

私どもはそれから皇帝陛下と皇后様にお別れを述べに行きました。皇帝陛下は握手を賜わって、「グッドラック（御好運を祈る）」と英語でおっしゃいました。誰もみな私どもの去るのを悲しんでいるように見うけられました。しばらく名残を惜しんでいましたが、太后陛下はこれ以上時間を費してもなんの役にも立たぬから、もう出発した方がよいとおっしゃいました。宮門のところで李蓮英(リーリエンイン)が私どもに別れの挨拶を述べました。そして私どもは馬車に乗り、父の家に馬を走らせました。私ども附きの太監は家の戸口まで私どもを送って来てくれました。私どもの旅行のためにすべての仕度がととのっていることがわかりました。そして翌朝、私どもは天津行きの列車に乗って、天津から上海に行くこの季節の最後の汽船にあやうく間に合いました。ところが何しろ水がとても浅いものですから、私どもの船は大沽(ターク)バーで浅瀬に乗り上げたのでした。

上海に着くと、父はさっそく主治医に体を診せました。主治医は父を診て処方を書きました。この旅行自体が父の身体に大変良かったようでした。私はたちまち宮廷の生活が懐しくなり始めました。上海には大勢の友達があって、晩餐会や舞踏会に招いてくれましたけれども、それでもやっぱり、どうも私は面白くなれないような気がするのでした。私が北京で慣れて来たものとはあらゆる物が異っていました。それで私はひたすら太后陛下の御許に帰れる日を待ちわびていたのでした。私どもが着いて二週間ほど後のこと、太后陛下は私どもがどう暮しているかお見舞のため、上海まで特使を差し遣わされました。勅使は私どもに数々の美しい御下賜品とその上に父に多くの医薬を持って来て下さいました。私どもはこの勅使をお迎えしてとても嬉しく思いました。勅使の私どもにもたらされた報せでは、宮廷ではひどく私どもを恋しがっておられるとのことで、できるだけ早く帰るがよかろうとお勧めになりました。

父は回復の徴候を示し始めましたので、これ以上上海に滞在しているに及ばないから、北京に帰って宮中の勤めをまたやった方がいいと思うと申しました。それで私は新年早々に帰りました。河が凍結していましたので、私は小舟で秦皇島(チンホワンタオ)まで旅し、そこから鉄道で北京に行かなくてはなりませんでした。これは実に情ない旅行で、終えた時はとても嬉しく思いました。太后陛下が駅まで私附きの太監を迎えに出してくださいましたので、私は直ちに宮城に赴きました。太后陛下にお逢いすると、ふたり共嬉しさのあまりまたもや泣いてしまいました。私は陛下に、父は回復に向っていると御報告し、いついつまでも陛下のお側に留まっていたく存じますと申しあげました。

父の死で百日の喪に服す

私はまた以前の勤めを始めましたが、今度は私の妹という伴もなければ、私の母と喋り合うこともできず、なにもかも変ってしまったように思われました。けれども、太后陛下は以前とすこしも変られず、いとお優しくお目をかけてくださるのでした。それでも、私は面白くなくて、心からまた上海に帰りたいと思いました。私は宮廷にいて、毎日毎日前とほとんど同じようなきまり切った仕事をやっていました。すると二月（一九〇五年三月）に、父の容態が悪化し、危篤になって、私に会いたがっているから、上海に来いという電報を受け取りました。私は太后陛下にその電報を御覧に入れて、御裁断を待ちました。陛下はまず、私の父が非常に老年であるというお話から始められ、したがって若かった時よりは回復の見込が少ないであろうとおっしゃって、最後に、直ちに父のもとに行ってもよいというお言葉でお話を結ばれました。私はまたもや皆にさよならの挨拶をしながら、また直ぐに帰って来れるとばかり思っていましたが、そうはゆきませんでした。帰って見ますと父は非常に危険な状態で、しばらくはかばかしからぬ病状を続けた後、一九〇五年（光緒三十一年）十二月十八日になくなりました。言うまでもなく私どもは百日の喪に服しましたので、このこと自体が私の宮廷に帰るのを妨げることになりました。

上海にいる間に私には大勢の新しい友人や知己が出来ました。そして次第に、宮廷生活の魅力も結局は、私がヨーロッパにいた間に受けるようになった影響を消し去ることはできなかったのだと痛感し始めました。精神の点では私は外国で教育された外国人でした。その上に、もう私の夫[2]にも会いましたので、その問題はたちまち解決して、私は米国の市民になりました。

けれども、支那の皇太后陛下の宮廷で送った二年間は、私の少女時代の最も波瀾あり最も幸福だった日としてしばしば思い返されるのです。

私は太后陛下の御意を変法の方に動かすという向(むき)では大して尽すことができませんでしたが今もなお、いつの日か支那が目醒めて、世界の列国中に優れた地位を占めるのを見るまで生きていたいと願っています。

（1）広東の人、戊戌の改革、即ち変法自強運動を首唱し、年少気鋭の光緒帝を動かして種々の改革を行わしめた。その中心思想は明治維新に倣い、西洋式の制度文物の採用にあったが、性急にすぎたのと、宮中の保守派の反対とのため、意の如くならず、遂に保守派のクーデター（戊戌政変）によって、光緒帝は幽閉され、同志は多く殺されもしくは罰に遭い、彼自らは日本に亡命した。その後南洋より欧米に遊び、革命後帰国したが不遇の中に死んだ。

（2）当時上海駐在の米国副領事ホワイト。

解説　中国と中国人を知るための必読書

加藤　徹

本書『西太后に侍して』は、中国を知りたいと思う人にとって、必読の書である。

古来、中国には「中冓(ちゅうこう)の言は道(い)うべからず」(『詩経』鄘風(ようふう)・牆有茨(しょうゆうじ))という言葉があった。宮中の深奥での私的会話の内容は決して外にもらしてはならない、もらせばスキャンダルや歴史的な恥辱になる、という意味だ。

過去三千年来、中国の歴代王朝の後宮についての記録は限定的だ。一九一二年に滅亡した清朝についても、宮中の内幕を暴露した書物の大半は、清朝滅亡後に刊行された二次資料だ。中華民国の時代になってから、引退した宦官や宮女からの聞き書きや、民間の噂話をまとめた本ばかりである。

本書『西太后に侍して』は貴重な例外である。

著者の徳齢は、自分の身分を明かしつつ、宮中での生活や人間模様をありのままに書いた。本書が刊行された一九一一年は辛亥革命が起こった年で、西太后や光緒帝はすでに亡くなっていたものの、清朝はまだかろうじて存続していた。宮中の関係者の多くは現役だった。根も葉もないウソを書けば、反論や批判を受ける。また、そもそも中国人が宮中の秘密を暴露する本を書けば、不敬の罪で清の官憲に逮捕されたろう。しかし著者はすでに米国の上海副領事と結婚しており、安全圏にいた。本書は、希有の著者が絶妙のタイミングで書いた回想録なのだ。

とはいえ、著者の徳齢は頭がよかった。当時の中国女性としては珍しく外国語や文筆の才能にも恵まれていた。本書にも、彼女が話を盛った部分がある。

徳齢は一八八一年、湖北省の武昌で生まれた。父は裕庚、母親はルイーザ・ピアソンである。本書の訳者序文にもあるとおり、裕庚のほんとうの身分は漢軍正白旗の旗人だったらしい。

旗人とは、清代に八旗に属した武人である。日本でいえば江戸時代の武士にあたる身分だ。八旗には、満洲八旗、蒙古八旗、漢軍八旗の三種類があった。漢軍八旗は、DNA的には漢民族だが、清の建国期にいちはやく清の君主に帰属して満洲化したため、一般の漢民族とは違う扱いを受け、世襲の支配階級に組み込まれた。

裕庚の本姓は徐である。もし一般漢人なら「徐裕庚」と名乗るところだ。旗人なので、慣習にしたがい、本姓を付けず「裕庚」と呼ぶ。清の末代皇帝である愛新覚羅溥儀を単に「溥儀」と呼ぶのも、同じ慣習だ。

旗人の子女は、慣習により、父の個人名の最初の一字を姓の代用とした。したがって徳齢は「裕徳齢」とも呼ばれる。

彼女は「徳齢公主」とか「プリンセス徳齢」など、まるで自分が清朝の皇室の血を引くお姫様であるかのようなペンネームを名乗った。しかし本当は、江戸時代の日本でいえば、旗本や御家人の娘にあたる身分だった。

ちなみに、西太后の父親は、満洲鑲藍旗人の恵徴だった。恵徴も役人で、身分は裕庚と大差がない。恵徴の本姓はエホナラ（葉赫那拉）氏だ。エホナラ氏の先祖はモンゴル人だったが、建国初期の段階で満洲化したので、満洲八旗に組み込まれた。

清は多民族国家である。徳齢も西太后も、実家は、遺伝的多様性に富む先祖をもつ中流旗人だった。

徳齢の母親ルイーザの出自は、よくわからない。フランス人説もあるが、民間の歴史記述『清代野記』によると、もともとは、西洋の男と中国女性のあいだに生まれた混血の妓女だったが、裕庚の後妻におさまったのだという。今となっては、真相は藪の中だ。

徳齢の少女時代、清は末期的な様相だった。

一八九四年、日清戦争が勃発し、翌年、清が敗北した。一八九四年、外交官であった裕庚は徳齢ら家族をともない日本に渡り、三年を過ごした。その後、フランスに転勤した。

徳齢がフランスで暮らしていた間も、清は下り坂を転落し続けた。北京では一八九八年に戊戌政変が起き、光緒帝が失脚し、西太后が政権を握った。一九〇〇年、民衆の狂信的な排外運動である義和団事件が起き、北京は進攻してきた八ヵ国連合軍によって占領された。清は、外国と戦争をしても勝てないことを思い知らされた。

徳齢らが父とともに帰国した一九〇三年は、西太后が外国との融和路線に転向した直後だった。西太后は、帰国子女である徳齢と容齢の姉妹を、自分の手元に置いた。彼女たちの仕事は、日本史でいえば御伽衆（おとぎしゅう）だった。西太后が退屈しないよう雑談の相手になり、海外事情を伝え、通訳をつとめた。姉妹は正規の公務員たる女官ではなかったが、いわば「見なし公務員」であり、その意味では「女官」であるとも言えた。

姉妹が仕えた西太后は、皇帝たる光緒帝より偉い、清の最高権力者であった。中国の儒教は家族道徳を重んずる。皇帝といえども、皇室の家長である西太后の教導を仰がねばならなかった。

西太后の一般的なイメージは「女だてらに国政を牛耳り、改革派を弾圧し、清を滅亡に追いやった悪女」である。ただし、彼女の実像や歴史的評価については、今日も議論が続いている。

彼女の生涯は幸運と不運の繰り返しだった。年齢的なめぐりあわせで宮女の選抜試験を受け、合格して咸豊帝の後宮に入り、帝の唯一の息子を産んだ。二十五歳（満年齢。以下同じ）のとき夫である咸豊帝が死に、五歳のわが子・同治帝が即位した。彼女は、亡夫の正室であった東太后や、亡夫の実弟らと組んでクーデターを起こし、宮中の反対勢力を一掃。幼帝の後見人として国政を総攬した。だが同治帝は十八歳の若さで、世継ぎを残さぬまま病死してしまう。西太后は、自分が引き続きトップに君臨するため、自分の妹の子で三歳の光緒帝を立てた。

光緒帝は賢君だった。成人後、国際協調や立憲君主制への移行など、それまでの中国とは真逆の進歩的改革を志した。西太后を頂点とする保守派は、光緒帝を幽閉し、改革派をつぶした。

民衆の外国人憎悪が沸騰して義和団事件が起きると、西太后はこれを利用して列強に宣戦を布告した。だが清は敗れ、西太后は北京を捨てて西安に逃げた。戦後、北京に戻った西太后は、甥である光緒帝との確執を解決しないまま、近代化政策に転じた。

富国強兵のための改革は推進する。しかし自分の独裁権力を減ずる政治改革は絶対に認めない。そのような中国の「開発独裁」は、西太后に始まる。

彼女は半世紀近くも国政のトップに君臨したのち、一九〇八年、七十三歳になる直前に病死した。その間、中国は半植民地化が進み、清の亡国は決定的になった。明治維新に成功した同時代の日本とくらべれば、清は「失敗国家」だ。しかし、完全に植民地化されたインドや、分裂・解体させられたオスマン帝国にくらべれば、清は領土の主要部を確保し、それを中華民国や中華人民共和国に受け継がせた。

西太后は私利私欲と保身のため国を滅ぼした悪女だったのか。それとも近現代への軟着陸を図った女傑だったのか。今も評価は分かれる。

さて、中国には「天機、漏らすべからず」という言葉がある。権力者は腹の底で、ほんとうは何を考えているのか。それは「天の機密」にひとしいとされ、余人にもらしてはならなかった。

西太后は、英国のヴィクトリア女王と違って、男の臣下に本音を打ち明けることはなかった。だが、「御伽衆」であり、自分と同様に旗人の娘である徳齢には、本音を語った。本書を読むと、ハイヒールのぶかっこうさとか、外国人への笑顔の裏に隠した複雑な気持ちとか、西太后の内心がわかる。

中国の最高権力者の「天機、漏らすべからず」というスタンスは、二一世紀の今も変わらない。中国は遅れた野蛮国だと、外国人にあなどられたくない。しかし、中国の昔からのやりかたは断じて変えてはならない。権力者の本音は、清末も、今の中国共産党も、あまり変わらないのかもしれない。

本書には、そのような機微が赤裸々に書かれている。西太后や光緒帝の横顔をはじめ、宮中の深奥の空気も、生き生きと描かれている。

とはいえ、徳齢が語る全てを鵜呑みにするのも、危険である。

宦官の小徳張は、清の滅亡後に刊行した回想録の中で、自分と容齢は西太后の目を盗んでこっそり相思相愛の関係になったこと、徳齢も大物宦官の張謙和と「良い仲であった」ことを暴露した（『最後の宦官　小徳張』第二章）。

徳齢が宮中を離れた本当の理由は汚職がばれたためだ、と説く本もある。徳齢姉妹は、米国の女流画家に支払うべき報酬を不正に着服した。それを知った西太后は怒って、姉妹を追い出した。姉妹はその後、天津や上海の社交界で西洋の巨商たちと遊んだ、と『清代野記』は伝える。

宦官との恋愛も、汚職のスキャンダルも、ちょっと信じがたい話だ。ただ、宮女が保身のため特定の有力宦官に接近したり、宮女や宦官がこっそり役得をせしめることは、よくあった。徳齢が自分に都合の悪いことは本書に書かなかったことは、想像に難くない。

そもそも本書の原タイトルからして、盛ってある。舞台はほとんどが北京郊外の離宮である頤和園なのに、原タイトルは「紫禁城での二年間」だ。

西太后の義和団事件に対する後悔と反省の弁も、欧米の読者に対するサービスとして実際より盛ってあるのかもしれない。

本書は刊行後、欧米で話題となった。文筆家として成功した徳齢は、清朝の宮廷についての本を次々と刊行した。宮中での出仕は二年間だけだったので、ネタには限りがある。彼女が後に書いた本には、作り話や事実誤認が増えてゆく。これについては、すでに多くの歴史研究者が指摘しているところである。

徳齢は目立ちたがり屋だった。一九三〇年一月、米国で、伝統的な満洲女性の旗装で派手に着飾った「プリンセス徳齢」が、中国語と英語で堂々とスピーチする映像が残っており、インターネットで視聴できる。

一九三七年、日中戦争が始まった。米国人となっていた徳齢は、孫文の未亡人である宋慶齢が立ちあげた保衛中国同盟に参加し、中国を支援した。

戦時下の日本では、日本の中国進出の参考として、中国関係の本がいろいろ刊行された。一九四二年刊行の本書もその一つである。当然のことながら、敵国人となった「プリンセス徳齢」による日本語版への序文は、本書にはない。

徳齢は一九四四年十一月二十二日、米国カリフォルニア州の交差点で、トラックにひかれて亡くなった。六十三歳だった。

妹の容齢は中国にとどまり、舞踏家として成功した。中華人民共和国の建国後は、周恩来からの依頼で政府の文史館の館員となり、清末の回想録を書いた。「文化大革命」では紅衛兵に両足の骨を折られるなど激しい迫害を受け、馬小屋にほうりこまれ、一九七三年一月十六日に亡くなった。

徳齢は「精神の点では私は外国で教育された外国人でした」（本書四〇二頁）と述べた。しかし筆者の見るところ、彼女の本質は、やはり中国人である。

欧米に移住したあと中国の内幕を書いて成功した華人系文筆家といえば、『毛沢東の私生活』を書いた李志綏（りしすい）や、『マオ 誰も知らなかった毛沢東』を書いたユン・チアン（夫との共著）など、いろいろ思い浮かぶが、その系譜の最初は「プリンセス徳齢」である。

彼女はしたたかだった。中国では自分が混血の帰国子女であることを売り物とした。米国では自分は満洲人のプリンセスだと吹聴した。その一方「いつの日か支那が目醒めて、世界の列国中に優れた地位を占めるのを見るまで生きていたいと願っています」（四〇二頁）云々の中国人のプライドも本心だった。「外国人でした」云々と矛盾するようだが、中国人は昔も今もこの手の矛盾に寛大である。

西太后も平気で矛盾する言動をした。「私がここでどの位の権力しかないかわかったでしょう」（三〇一頁）と嘆いた同じ口から、「私には四億の人民があって、それがみな私の判断一つに頼っています」（三七七頁）と誇らしげに語る。義和団事件で過激な排外主義に走ったと思えば、外国の公使夫人との笑顔の交遊につとめる。

中国人の矛盾は、現代も続く。社会主義のはずなのに、資本主義国顔負けのバブル経済を現出する。日本のアニメや韓国のドラマが好きなのに、政治的には反日や「限韓令」に走る。それらを不可解な矛盾と感じるのは、ナイーブな外国人だけである。

本書の西太后も徳齢も、したたかな中国女性だ。自分の言動に矛盾があっても、本人は気にしない。そうやって周囲を振り回し、いつのまにか中心人物になってしまう。個人レベルでも国レベルでも、そこに中国の強みがある。

本書は、清朝末期の歴史を知るうえで貴重な資料である。と同時に、中国人とは何か、何を考えどう行動する人たちなのか、それを考えるための読み物としても必読の書である。

（明治大学教授）

徳 齢（とくれい，Der Ling）

1881年，中国・武昌生まれ。父・裕庚は駐日公使，駐仏公使を歴任。幼少から父の任地を転々とし，1903年パリから帰国後に西太后に女官兼通訳として仕える。1905年，父の死後に宮廷を辞し1911年に初の著作である本書*Two Years in the Forbidden City*を上海で出版。日中戦争中は米国で中国支援活動を行う。1944年，交通事故により死去。他の著書に『西太后秘話』『西太后汽車に乗る』などがある。

太田七郎（おおた　しちろう）

1906年，茨城県生まれ。早稲田大学英文科卒業後，冨山房を経て外務省に奉じ，北京駐在。中国劇を研究する。詩人で早稲田大学教授の日夏耿之介に師事。日夏は「博覧強記，小説劇作の東西に渉るものを好んで読み，最も英語に長じ，漢文も巧み」と評した。蔵書家で，ロンドン，オクスフォードの古書肆より購入したコレクションは早大教授たちも及ばなかったという。1943年に死去。他の訳書にマコーレー『二人の印度侵略者』。

田中克己（たなか　かつみ）

1911年，大阪府生まれ。東京帝国大学東洋史学科卒。詩人，東洋史学者。保田与重郎らと『コギト』創刊。堀辰雄の推挙で詩誌『四季』同人。1941年，詩文集『楊貴妃とクレオパトラ』で北村透谷記念文学賞。1945年応召，河北省で終戦。戦後は東洋大学を経て，成城大学教授。1992年に死去。作品に詩集『大陸遠望』『田中克己詩集』，著書に『李太白』『李白』『杜甫伝』『中国后妃伝』など。共著に『大世界史4　大唐の春』。

KODANSHA

定価はカバーに表示してあります。

西太后(せいたいこう)に侍(じ)して
紫禁城(しきんじょう)の二年間(にねんかん)

徳(とく) 齢(れい)

太田七郎(おおたしちろう)・田中克己(たなかかつみ) 訳

2023年2月7日　第1刷発行
2023年6月27日　第3刷発行

発行者　鈴木章一
発行所　株式会社講談社
東京都文京区音羽2-12-21 〒112-8001
電話　編集（03）5395-3512
販売（03）5395-4415
業務（03）5395-3615

装　幀　蟹江征治
印　刷　株式会社広済堂ネクスト
製　本　株式会社国宝社
本文データ制作　講談社デジタル製作

ISBN978-4-06-530816-5

「講談社学術文庫」の刊行に当たって

　これは、学術をポケットに入れることをモットーとして生まれた文庫である。学術は少年の心を養い、成年の心を満たす。その学術がポケットにはいる形で、万人のものになることは、生涯教育をうたう現代の理想である。

　こうした考え方は、学術を巨大な城のように見る世間の常識に反するかもしれない。また、一部の人たちからは、学術の権威をおとすものと非難されるかもしれない。しかし、それはいずれも学術の新しい在り方を解しないものといわざるをえない。

　学術は、まず魔術への挑戦から始まった。やがて、いわゆる常識をつぎつぎに改めていった。学術の権威は、幾百年、幾千年にわたる、苦しい戦いの成果である。こうしてきずきあげられた城が、一見して近づきがたいものにうつるのは、そのためである。しかし、学術の権威を、その形の上だけで判断してはならない。その生成のあとをかえりみれば、その根は常に人々の生活の中にあった。学術が大きな力たりうるのはそのためであって、生活をはなれた学術は、どこにもない。

　開かれた社会といわれる現代にとって、これはまったく自明である。生活と学術との間に、もし距離があるとすれば、何をおいてもこれを埋めねばならない。もしこの距離が形の上の迷信からきているとすれば、その迷信をうち破らねばならぬ。

　学術文庫は、内外の迷信を打破し、学術のために新しい天地をひらく意図をもって生まれた。文庫という小さい形と、学術という壮大な城とが、完全に両立するためには、なおいくらかの時を必要とするであろう。しかし、学術をポケットにした社会が、人間の生活にとってより豊かな社会であることは、たしかである。そうした社会の実現のために、文庫の世界に新しいジャンルを加えることができれば幸いである。

一九七六年六月　　　　野間省一

学術文庫版

興亡の世界史 全21巻

編集委員＝青柳正規　陣内秀信　杉山正明　福井憲彦

アレクサンドロスの征服と神話……………森谷公俊
シルクロードと唐帝国……………森安孝夫
モンゴル帝国と長いその後……………杉山正明
オスマン帝国500年の平和……………林 佳世子
大日本・満州帝国の遺産……………姜尚中・玄武岩
ロシア・ロマノフ王朝の大地……………土肥恒之
通商国家カルタゴ……………栗田伸子・佐藤育子
イスラーム帝国のジハード……………小杉 泰
ケルトの水脈……………原 聖
スキタイと匈奴 遊牧の文明……………林 俊雄
地中海世界とローマ帝国……………本村凌二
近代ヨーロッパの覇権……………福井憲彦
東インド会社とアジアの海……………羽田 正
大英帝国という経験……………井野瀬久美惠
大清帝国と中華の混迷……………平野 聡
人類文明の黎明と暮れ方……………青柳正規
東南アジア 多文明世界の発見……………石澤良昭
イタリア海洋都市の精神……………陣内秀信
インカとスペイン 帝国の交錯……………網野徹哉
空の帝国 アメリカの20世紀……………生井英考
人類はどこへ行くのか……………大塚柳太郎　応地利明　森本公誠
松田素二　朝尾直弘　ロナルド・トビ ほか

いかに栄え、なぜ滅んだか。今を知り、明日を見通す新視点！

学術文庫版

中国の歴史 全12巻

編集委員＝礪波護　尾形勇　鶴間和幸　上田信

「中国」とは何か。いま、最大の謎に迫る圧巻の通史！

❶ **神話から歴史へ**　神話時代　夏王朝……宮本一夫

❷ **都市国家から中華へ**　殷周　春秋戦国……平勢隆郎

❸ **ファーストエンペラーの遺産**　秦漢帝国……鶴間和幸

❹ **三国志の世界**　後漢　三国時代……金　文京

❺ **中華の崩壊と拡大**　魏晋南北朝……川本芳昭

❻ **絢爛たる世界帝国**　隋唐時代……氣賀澤保規

❼ **中国思想と宗教の奔流**　宋朝……小島　毅

❽ **疾駆する草原の征服者**　遼　西夏　金　元……杉山正明

❾ **海と帝国**　明清時代……上田　信

❿ **ラストエンペラーと近代中国**　清末　中華民国……菊池秀明

⓫ **巨龍の胎動**　毛沢東vs.鄧小平……天児　慧

⓬ **日本にとって中国とは何か**

大自然に立ち向かって―環境・開発・人口の中国史……尾形　勇

中国文明論―その多様性と多元性……鶴間和幸

中国人の歴史意識……上田　信

世界史の中の中国……葛　剣雄

中国史の中の日本……王　勇

日本にとって中国とは何か……礪波　護